洪俐芝，夏華
———— 編著

快樂
藏在細節中

正向心理 × 樂觀心態

生活沒那麼多阻礙

不積跬步，無以至千里；不積小流，無以成江海。

世界上所有人事物無不從小累積至大，
日常中留心細節通往幸福，人際上在意細節通往成功。
只要在生活中注意每一項細節，就能讓你跟別人不一樣。

現在就讓細節帶你飛，別讓細節帶你墜。

目 錄

目錄

目錄

目錄

第二十四章　不要讓欲望致使生活失衡

第二十五章　定時清掃自己的情感垃圾

目錄

前言

在日本東京有一家外貿公司，與英國一家公司在日本的代表處有著貿易往來。

英國公司的一位經理經常需要購買從東京到神戶的火車票。很快，這位經理發現：每次去神戶時，座位總在右邊窗戶，返回時又總在左邊窗戶。這位經理詢問日本公司的購票小姐其中緣故，購票小姐笑著答道：「車去神戶時，富士山在您右邊；返回東京時，富士山在您的左邊。外國人大都喜歡富士山的美麗景色，所以我特意為您安排了不同的座位。」這位英國經理十分感動，他立即把這家日本公司的貿易額從 50 萬英鎊提升到 200 萬英鎊。

在他看來，作為這家公司的一名普通職員，對於這樣微不足道的小事，都能夠想得這麼周到，那麼跟這樣的公司做生意還有什麼不放心的呢？

「天下難事，必作於易；天下大事，必作於細。」這句古語精闢地指出了一個人想要成就事業、完善人生，就必須從簡單的事情做起，從細微之處入手。

可惜，有些人奉行「做大事」的原則，總認為自己高人一等、勝人一籌，從而忽視小節，結果不但沒有提升自己，反而離失敗更近。他們不明白，正是細節成就了美好人生。一幢大廈想要牢固，構築它的每塊磚頭必須保證其位置穩固；一樁幸福的婚姻，必須由夫妻一點一滴地去經營；再高的山都是由細土堆積而成；再大的河海也是由細流匯聚而成；再大的事都必須從小事做起。

先做好每一件小事，大事才能順利完成。一個細節的忽略往往會鑄成

前言 ───────────────

人生大錯、造成事業巔峰之危，而對細節的講究則可以讓生活幸福美好、讓人生飛黃騰達。

一心渴望偉大、追求偉大，偉大卻了無蹤影；而甘於平淡，認真做好每個細節，偉大卻不期而至，這就是細節的魅力。成功者的共同特點，就是能做小事情，能夠抓住生活中的一些細節。

成功的人總是不放過每一個細微之處，越是細節，他們越是做得完美。他們明白，越是不為大多數人重視的細節，越是超越別人的關鍵所在；掌握生命中的細節，醞釀過程中的細節之美，才會取得不斷的成功。

是的，細節就是力量，細節決定成敗，細節完美人生。讓我們抓住細節、突破細節、贏在細節。

第一篇　幸福存在於瑣碎的生活中

真正的幸福只有當你真實地了解到人生的價值時，才能體會到。

—— 穆尼爾‧納素夫

不是因為身處何處何種情境，而是因為精神世界，讓人或幸福或悲傷。

—— 羅傑‧萊斯特蘭奇

真正的幸福，雙目難見。真正的幸福存在於不可見事物中。

—— 湯瑪士‧楊格（Thomas Young）

生活就像一杯濃酒，不經三番兩次的提煉，就不會這樣可口！

—— 佚名

　　常聽有些人喊出這樣的話：「生活真是太累了，一點也感覺不到幸福。」其實，生活本身並不累，它只是按照自然規律和它本身的規律在運轉。說生活太累的人，其實是他只知道因生活而生活，卻不知道如何把持生活的微小細節，將日子過得有滋有味。要知道，幸福從來都是靠自己去尋找的。

　　生活並不是一條人工開鑿的運河，不能把河水限制在規定好了的河道內。相反，生活就如同美國西部片裡的鏡頭，嘈雜而混亂，這就要求我們在紛繁的環境中保持自己的原則—真實地生活在當下，堅持悠然自得的態度，珍惜身體健康，不被財富勞役等。當你注意生活的這些細節，努力過好每一天，你就會驚喜地發現，幸福原來如此簡單！

第一章
永遠真實地生活在當下

客觀的事實總是很殘酷，失敗和挫折總是讓人心有餘悸，於是，很多人常常尋找藉口逃避現實。這種欺騙可以獲得短暫的心靈安慰，卻絕不是長久之計。沙漠中的鴕鳥就常常採用迴避真實的策略，牠們遇到危險時，就把自己的頭埋在沙子裡，牠們以為這樣敵人就看不見了，結果卻是自欺欺人。

所以，我們面對那些無法迴避的事實的最好辦法是：面對它，挑戰它，改變它！

在現實面前不做逃兵

　　面對現實、關心目前才是最重要的原則。那些不敢面對現實，在現實面前做逃兵的人，過的將是一輩子平庸的生活。

　　自從福鼎‧克多隆有記憶起，文字就一直是他的剋星。小時候上學，他總覺得書上的字母東跳西跳，永遠也理解不了字母的正確讀音。那時沒人知道這叫閱讀困難症。事實上，福鼎無法像正常人一樣將文字之類的符號有次序地排列。

　　可憐的福鼎，他不敢開口告訴老師自己面臨多麼大的難題。一年年熬過小學，憑著在籃球場上的神勇表現進入了國中、高中、大學。大學裡，他還是對閱讀怕得要命。為了得到文憑，他到處打聽哪一門課最容易通過。每堂課後，他一定立刻將在課堂上畫的塗鴉給撕掉，免得有人跟他借筆記。

　　28 歲那年，他貸款 2,500 美元買了第二棟房子，加以裝修後出租。後來，他的房子越買越多，生意越做越大，經過幾年的經營，他已躋身百萬富翁的行列。一直沒人注意到這位百萬富翁總是去拉門把上寫著「推」的門；在進入公廁前，他一定會遲疑片刻，看有男士進出的門是哪一個。1982 年經濟不景氣，他的生意一落千丈，每天都有人要對他提出起訴或是沒收抵押物。他唯恐會被提到證人席，接受法官的質詢：「福鼎‧克多隆，你真的不識字嗎？」

　　再這樣逃避下去，福鼎的精神就要崩潰了。他要對自己、對所有人攤牌。1986 年的秋季，48 歲的福鼎做了兩個破天荒的決定。首先他拿自己的房子做貸款抵押，然後，他鼓起勇氣走進市立圖書館，告訴成人教育班的負責人：「我想學識字。」教育班安排了一位 65 歲的女士當福鼎的指導

老師。她一個字母一個字母地耐心教導他，14 個月後，福鼎的公司營運狀況開始好轉，而他的識字能力也大有進步。

福鼎後來在聖地牙哥的某個場合裡公開自己曾經是文盲的事實。這項告白令與會的 200 名商界人士跌破眼鏡。為了貢獻自己的一份心力，他加入了聖地牙哥識字推廣委員會，開始到全國各地發表演說。「不識字是一種心靈上的殘障。」他大聲疾呼，「指責他人只是徒然浪費時間，我們應該積極教導有閱讀障礙的朋友。」

福鼎現在一拿到書本或雜誌，或是見到路標，便會大聲朗讀 —— 只要妻子不嫌他吵，他甚至覺得讀書的聲音比歌聲更美妙。有一天他突然靈光一現，興沖沖地到儲存室翻出一個沾滿灰塵的盒子，裡面有一疊用絲帶綁著的信箋 —— 沒錯，經過 25 年，他終於能看懂妻子當年寫的情書了！

福鼎應該當之無愧地被稱為「強者」。儘管有過徬徨和逃避，他還是鼓起勇氣面對自己所處的環境。而弱者卻總是逃避問題，想盡一切辦法把自己封閉起來。其實，一味地逃避問題只會讓問題變得越來越糟糕，以至於最後真的無法控制。

不要逃避問題，不要低估問題，當然也不要低估你解決問題的能力。遇到問題很正常，每個人都會遇到問題。首先你要對問題真正了解，這樣才談得上發揮自己的潛力來解決它。而要了解問題，就不能逃避。

迴避現實往往導致對未來的理想化。你可能會覺得，在今後生活中的某一時刻，由於一個奇蹟般的轉變，你將萬事如意，獲得幸福。一旦你完成某一特別業績 —— 如畢業、結婚、生孩子或晉升，生活將會真正開始。然而，當那一時刻真的到來時，卻可能令你失望，生活永遠沒有你所想像的那麼美好。因為在迴避現實的消極心態的陰影下，生活依然如故。

事實上，我們每天的進步都是明日夢想的階梯。擔當起每天的責任，

認真地過好每一天，我們的夢想才有意義。夢想對於人類的全體成員，都是可以觸及的事物。不同的是，樂觀積極者用今日的行動把夢想變成目標，而悲觀消極的人則把夢想當做逃脫責任的託辭。

除了空想未來，懷舊也是對現實的一種逃避。說明我們對自己沒有信心，兀自停留在想像的美好之中。我們不敢正視現實，不敢擔當責任，害怕競爭，恐懼失敗。我們總是習慣性地用逃避來應付每一個問題，從來不考慮直接負責任的方式。

成功的人總是能夠看到今日的責任和明天的希望，從不把過多的精力消耗在懷念過去「美好時光」的事情上，也不會去後悔過去的錯誤失敗，或者幻想將來的種種舒適與自由。道理很簡單 —— 在這個時光空間中，你所唯一擁有和把握的，只有「此時此刻」。

勇於做生活的強者

馬克西姆・高爾基（Maxim Gorky）曾經說過：「一個善於生活的人，必定善於面對生活中的困境和不幸。」生活從來就不是一帆風順的。生活中強者和弱者的區別，在於面對困境和不幸時的態度和行動。

雨後，一隻蜘蛛艱難地向牆上那一張已經支離破碎的網爬去，由於牆壁潮溼光滑，蜘蛛爬到一半就滑了下來，牠一次次地向上爬，一次次地又掉下來……

這時，一個人走了過來，他看到了爬上去又掉下來的那隻蜘蛛，嘆了一口氣，自言自語：「我的一生不正如這隻蜘蛛嗎？忙忙碌碌而無所得。」

那人嘆息著離去了，此後，他日漸消沉。

不一會兒，又走過一個人來，他看到爬上去又掉下來的那隻正在努力

的蜘蛛，那人嘲笑著說道：「這隻蜘蛛真愚蠢，為什麼不從旁邊乾燥的地方繞一下爬上去？我以後不能像牠那樣愚蠢。」

此後，這個人變得聰明起來。

不久，又過來一個人，那隻蜘蛛依然頑強地向上爬呀爬，第三個人看著那隻頑強奮鬥的蜘蛛，被蜘蛛屢敗屢戰的精神感動了，久久不忍離去。

於是，他變得堅強起來。

對於失敗與挫折，不同的人有不同的理解，從而採取不同的行動。有的人屢戰屢敗，從此一蹶不振；有的人屢敗屢戰，絕不向命運屈服。我們應向這個故事中的第三個人致敬，他因堅強而強大起來。

任何人，只要有了不屈服、屢敗屢戰的精神，就一定能夠克服生活中的一切困難，從而到達幸福的彼岸。

這是某位讀者寫下的 2008 年帕拉林匹克運動會時的比賽感言 ——

比賽讓我們有了一個重新了解生活的視角，當身障運動員們竭盡全力追求運動的速度、高度和力度時，我們更是看到了一種對生活不幸不折不撓的力量。

對於身心障礙者而言，生活可能會因為殘疾的身軀而變得殘缺不全。很多時候，這一點會擊垮很多人。但不幸的境遇未必就只能造成不幸的人生，在生活的強者面前，不幸也只能俯首稱臣。在帕奧會的賽場上，每一位運動員都是這樣的強者。生活讓他們經歷了很多不幸，但他們用更積極的態度回擊不幸。

如果沒有了手臂，還能游泳嗎？如果沒有腳，還能奔跑嗎？如果看不見東西，還能踢球嗎……在一些人的想像中，那幾乎都是「不可能」的。然而，這正是身障人士奮力尋找的生活 —— 克服一切不幸，使一切不可能變成可能，使一切不尋常變得平常。在體育競技場上，每一位身障運動

員完成的每一個動作,不只是向生理極限挑戰,更是向生活的境遇挑戰。他們彷彿是在告訴人們,殘缺並不意味著生活的沉淪或毀滅,命運可以捉弄人,但往往也會被強者扼住咽喉。

這幾天的比賽中,那些主宰命運的運動員們,以其卓爾不凡的比賽成績和人生故事,撼動著世人的心靈。德國騎手貝蒂娜‧艾斯特爾(Bettina Eistel)雙袖空空,但她完成的盛裝舞步令人印象深刻。在記者的筆端,她是如此動人:最後一個出場的她,流露出一臉自信,身體缺陷無損她在馬背上的颯爽英姿。她口含韁繩,並不時用雙腿輕踢馬身,向馬匹發出指令。漫步、快步、跑步……馬匹乖巧服從地在競技場上翩翩起舞。艾斯特爾最後獲得一枚銅牌。對這位無臂騎手來說,命運就像她胯下的馬駒,只隨著她的意志起舞。另一位無臂游泳選手,既是泳池中的蛟龍,也是生活中的蛟龍。沒有手臂,他用雙腳學會了寫字、翻書、做菜、吃飯、穿衣等日常生活動作。他認為自己是一個強者,他的翅膀就是他的理想。他以自己獨特的方式贏得比賽,也贏得了生活。

是的,觀看身障運動員們的比賽,無疑是一次次難得的精神之旅。他們爭取比賽的勝利,也爭取生活的勝利。在這個過程中,他們表現出來的勇氣、信心、毅力成為最引人注目的光環。看他們在賽場上奮鬥,總有一種情不自禁的衝動,想要了解他們的人生經歷,想要進入他們的精神世界,因為那裡面實在蘊藏著無數關於生活的寶藏。

那些熱愛生活,搏擊逆境,用血和肉擁抱世界的強者們,不僅以他們可貴的性格力量給人們以深刻的啟迪,而且以他們的智慧之光照亮了人們衝出逆境的必經之路。

身處逆境中的朋友,只要你們勇敢面對,不洩氣,就一定能夠迎來新的希望。

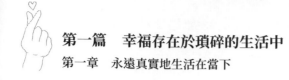

珍惜你所擁有的一切

有這樣一個哲理故事：有一隻蜘蛛為了早上的雖然美麗但很短暫的露珠而念念不忘，卻不曾看一眼蜘蛛網下仰慕了牠無數朝夕的一棵小草。佛祖問牠，「世間最美好，最珍貴的是什麼？」蜘蛛坦然而答：「沒有得到，何以失去？」佛祖便安排牠到紅塵一次，讓牠體會到人世間的愛與被愛的痛苦……佛祖後來問牠同樣一個問題，牠才恍然大悟。「世間最美好、最珍貴的不是還沒有得到的東西，而是現在所擁有的一切。」

是啊，世間最美好、最珍貴的是現在所擁有的一切，而不是還沒有得到的。許多人都嚮往還沒有得到的東西，所謂「沒有到手的，才是最好的」。對於所擁有的一切，卻不知珍惜，如此，總在失去以後才懊悔不已，才明白那才是最珍貴、最值得珍惜的。既然如此，我們為什麼不從現在開始，就好好地珍惜所擁有的一切呢？

當今，面對社會工作就業壓力的加大，越來越多的人抱怨生存困難；隨著生活水準的提升，很多人不但感受不到生活的幸福，而且抱怨各種不幸，覺得人生太沒意思。其實，這一切都源於個人的看法，如果每個人都學會珍惜、懂得珍惜，珍惜生命、珍惜時間、珍惜親情、珍惜家庭、珍惜朋友、珍惜身體、珍惜自己擁有的一切，也許就能體會到意想不到的幸福和快樂。

人生苦短，為使一生不留遺憾，就要學會珍惜、懂得珍惜。人要學會珍惜現在所擁有的，讓自己的生活多幾分舒適，少幾分帶牽掛的苦楚；多幾分愜意，少幾分帶瑕疵的不如意。當你感覺到某種東西漸漸遠離了你的時候，再竭力去挽留、去彌補，也許已經太遲了。人總是這樣，在無數次告誡自己要珍惜的時候，結果往往是失去。人生的路只有一條，走過了，

就不能再回頭，別指望死路裡會有出口。要學會珍惜現在所擁有的——珍惜今天，珍惜健康，珍惜幸福。

珍惜今天。有人曾說過：「無限的『過去』都以『現在』歸宿；無限的『未來』都以『現在』為淵源，過去未來中間，全仗現在，以成其連續，以成其永遠無始無終的大實在。」所以說，虛度了「現在」，就等同於虛度了今天，也就在不知不覺中喪失了昨天和明天。珍惜現在，就是要讓自己在以後的日子裡不再有遺憾；就是要腳踏實地抓住今天，充實今天，完善今天，在今天這張純潔的白紙上畫下美麗的畫卷。從某種意義上說，珍惜了今天，就等於延伸了自己生命的長度，昇華了生命的意義。

珍惜健康。有人說珍惜健康是一種責任。此話頗有道理。無論對家人，對社會，還是對自己的事業，健康的作用和重要性毋庸置疑。唯有健康，才能有資格談幸福，才能有「資源」擁有幸福和享受幸福，才能有資格成就事業，品味快樂。珍惜健康，就是不要再為減肥而瘋狂，不要再為名利所拖累，不要再為失戀而痛苦欲絕，不要再為一時的挫折而憂傷。一句話，「千萬別把健康不當成一回事」，倘掉以輕心，幸福隨時都有失去的可能。

珍惜幸福。幸福對於每個人有著不同的含義：顏回的一簞食一瓢飲是清貧者的幸福；財源滾滾，生意興隆是商人的幸福；「春種一粒粟，秋收萬顆籽」是農夫的幸福；官運亨通、青雲直上是政治家們的幸福。由於對幸福的理解千差萬別，對它的追求也就擁有不同的方式，有人兢兢業業，有人投機取巧，有人狐假虎威，有人挖空心思，取得的結果也各不相同；有人高興，有人悲淒，有人興奮地發瘋，有人痛苦地跳樓。對任何人來講，幸福不難掌握，也極容易失去。關鍵在於心態的平衡與否，「知足常樂」就是最大的幸福。誰能夠以平常心看待功名利祿，以平靜的心觀賞雲

起雲散，寵辱不驚，誰就是幸福最大的受益者。擁有知足的心，就擁有幸福。珍惜幸福，應該從擁有知足的心開始。

珍惜你現在所擁有的一切吧！

隨遇而安是生活最佳狀態

高僧弘一大師，晚年把生活與修行統合起來，過著隨遇而安的生活。

有一天，他的老友夏丏尊來拜訪他，吃飯時，他只配一道鹹菜。

夏丏尊不忍問道：「難道不會太鹹嗎？」

「鹹有鹹的味道。」弘一大師答道。

吃完飯後，弘一大師倒了一杯白開水喝。

夏丏尊又問：「沒有茶葉嗎？怎麼喝這麼平淡的白開水？」

弘一大師笑著說：「白開水雖淡，淡也有淡的味道。」

生活中品味什麼，弘一大師用行動詮釋了「隨遇而安」的真正涵義。可以說，隨遇而安是一種人生至高境界，隨遇而安是一種理性的平常心態，隨遇而安是一種淡定。既來之，則安之。

蘇軾的友人王定國有一名歌女，名叫柔奴，眉目娟麗，善於應對，其家世代居住京師，後王定國遷官嶺南，柔奴隨之，多年後，便隨王定國還京。蘇軾拜訪王定國時見到柔奴，問她：「嶺南的風土應該不好吧？」不料柔奴卻答道：「此心安處，便是吾鄉。」蘇軾聞之，心有所感，遂填詞一首，這首詞的後半闕是：「萬里歸來年愈少，微笑，笑時猶帶嶺梅香。試問嶺南應不好？卻道：此心安處是吾鄉。」在蘇軾看來，偏遠荒涼的嶺南不是一個好地方，但柔奴卻能像生活在故鄉京城一樣處之安然。從嶺南歸來的柔奴，看上去似乎比以前更加年輕，笑容彷彿帶著嶺南梅花的馨

香，這便是隨遇而安，並且是心靈之安的結果。

「此心安處是吾鄉」，直到今天，仍然被無數漂泊者當做自慰之語。多少「身在異鄉為異客」的人，因能隨遇而安，故而不論在什麼樣的環境裡，均能安之若素。而能安之若素之人，方可心無煩憂，一心做自己應做或愛做之事。

有人感喟人生像一杯醉人的烈酒，下得腹中，甘苦自知；有人說人生是一段如歌的行板，一路唱來，悠然在心；有人說人生如一場殘酷的戰爭，赤膊上陣，卻勝敗難料……如此種種，各執其詞，其間各有各的得意歡笑，亦各有各的失意悲哀。

其實，人生是什麼並不重要，重要的是要懂得隨遇而安。

當然，隨遇而安不是苛求，更不是勉強。

人在順境中隨遇而安，在困境中同樣要隨遇而安。人生有失就有得，「塞翁失馬，焉知禍福」看似老生常談，倘若一個人真能做到寵辱不驚了，懂得有失就有得的道理，那真是難能可貴了，也不會為一時的得失爭得個魚死網破；也不會因情而怒，因利而仇；也就不會有親兄弟反目為仇，父子倆形同陌路；也就不會有唐代孟郊的那首「春風得意馬蹄疾，一日看盡長安花」的登科後之狂喜。

隨遇而安，表面上看是一種停頓，甚至好像有些隨波逐流，落入俗套。可是，當你陷入一種不好的境遇，又無力改變現狀的時候；當你的生活突然發生變故，需要面臨重新開始的時候；當你想擺脫目前的現狀，卻不知道下一步該如何去做的時候，「隨遇而安」也許是最好的「解藥」——因為，人生需要做的事情很多，這件暫時不能做，可以先做另一件；因為，在你沒有完全看清楚這個改變對你意味著什麼之前，你無法判斷方向；因為，你仍然沒有積蓄到足夠的力量，你無法按照自己的願望

去實現理想；因為，你不夠自信，總想選擇最佳時機……

　　所以，能否隨遇而安，是在考驗一個人的應變能力。

　　當然，隨遇而安的最終結果是建立在一個人對生活的追求和目標上。對於某些人，它是一種過渡性的解決問題的方法，可以幫助你盡量克服一般人在遇到人生障礙時容易產生的「急躁」情緒，保持頭腦冷靜，在現有的條件下做到最好，同時尋找最適合自己的出路。對於有些對人生素養要求更高的人，隨遇而安則是一種境界，讓人無論身居何位，都能達觀從容、遊刃有餘、運籌帷幄。

　　總之，隨遇而安的道理是告訴人們，面對逆境和厄運，要學會承認現實、接受現實、適應現實，與其怨天尤人或是一味逃避，不如因勢利導、適應環境，在既有的條件下，盡自己的力量和智慧去發揮和創造，尋求新的道路，以獲得進步、快樂和寧靜，假以時日，也許便有了打破困境的出口。

第二章
尋找生活中的幸福

一個光著腳的人和一個飢餓的人結伴而行。光腳人對幸福的定義是有一雙鞋，飢餓的人對幸福的定義是有一餐飽飯，但是當他們看到路邊有一個坐在輪椅上的人時，他們突然感覺自己是幸福的：雖然沒有鞋穿，但至少還有一雙可以走路的腳；雖然飢腸轆轆，但身體還是健康的。輪椅上的人卻說：「我也是幸福的，因為我還活著。」

幸福很常見，也很瑣碎。在人的一生中，得到是一種幸福，失去也是一種幸福。人生的幸福取決於我們對生活是否欣賞和接受。當你接受生活賜予自己的一切時，你就可以感受到幸福；當你厭倦生活的瑣碎時，幸福就離你很遠。

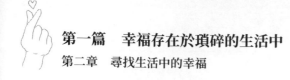
「看得見」的幸福

有一個人上山朝拜，忽然問禪師：「我從來沒有感覺過幸福，世上有幸福嗎？」

禪師回答說：「當然有了！」

那人說：「我不相信，如果有的話，你證明給我看。」

禪師說：「可以，從你旁邊的那桶水裡就可看見了。」

那人懷疑地走到水桶邊，除了自己的倒影外，什麼也沒看見。

他說：「在哪裡？我什麼也沒看見。」

禪師要他靠近點再看。他靠近低頭看時，禪師伸手將他的頭壓入水中。那人掙扎了許久，好不容易才從水裡將頭伸出水面。

他大口地喘氣，非常不高興地對禪師說：「你這是在做什麼？我差點淹死了！」

禪師微笑著說：「你現在離開了缺氧的水中，回到空氣中享受暢快的呼吸，難道不覺得這就是一種幸福嗎？」

那人連連點頭稱，「我是真的感知了幸福！」

是的，幸福就是如此簡單，生活中處處皆幸福。只可惜，很多人身在「福」中不知「福」。他們時時睜著迷茫的眼睛，帶著懷疑的態度看著世界，他們認為自己是不幸的，幸福光顧所有的人，除了自己以外。

下面，讓我們再來看一個故事：

30 歲的小柳生活優越，還有個深愛她的丈夫，在很多人眼裡，她是一個幸福的女人。然而，小柳始終叫嚷著「不知什麼是幸福」，以至旁人都以為她故弄玄虛。

有一次，她看到了一則報導，說是某都市報紙向社會徵求「誰是世界

上最幸福的人」這個題目的答案，來稿踴躍，各界人士紛紛應答，報社組織了權威的評審團，在紛紜的答案中進行遴選和投票，最後得出了四個答案——

◆ 第一種最幸福的人：幫孩子洗完澡，懷抱嬰兒面帶微笑的母親。

◆ 第二種最幸福的人：成功幫病人做完手術，目送病人出院的醫生。

◆ 第三種最幸福的人：在海灘上築起了一座沙堡，望著自己勞動成果的頑童。

◆ 第四種最幸福的人：寫完了小說最後一個字，畫上了句號的作家。

消息入眼，小柳的第一個反應是彷彿被人在眼皮上抹了辣椒油，嗆而且痛，心中惶惶不安。當她靜下心來，梳理思緒，才明白自己當時的反應，是一種深入骨髓的悲哀。原來她是一個「幸福盲」。

為什麼呢？說來慚愧，答案中的四種情況，在某種意義上說，那時的小柳，居然都在一定程度上初步擁有了。

幸福大多數是樸素的。它不像信號彈似的，在很高的天際閃爍紅色的光芒，讓人們看到它呼之欲來。幸福只會披著本色的外衣，親切而溫暖地將我們包裹起來。就像回到家中，家人早已為你準備好了酒菜；你累了，為你沏上一杯清茶；孩子見到你，親切地喊你一聲「爸爸」、「媽媽」……父母的關心、朋友的溫暖、愛情的甜蜜，這些都是幸福。雖是粗茶淡飯般的平凡，卻是實實在在的幸福。試想，如果有一天我們沒有了這樣的場景，沒有了溫暖的飯菜，沒有了孩子的呼喊，沒有了父母的關愛，生活又將是怎樣？

所以，請別忽略了存在於身邊的簡單的幸福。

傳說世上有一種能帶來幸福的青鳥，青鳥有著世界上最美妙清脆的歌

喉，只要人們得到青鳥，就可以得到所有想要的幸福。於是許多人開始尋找，東奔西走、翻山越嶺，花去了大把的時間，受盡了風餐露宿的苦難，只為心中的青鳥。最後的結果卻是令人失望的。

世上真有能帶來幸福的青鳥嗎？幸福的青鳥到底在哪裡？有人曾經向一位賢哲請教過這個問題，哲人說：「幸福的青鳥就在我們身旁，青鳥會輕輕地停落在每個人的肩膀上，只是有些人沒有看到青鳥，甚至嚇跑了青鳥。」幸福其實不在遠處，青鳥就在你的身邊，在你的手上，只要你有一顆細膩溫柔、易感動且善於發現的心。

走得動、吃得下、睡得香就是幸福，有希望、有事做、能愛人就是幸福。幸福就是這麼簡單！

誰說幸福不曾來過，原來幸福一直就在身邊。有時體會不到幸福，是因為坐在幸福的車上太久了的緣故。其實，幸福始終沒有離去。幸福是給那些能夠「看得見」幸福的人的禮物。

把幸福當成習慣

一天清晨，在一列舊式火車的臥鋪車廂中。有五個男士正擠在洗手間裡洗臉。經過了一夜的休息，次日清晨通常會有不少人在這個狹窄的地方洗漱。此時的人們多半神情漠然，彼此間也不交談。

就在此刻，突然有一個面帶微笑的男人走了進來，他愉快地向大家道早安，但是卻沒有人理會他的招呼。之後，當他準備開始刮鬍子時，竟然自若地哼起歌來，神情顯得十分愉快。他的這番舉止令一些人感到有些不悅，於是有人冷冷地、帶著諷刺的口吻對這個男人問道：「喂！你好像很得意的樣子，怎麼回事呢？」

「是的，你說得沒錯。」男人如此回答著，「正如你所說的，我是很得意，我真的覺得很愉快。」然後，他又說道：「我是把使自己覺得幸福這件事，當成一種習慣罷了。」

後來，在洗手間內所有的人都把「我是把使自己覺得幸福這件事，當成一種習慣罷了」這句深富意義的話牢牢地記在了心中。

事實上，這句話確實具有深刻的哲理。不論是幸運還是不幸的事，人們心中習慣性的想法往往占有決定性的影響地位。有一位名人說：「心情陰霾的人，日子都是愁苦，心情歡暢者則常享豐筵。」這句話的意義是告誡世人要設法培養愉快之心，並把幸福當成一種習慣，那麼，生活將成為一連串的歡宴。

一份新創刊的《漫畫週刊》，為了盡快提升讀者對刊物的關心熱情和發行量，經過一番企劃之後，推出了一項「徵畫活動」，要求應徵作品必須以〈世界的最後時刻〉為題。徵畫廣告一出，當期的《漫畫週刊》馬上供不應求，要求加印的電話響個不停，原因是應徵作品的一等獎高達 10 萬元，三等獎也有 3 萬元。

在限定的日期內，來自世界各地的應徵作品堆積如山。為了獲取高額獎金，所有的應徵作者都將想像力發揮到了極致：有的畫中，在世界的最後時刻，情侶緊緊抱在一起，一邊喝酒一邊接吻；有的畫中，在世界的最後時刻，人們將鈔票堆上大街燃燒；還有的畫中，在世界的最後時刻人們坐上太空船逃離地球……但最後獲得 10 萬美元獎金的，卻是一位家庭主婦用鋼筆在一張包裝紙上畫的漫畫。她在廚房裡洗完碗筷後，正伸手關緊水龍頭開關，丈夫則正坐餐桌邊啜飲著一杯咖啡，一邊還有一杯冒著一縷熱氣的咖啡在等著她。在餐桌旁的地板上，有兩個小男孩，正在坐著玩積木的遊戲……

評委們對這幅看似平常的獲獎作品的評語是：我們震驚於這一家人的幸福，他們把幸福當成了習以為常，即使在世界的最後時刻，他們也被幸福圍繞著。

一般而言，習慣是生活的累積，是能夠刻意造成的，因此，人人都能掌握創造幸福的力量。

養成幸福的習慣，主要是憑藉思考的力量。首先，你必須擬訂一份有關幸福想法的清單，然後，每天不停地思考這些想法。其間若有不幸的想法進入你的心中，你得立即停止，並將之設法摒除掉，尤其必須以幸福的想法取而代之。此外，在每天早晨下床之前，不妨先在床上舒暢地想像，然後靜靜地把有關幸福的一切想法在腦海中重複思考一遍，同時在腦中描繪出一幅今天可能會遇到的幸福藍圖。如此一來，不論你面臨什麼事，這種想法都將對你產生積極性的效用，幫助你面對任何事，甚至能夠將困難與不幸轉化為幸福。相反，倘若你一再對自己說：「事情是不會進行得順利的。」那麼，你便是在製造自己的不幸，而所有關於「不幸」的形成因素，不論大小都將圍繞著你。

因此，每一天都保持幸福的習慣，是件相當重要的事。

享受美好生活

一位真正的園藝家既不會向人炫耀，也不會只想賣花賺錢。他只為了看到一園生命的欣欣向榮；他只為看到小芽初碧時驚動泥土大地的那一個躍姿；他只為看到經霜的松枝可以老得多麼迷人；他只為看到每一朵花開代表了一個生命的必然勝利。他是在享受美好的生活。

因此我們知道，大自然造人，是讓人們學會享受生活。生活就像一本

好書，你對它體會得越深，書中的意思就展現得越明確，書中的角色顯得越有血有肉，最後，你會從中得到一種完美的享受。

在這個令人興奮的世界裡充滿了有趣的事情，不要總是過著乏味的生活。壽命最長的人，不是曾經數過最多歲月的人，而是曾經享受過最多生活的人。

那麼，我們該如何去享受生活呢？

首先，我們要對自己的思想和行動有深切的責任感。要言而有信，忠於自己、忠於家庭、忠於工作。無論做什麼都要有信心，而且要全力以赴，要做得更好。

一位智者說過：「欲得一年富足，可以種穀；但欲得十年富足，則必須栽培人才。」一棵樹如果只獲得最低限度的養分，雖然可以生存，但不能長大。可是，如果養料超過他所需，則樹不但會生存，而且還會長大、結果，人類也是如此。

其次，我們要學會把生活中的失望轉化為力量。盡情享受人生的人都能發現，個人所受的考驗可使他們更有同情心和愛心。在學會使用這種力量的同時，選一件重要的事，然後盡全力而為之。這樣，那件事就會變成你的一部分。衡量成功不要看你已有的成就，而要看你所能達到的成就。

最後，我們要學會享受人生的過程。我們生活在一個重視完成任務、對一切問題都必須立刻解決的社會。我們更要學會盡情地享受生活，我們必須一天一天地去過，品嘗每天擁有幸福的滋味。我們要全身心地投入生活中的每一刻，用我們全部的感覺去用心享受生活的樂趣。正是這種基於對生活的愛，讓我們更加體會到心靈的幸福。

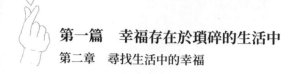

幸福方程式

首先請你平心靜氣地開始回答下面的四個問題：

◆ 你是否充滿活力，以靈活和開放的心態面對變化？

◆ 你是否以積極的心態面對未來，可以快速地從挫折中恢復過來，重新感到自己有力量掌控生活？

◆ 生活中基本的需要你是否實現了呢？例如：健康的身心、不錯的收入、個人安全感、擁有選擇的自由。

◆ 是否有親密的朋友在需要的時候，被你有力地支持呢？無論做什麼，你都可以沉浸其中，而不受其他事情的干擾？你能否達到對自己期望的水準，而且鼓勵自己義無反顧地去達到目標呢？

心理學家卡爾和皮特設計了上面四個問題，在訪問了一千多人之後，心理學家得出了結論。他們認為，只有愛情、大筆財富或者一份好工作並不能帶來真正的幸福。真正的幸福可以用一個方程式來概括：

幸福＝ P ＋ 5E ＋ 3H

在這裡，P 代表個性，比如你的世界觀、適應能力和應變能力；E 代表生存，包括健康狀況、財務狀況和交友的情況；H 代表更高層次的需求，比如自我評價、期望、雄心和幽默感。

上面第一、二個問題對應的是 P，即個性，你的個性對幸福的影響不言而喻；第三個問題對應的是 E，即生存；第四個問題對應的是 H，即更高層次的需求。假設每題滿分為 10 分，總分為 100 分的話，如果你的第一題和第二題的感覺都是 7 分，那麼 P ＝ 7 ＋ 7 ＝ 14，如果第三題的得分為 6，第四題的得分為 7，那麼 E ＝ 6，H ＝ 7。你的幸福指數＝ 14 ＋ 5×6 ＋ 3×7 ＝ 65。有興趣的話你也可以回答上面的問題，測試一下自己

的幸福指數。

　　有了計算幸福指數的公式，那獲得幸福的祕訣在哪裡呢？審視一下自己的生活，多數時候，關於幸福的答案就在你周圍的親朋好友中 —— 幸福來自和諧的人際關係，而不是物質生活。

第三章
把獨處視為一種享受

　　喧囂的塵世，熙攘的人群，留給我們獨處的空間和時間屈指可數，而我們中又有多少人能品味到那種獨處時審視自己靈魂深處的安詳與寧靜呢？

　　學會獨處，是一個人從繁雜的外部環境，從紛擾的人事中抽身而出，回歸自我的情態；是一個人凝視自己的內心，聆聽自己的聲音，尋求自己的心思、意念，袒露自己心意的狀態；是一個人正視自我，不逃避、不急躁，平和地體驗與理解自我的心態。學會了獨處，我們會發現，生活竟然如此美好。

獨處有很多好處

在這紛擾喧囂的世界上，我們需要自己獨處的空間。

獨處是一種處世的態度，是一種身心的自我調整，更是一種獨立人格的展現。

你可以漫步到水邊，佇立在無垠的曠野中，感受一份清靈。讓心靈遠離塵囂紛亂的世界，默默地體會花香，聆聽鳥鳴。欣賞自然帶給你的樂趣，靜靜地沉浸在自己的遐想中，不要誰來作伴，只有自己，而在這時你是最真實的。抬頭仰望天邊雲卷雲舒，讓心靈隨著自己無邊的思緒飄飛。此時，這個世界屬於你，你也擁有了整個世界。

你可以捧一品香茗，在氤氳的繚繞中慵懶地翻閱一本好書。讓自己在這份難得的寧靜中，去書中解讀關於生活，關於情感的文字。此刻，獨處成為一個空靈的竹簫，悄悄地流淌著輕柔的曲調。你也許會被書中的人物打動，靜靜地流淚，此時的你卸掉了生活的面具，返璞歸真，不帶任何偽飾的成分；抑或是微笑，這笑也是甜甜的，是你久蓄於心的一份無法表達的祕密。

你可以播放輕緩的小夜曲，靜靜地躺在床上，什麼都不想，只讓自己沉浸在難得的溫柔氛圍裡，身心此刻回歸本真，默默地享受音樂帶給你的心靈棲息，音樂會詮釋你對浪漫的渴求。

你可以背上簡單的行囊，到嚮往已久的地方。不要與誰為伴，就自己一個人的旅程，可以天馬行空，自在逍遙。也許你會如孩童般滾過一片青青的草地，找尋回兒時的天真與頑皮。也許你會大喊一聲，打破這寧靜的時刻，讓孤獨的內心得到釋放的快樂。成長本身就是一種疼痛，無拘無束地成為一次自己真不容易，就讓這獨處的時光做回真正的自己，在陌生的地方，沒人

認識你，讓這陽光完完全全地照亮你那些想喊沒有喊出的日子吧。

總之，無論生活多麼繁重，我們都應在塵世的喧囂中，找到那份不可多得的靜謐，在疲憊中讓自己的心靈小憩，讓自己屬於自己，讓自己解析自己，讓自己鼓勵自己，讓自己做回自己⋯⋯

這是一位都市白領的日記——

我曾經偏愛熱鬧，害怕獨處。因為身處人來車往的熱鬧之中總讓我有一種莫名的充實，然而，隨著年齡的增長和環境的改變，我發現那種熱鬧越來越難以讓我興奮，反而讓我懷念起了童年獨處的時光。於是，在假日中，我騰出了一個下午來重溫獨處的自由。

在喧鬧、忙碌的人群中走了很久，一個下午所換來的寂靜，讓我得到了久違的舒適。在某種意義上，這可能是在浪費時間，可是當我度過這個下午時，我發現心情好像被淨化了。已經持續了許久的麻木也被掃清。這個獨處的下午並沒有想像中的那麼孤寂、漫長，反而給了我一種安心的幸福。

是的，當你感到疲倦時，當你的心態過於浮躁時，當你在茫茫人海中迷路時，給自己一點獨處的時間吧，它會幫你淨化心靈⋯⋯當你走出疲倦，走出浮躁，找到歸路，你會發現：獨處真好。

獨處的好處還有很多，第一，長期處於人與人之間複雜的交往溝通、協調、磨合、疏導等關係中，獨處是一種有益的調劑。它可以使自己緊張的神經鬆弛下來，可以讓自己暫時進入一種安靜清新的生存空間。就像交響樂經過熱烈激昂的高潮後一下轉入悠揚抒情的曲調一樣，頓時讓人產生一種夏天吃冰淇淋的感覺：涼爽、甜美。

第二，從心理學的觀點看，人之所以需要獨處，是為了進行內在的整合。所謂整合，就是把新的經驗放到內在記憶中的某個恰當位置上。唯有

經過這一整合的過程，外來的印象才能被自我所消化，自我也才能成為一個既獨立又生長著的系統。當一個人靜下心來的時候，他可以從容地梳理自己近日之所為，總結工作中的成敗、生活中的得失，品嘗成功的愉悅，化解失敗的苦痛，考慮今後的打算。所以，有無獨處的能力，關係到一個人能否真正形成一個相對自足的內心世界，而這又會進而影響他與外部世界的關係。

第三，獨處是一種超脫。獨處是一種養心而不勞神，有趣而不費錢，隨心所欲而不得罪人的極易實施的生活方式。它使人超脫，從而能站在更高的立足點上看待這個世界。

你需要學會獨處

也許你喜歡和一些朋友聚在一起，也許你喜歡在電話中聊上半天，或偶爾探問人家的私事，或在別人忙的時候堅持要去看他，或在團體裡太注意自己，好像怕別人會看不見你或忘記你似的。你可能會要求別人幫你做一點小事，以確定別人真的喜歡你。很多人都這麼做，結果卻讓人越來越不喜歡自己，別人也覺得你不成熟。無法自處，往往使你顯得有點幼稚。

也許你已經習慣了喧鬧的生活，所以一旦周圍安靜下來，不再有別人的時候，你會覺得不自然。很多人認定自己絕對不能孤單。他們每一次盡量讓自己避免孤單的時候，都讓自己再度感受到恐懼的侵襲。恐懼什麼呢？就像有人說的：「我單獨一個人的時候，簡直覺得自己一無是處。」

可是，如果你有享受獨處的能力，那麼，無論什麼時候，你找朋友的意圖將完全出之於真心而非軟弱。比如：你打電話給朋友約他吃晚餐，只因為你想看他，而不是因為你無法忍受一個人單獨吃飯。這時，你的

朋友會覺得你真心地喜歡他、看重他，而不是只想依賴他。你將變得更可愛 —— 對那些想找個真心朋友，而不是找個比他更脆弱的朋友的人而言。

　　假如你已經習慣和別人待在一起的話，剛開始練習一個人獨處可能會使你覺得不舒服。如果你覺得不愉快的話，就回想一下自己的感覺。你為什麼一直盼望電話鈴響呢？你是否擔心自己和某人的關係？你是不是厭煩自己？如果這樣的話，你可以找點事做做 —— 和你關心的朋友聊聊天，或開始實行一項有創造性的計畫 —— 以克服獨處時的恐懼。但不要覺得獨處的時候，一定得做點有「建設性」的事情，才能掩飾單獨一人的怪異行為。如果你願意給自己一點機會 —— 譬如一個月裡找一兩個下午獨處，你將更能享受獨處的樂趣。

　　然而，在現實生活中，不少人卻害怕寂寞，而借著喧鬧來躲避它，甚至有的人一生躲避寂寞，臨死了還想不開，不僅喪禮辦得熱鬧，還要「活人」陪葬，這不能不說明他們害怕寂寞已經到了極點。

　　其實，寂寞不是別人強加給你的，它是你內心的一種心靈感受。當你想要躲避它時，表示你已經深深感受到了它的存在。而越是躲避，感受就越深，越是躲避也就越是寂寞。再往深了說，寂寞無時不在你的身邊，喧鬧並不能夠幫你趕走寂寞，而只能使你一時忘記寂寞的存在而已。而要真正長久地「戰勝」寂寞，就不要採取抗拒的態度，而要把寂寞當成自己的朋友。要善於享受獨處的時刻，寂寞並不可怕，它就像一個沉默寡言的朋友，雖然不會對你諄諄誘導，但會引領你認清生活的本質及生命的原貌。

　　在獨處的時候，你會更加清晰地看到自己的內心世界。如果你想深入地了解自己、關愛自己，就請多給自己一些獨處的時刻吧！

不必為孤獨沮喪

在人的一生中，誰都會有孤獨的時候，一個人守在無風的心靈之窗前，托腮凝思，總會滋生孤獨和無奈。童年的夢幻早已失去，年少的痴迷也只能依稀在夢裡，青春的浪漫流逝在一天天遠去的歲月裡……孤獨不是孤單，孤單是一顆渴望理解的心靈尋求理解而又不能得到所造成的，使人在需要支援和溝通時獨立無援。而孤獨，真正的孤獨是一種至高至美的境界，是人生無比充實的一種情感，是精神世界裡的一塊淨土。

孤獨是一種狀態，是一種圓融的狀態，真正的孤獨是高貴的，孤獨者都是思想者，當一個人孤獨的時候，他的思想是自由的，他面對的是真正的自己。孤獨者，不管處於什麼樣的環境，他都能讓自己安靜、自得其樂。

孤獨有時候也是一種財富，人只有在孤獨時，才會變得理智。當然，真正的孤獨不是溫飽後的無病呻吟，孤獨是理性的落寞，也是思想的高度、人生的境界。它沒有聲音卻有思想，是一種深刻的詮釋，是一種不能替代的美麗。

我們經常會有這樣的經歷，融入喧囂，就難逃紛擾，經常身心疲憊、憔悴不堪。為功名利祿明爭暗鬥，為愛恨情仇惡性角逐……殊不知，讓自己獨處方能善待自己。在一個群落掩埋得越深，就越難找回真實的自我，只有在一個人的世界裡，才能真正袒露自我。

一個人在獨處時，才有時間思考，靜思時，才有機會感悟。能專心，方能深入。耐住寂寞、忍受孤獨，才會有奇蹟的誕生。那些超前的理論學說往往都在長久煎熬後，方被後人體悟和理解。很多科學發明也經歷了痛苦掙扎，才被人們認可和推廣，那之前近乎黑暗的埋沒，該是怎樣的一種孤獨？

有一位作家說過：「不會享受孤獨，就不會享受人生。」是的，學會忙裡偷閒、鬧中取靜，才能享受孤獨的時光，默默感悟失去和得到，回味遺憾和美好。擠一點時間，品一杯香茗，做一次思考，那是何等的愜意？能從忙碌中解脫勞頓，能在靜夜裡獨對心靈，能在晨曦時思考未來，那是一種無法表達的玄妙。暗夜裡，獨守一盞心燈，凝望蒼涼無垠的夜色，便沒了痛苦，沒了壓抑，能夠靜靜地品味著那份空曠開闊和寂靜清遠的孤獨。漫步於自我的心靈旅途，就把平日裡那顆焦躁的心融入了如水的寧靜，在追憶和反思裡淡品人生，在夜的最深處，觸摸飛舞的靈魂，讓虛無變成富有，這又是怎樣的一種享受呀！

「越是孤獨越清醒。」眾人皆醉我獨醒的感覺很苦，也很痛，那是一種如何的超凡脫俗、安然從容？不掙脫紅塵紛雜，卻要淡泊欲念叢生，血管裡永遠流動著不屈不卑的鮮紅，而靈魂中依舊神往悠然自得的雲淡風輕。

總之，不要盲目地、不假思索地從眾、湊熱鬧，要學會在角落裡審視一切、思考一切，然後再前行。孤獨會讓你從一個獨立的空間發現契機和弊端。因此，當孤獨光顧你的時候，不要沮喪，它會讓你的生活變得更加豐富多彩。

最難做到的是心靜

有這樣一位富有的地主，他在巡視穀倉時，不慎將一支名貴的手錶遺失在穀倉裡，他因遍尋不獲，便定下賞金，讓農場上的小孩幫忙尋找，誰能找到手錶，獎金 50 美元。眾小孩在重賞之下，無不賣力搜尋，奈何穀倉裡都是散置成堆的穀粒及稻草，大家忙到太陽下山仍一無所獲，結果一

個接著一個地放棄了。只有一個貧窮小孩，為了那筆巨額賞金，仍不死心地尋找。當天色漸黑，眾人離開，人聲雜遝靜下來之後，他突然聽到一個奇特的聲音。那聲音「滴答、滴答」地不停響著，小孩立刻停下所有動作，穀倉內更安靜了，滴答聲也響得更為清晰。小孩順著滴答聲，找到了那支名貴手錶，如願以償地得到了 50 美元。

平靜能夠讓我們有所發現，平靜像鏡子一樣反照萬物，靜觀自得，倘若波濤洶湧，又豈能把美景映在水面？煩惱從何而生？原因就在於我們的心太不平靜了，當煩惱叢生、思緒飄忽不定的時候，怎麼會感到內心的快樂？

湖水平靜的時候，能夠映照萬物，山峰、人物、花鳥走獸，無不晶瑩剔透。只要有一點風，湖水便會波動渾濁，什麼都照不見了。湖水如此，人的精神就更是如此了。古人說，心安則靜，心亂則躁。人的心靜了，才能神情安寧，思想明澈；反之，則心神不寧，心思雜亂，就會使人失去平靜，從而煩躁、易怒和傷神。心靜如水，才能性格開朗，情緒穩定。靜心安神，是健康長壽的妙訣，也是預防疾病的關鍵。心神不寧，精神憂鬱，悲喜過度，都會導致生理和心理上的疲憊，使人處於病態，未老先衰。

這裡有個故事，令人深思——

國王提供了一份獎金，希望有畫家能畫出最平靜的畫。許多畫家都來嘗試，國王看完所有畫，只有兩幅最為他所喜愛，他決定從中做出選擇。

一幅畫是一個平靜的湖，湖面如鏡，倒映出周圍的群山，上面點綴著如絮的白雲。大多看到此畫的人都同意這是描繪平靜的最佳圖畫。

另一幅畫也有山，但都是崎嶇和光禿的山，上面是憤怒的天空，下著大雨，雷電交加。山邊翻騰著一道湧起泡沫的瀑布，看起來一點都不平靜。

但當國王靠近時，他看見瀑布後面有一處細小的樹叢，其中有一母鳥築成的巢。在怒奔的水流中間，母鳥坐在牠的巢裡，十分平靜。

哪幅畫最後獲得獎賞呢？國王選擇了後者，你知道為什麼嗎？

「因為，」國王解釋道，「平靜並不等於一個完全沒有困難和辛勞的地方，而是在那一切的紛亂中間，心中仍然平靜，這才是平靜的真正意義。」

你如果擁有一顆寧靜的心靈，就可以比較超脫地看待一切，就能夠平心靜氣地享受生活。當你感覺到心緒很亂的時候，你有沒有試過安靜地坐著，讓自己心如止水般寧靜？這時，才能聽見內心真正的聲音，不是嗎？你會清楚地觀察到所有的情緒，分辨出對你有害、讓你痛苦和給你困擾的問題；當你沉靜下來，就能看出所有干擾清晰思考、蒙蔽真實情感、阻礙找到答案的問題所在。然而，我們大多數人都無法清理雜念，想法總是一個接一個，如影隨形，揮之不去。

如果你想要清理這些雜念，就一定要想辦法保持平靜。具有這種想法的人，成功的時候能夠很快進入安然狀態，失敗的時候能夠很快進入超然狀態。當大家對某一種現象熱熱鬧鬧地群起仿效的時候，超然物外的一顆寧靜的心靈已發出了勝利的微笑。就是在那個時候，吵鬧者已注定了他的失敗，寧靜者已奠定了他的成功。

寧靜也是一種人生享受，特別是獨自坐下來的時候。「靜坐無所為，春來草自青。」很多事情只要順其自然，保持心靜，就能看到你真實的內心世界。你所得到的，必是對這個世界和對你自己的無盡之愛。

第四章
簡單才是生活的真諦

　　生活是個萬花筒，而生活的列車不分季節不分晝夜地向前疾駛著，你的節奏、你的情調、你的一切都可能會不由自主地隨之改變或調整。你經常為柴、米、油、鹽、醬、醋、茶所擾，也難免陷在親朋好友圈或其他圈子裡不能清閒。

　　於是，當今的人們叫累不迭，開始埋怨生活，好像這一切勞累和困頓，都是客觀的生活安排或強加給自己的。其實不然，你的時間是由你自己來掌握的，而生活完全可以簡單一些。

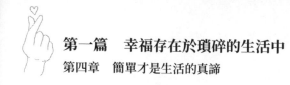
簡化你的生活

你是否經常有「累」的感覺？你是否想過究竟是什麼讓自己如此勞累？

如果僅僅只是勞累與疲憊還不算最糟糕，最糟糕的是：我們有時還會對今後的日子產生恐懼甚至絕望，覺得只有永遠像一個戰士般衝殺，才不會落在人後。欲望的都市裡到處都充斥著痛苦的靈魂，在許多昏暗的酒吧裡人們唱著空虛寂寞，喝得要死要活；生活越來越繁複，而心情越來越煩悶；人與人走得越來越近，而心靈卻隔得越來越遠；大樓越來越高，人情味越來越薄；娛樂越來越多，快樂卻越來越少……

在生活變得越來越複雜，超出你的想像和理解的時候，你是否懷念過從前不名一文但依然快樂的時光？沒有電視機、智慧型手機、平板電腦也沒有其他的娛樂家電，穿的衣服或家具都是家人按照最古老最樸素的方式製造，讓人安心。在一個偏遠、寧靜的小村莊，那裡的人對於一朵鮮花的讚賞，比對一件名貴的珠寶要多。一次夕陽下的散步，比參加一場盛大的晚宴更有價值。他們寧可在一棵老樹下打牌下棋，也不願去參加一場獎金豐厚的棋牌競技。他們重視的是簡單生活中的快樂，陽光、新鮮空氣與笑聲……感謝簡單，他們因此而擁有幸福與快樂。

那些簡單生活的日子似乎一去不復返，但真的就沒有其他可能了嗎？

近年來，在西方已開發國家興起一種叫「簡單生活圈」的活動。這種在草根人士中盛行的活動，強調的是如何簡化自己的生活，提倡拋棄物欲。在我們的欲望之上，我們應自我設限，而且這種設限並非來自外力，而是自己心甘情願──你了解到其中的深意，並能真正地享受你現在所擁有的一切。簡單生活，使自己有更多空閒的時間與能量，你可以有更多機會與家人和朋友相處。

在某些時候，我們會忙到沒有時間享受生活，似乎一分一秒都在計算之中，都被排在計畫之中。我們經常由一個活動趕到下一個活動，對手邊正在做的事毫無興趣，反而對「下一場」是什麼充滿期待。

除此之外，大多數人都會想要更大的房子、更好的車子、更多的衣服與更多的東西。無論我們已經擁有多少，總是感覺不夠。我們對物欲的需求已然成為個無底洞。

簡單生活圈這個有趣的概念，並不去刻意強調限制富人的財富，而是在鼓勵大多數人認清生活真相。有一些收入微薄的人也主張簡單生活圈的概念，同時認為自己所得已足夠自己所需。

有時候，簡化生活代表著你會選擇住一間便宜的小公寓，而不是拚命掙扎著要買一間大房子。這樣的決定讓你的生活輕鬆自在，因為你有能力負擔便宜的租金。另外一種簡化的例子是吃得簡單、穿得簡單、生活得簡單，總之，所有的重點都在讓生活更自在、更簡單。

幾年前，大明將位於豪華商務區的辦公室搬到了另一個地方，這個簡化的策略帶來許多好處。首先，這間辦公室比原先那間要便宜很多，減少了一些財務上的壓力。另外，新辦公室離家很近，他不需要花時間長途跋涉才能到辦公室，以前需要 60 分鐘的車程，現在只要步行 5 分鐘就行了。大明一年幾乎要工作 50 週，現在這個簡化的策略，使他無形中一年省下了 200 多個小時。當然，以前的辦公室看起來氣派一些，但是真的值得他付出那麼多嗎？回頭看看，還不值得呢！他說：「再給我一次機會，我還是會做同樣的決定，畢竟我的客戶都開車，而那裡停車位很少。」

簡單生活圈不是單一的決定，也不是自甘貧賤。你可以開一部昂貴的車子，但仍然可以使生活簡化。你可以享受、擁有、渴望好東西，但仍然能過著一種簡單的生活方式。關鍵是誠實地面對自己，看看生命中對自己

真正重要的是什麼。如果你想要的是多一點時間、多一點能量、多一點心靈的平靜，建議你多花一點時間來想一想如何簡化生活的概念。

喚回童年的純真

有位作家在一次演講會上，是這樣描述他的童年的：

童年是快樂的。還記得，那時的春天伴隨著我們的歡笑聲在輕柔的風中歌唱。

童年是調皮的。還記得，那時候的夏天，在小河裡沙地上，都留下了我們的足跡。

童年是好奇的。還記得，當秋天來到時，我們曾用稚氣的聲音詢問葉子為何會變黃飄落。

童年是執著的。還記得在寒冷刺骨的冬天，我們早已通紅的小手卻在忙碌不停，塑造出一個又一個雪人。

無論是誰，當回憶起自己的童年時光時，很多事情也許早已淡忘，唯獨對那份純真的心記憶猶新，這恰是童年留給我們的最珍貴的禮物。

法國作家安東尼‧聖修伯里（Antoine de Saint Exupery）說：「所有的大人都曾經是個小孩，只是他們大都忘記了。」

每個人都曾有過天真無邪的時代，那就是你的童年。童年的時候，我們是多麼天真和快樂，而當我們隨著時間的流逝而漸漸長大時，我們內心的喜樂也慢慢消失了。我們可能比孩童時擁有更多外在的成功和享樂，有更多的選擇，但是這些感覺卻不及童年時那樣的美好，我們發現童年時的喜悅和滿足都已經離我們遠去了。

你小時候最喜歡做什麼事情？捉迷藏、吃霜淇淋、踢足球，還是到操

場去盪鞦韆？你是不是已經很久沒有做這些事情了？上回你做這件事是什麼時候？又有多久不曾有過孩子氣的言行舉止？現在就放下一切，回憶一下童年時發生過的事情，把這些事情融入現在的生活，重新喚起童年快樂的回憶。但是不要忘了，當你再做這些童年的活動時，就像重新回到了童年時代，心態要像個小孩，讓自己的心靈回到孩子般天真無邪、無憂無慮的情境裡。如果你已經忘記了如何當個孩子，可以觀察孩子們玩遊戲，最好是加入到他們中一起嬉鬧，孩子的喜樂和童心都是自然流露的，假如你能用心投入，很快你就會像他們一樣開懷大笑，彷彿真的回到了童年時代。

當人困於追逐名利的旋轉木馬上，因工作、感情、生活、人際關係等困擾而結束了童年，也就會失去最可愛的「童心」。布萊思・艾德斯說：「成人是逝去的童年遺下的軀殼。」

也許你認為傻氣和孩子氣是幼稚的行為，因而掩飾了純真的自然和赤子的童心；我們費盡心思使自己變得成熟世故，卻犧牲了與生俱來的活潑和率性，也慢慢地失去了真實的歡樂。

當你感覺自己的生活越來越沉重，甚至喘不過氣來的時候，不妨把童年的純真喚醒。這樣做並不難，回到童年曾經嬉戲過的地方，重新勾起你對童年的回憶，你就會感覺，生活原來真的如此簡單。一位著名演員在電視臺的一次訪談節目中，曾說過自己緩解壓力的辦法，那就是回鄉下老家去，和鄉親們聊天、坐在舊宅的天井、在田野裡奔跑……每每這個時候，他一下子找回了童年的感覺 —— 無憂無慮、快樂無比，再大的壓力也會煙消雲散。

把童年的純真喚回吧，你會發現，生活從來不曾複雜過，很美好，也很簡單。

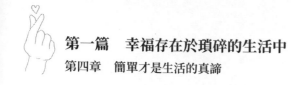

利用好休閒時光

在西方，休閒教育是一門人生必修課，早在一百年前它就被規定為基礎教育階段的一條重要原則，而且幾乎是終生教育。休閒教育就是教人從小學會欣賞生命和生活，學會各種形式的創造，學會對價值的判斷，學會選擇和規避問題的方法，學會能促進身心健康的各種技能，促進人在「成為人」的過程中獲得自由而全面的發展，使整個人生充實、快樂且富有意義。

在美國，有個叫雷密斯的人，認識他的人都叫他「瘋子雷密斯」。瘋子雷密斯從來就不喜歡正規的工作。到某公司任職？他連想都不想。也曾有不少企業想聘用他，可卻未能移動瘋子雷密斯的大駕。他平生最不愛聽的話就是人們奉勸他該做什麼工作，該做什麼事，該如何賺錢等。上班族的理論是為他所不屑的。他是真的瘋子嗎？當然不是，他只是與眾不同而已。

那雷密斯靠什麼生活呢？他很聰明，平時主要靠政府的社會福利基金過活。平常錢不夠用，他就去打打零工。就這樣，他從沒有為自己的生活操過心，輕輕鬆鬆地就過了 10 多年。雷密斯什麼零工都做過，不計其數，每樣都做不久。他當過木工學徒，但級別只有 3 年的熟練程度，他還當過修車工，收入低得比藍領階層還不如，可是他依舊快樂如初。雷密斯的消費習慣也是值得大家思考的，他把錢只花在生活必需品上，從不亂花，這樣他每年在銀行裡存的錢也已經達到了五位數美金。

讓人不可思議的是，雷密斯 48 歲時，看起來就像 38 歲一樣。雷密斯有什麼法寶嗎？其實就是生活壓力小，生活方式健康。許多人都相信，如果瘋子雷密斯一直保持這樣的生活方式，他到 80 歲還能很健康。因為他

生活達觀，身體健康，不受任何約束。所以瘋子雷密斯並不瘋，他是一個真正的生活至上主義者。

如果你認為自己已經有了家庭，有了孩子和穩定的工作就滿足了，那就大錯特錯了。你若覺得工作之外的生活樂趣無窮，那麼同樣也會對自己的工作逐漸感興趣。平衡工作與休閒的時間，意味著在你沒有睡覺的時候，應該給休閒留有一定的時間，否則很難過上成功的休閒生活。留給自己充足的時間來了解、發展自己，這很重要。

有一個機構做了一項研究，認為由於現在生活條件改善了，家庭瑣事變得輕鬆，人們應該比以往有了更多的休閒時間。算下來人們每天可以有多於以往 5 個小時的休閒時間，但問題的關鍵根本不在於是否休閒時間夠用，而在於人們沒有好好地珍惜這些時間，沒有好好地加以利用，大多都浪費掉了。

一般而言，在美國，平均每人每週大約有 40 個小時可以用來休閒。人們是怎樣度過的呢？有 40% 的時間用來看電視、滑手機、追劇、玩遊戲，剩下的時間就只能做一些生活瑣事，比如煮飯、帶孩子、修理日用電器甚至完成一些從辦公室帶到家的工作，這就是他們休閒時做的一些事情。在美國，有些人週末甚至比其他的日子還要忙。

如果你連喘口氣、讀讀書的時間都沒有，那你又能怪誰呢？還是從自己身上找原因吧！其實生活的選擇權在你手上，你應該自己決定過怎樣的生活。有些人總抱怨自己的休閒時間少，其實完全是因為習慣於自找苦吃。若是有誰總在說自己的休閒時間太少，那只說明他把工作或其他那些煩人的瑣事全攬在了自己身上。

學會找到工作與休閒之間的平衡，要想能夠更好地完成你的工作，首先就要學會休閒。有些辦法真是再簡單不過了，其中之一就是準時下班，

把剩下的時間都留給自己，讓自己到辦公室外面好好放鬆一下。當然，如果你真的這樣做了，你會覺得工作之外的生活會更有意思，同時還會覺得自己的創造力並未隨年華老去而減弱。而且還需注意的是，合理安排時間，不要把自己綁在家庭瑣事上，比如做飯、打掃、買東西之類的事情，應統籌安排，使之不太浪費時間。

　　事實證明，科學、合理、健康地利用休閒時間對一個人的成長與成才至關重要。利用得好，你就擁有了比別人更多的能力。

　　懂得休閒是一種人生智慧。休閒的核心在於「休」，能否聰明地用「閒」，關鍵在於我們對「休閒」的價值是否有正確的理解。樹立科學的休閒觀，才能有效地開發「休閒時間」這一寶貴的社會資源與財富。

第五章
忽視健康就是敷衍生活

　　身體健康是所有人的願望，是我們在這世上活得自在、瀟灑，享受生活的最基本保障。對待健康，人普遍有兩種心態：一種是「求」；另一種是「保」。「求」是被動的，「保」是主動的。

　　面對那些被病魔煎熬的人們，我們常發出這樣的感嘆：不要等到失去健康的時候才去珍惜健康；不要等到孤獨無助的時候才去尋求幫助；不要藉口我們忙，就無暇顧及身體，那樣你永遠不會有空閒。「若要了時當下了，若覓了時無了時」，記住這句話，馬上行動，為了你的健康，好好保重。

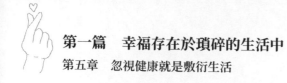

世界衛生組織十條「健康」標準

讓我們來看以下資料 ——

▌資料一：世界衛生組織十條「健康」標準

- ·有足夠充沛的精力，能從容不迫地應付日常生活和工作的壓力。
- ·處事樂觀，態度積極，樂於承擔責任，不挑剔事務的巨細。
- ·善於休息，睡眠良好。
- ·應變力強，能適應環境的各種變化。
- ·能夠抵抗一般性感冒和傳染病。
- ·體重適中，身材勻稱，站立時，頭、肩、臂位置協調。
- ·眼睛明亮，反應敏銳，眼瞼不發炎。
- ·牙齒清潔無空洞，無痛感，牙齦顏色正常，無出血現象。
- ·頭髮有光澤，無頭皮屑。
- ·肌肉、皮膚有彈性，走路感到輕鬆。

世界衛生組織對「健康」提出以下定義：「健康不但是身體沒有殘疾，還要有完整的生理、心理狀態和社會適應力。具體地說，健康包括軀體、器官等生理方面的正常發育，也包括認知、情感、意志與人格特徵以及社會適應等心理方面的正常發展。軀體健康和心理健康統一起來，才是完整的健康。」依據上述標準，世界衛生組織的全球調查結果顯示，真正符合健康定義、達到健康標準的人群只占 5%，有約 20% 的人群是需要診治的病人，其餘 75% 的人群處於健康和生病之間的一種過渡狀態，即亞健康狀態。

▌資料二：腦力勞動，九成人亞健康

心慌、氣短、渾身乏力，但心電圖顯示卻正常；經常疲憊、記憶力下降、頭暈，可血壓和腦電圖並沒什麼問題；工作效率下降、腰椎和頸椎經常出現不適，但用 CT、磁共振等先進的醫療儀器都檢查不出什麼問題……

如果經常出現這樣的情況，那說明你的身體已經處在亞健康的「灰色狀態」中。處於亞健康狀態的患者年齡多在 20 歲至 45 歲，其中從事管理、商業活動的職場人士所占比例最高。

調查顯示，認為自己生理、心理各方面均健康的白領不足 5%。被調查者中，64% 存在記憶力差、反應遲鈍的情況；87% 有失眠、經常做夢、容易驚醒的症狀；96% 有頸肩僵硬、頭暈眼花、手足麻木等慢性疲勞症狀；82% 免疫力下降，經常感冒、咳嗽，易發燒、腹瀉，病後身體恢復緩慢；74% 存在不同程度的心理健康問題，如不願與人接觸、溝通，愛譏諷人、愛猜疑人等。

測一測你的亞健康狀況

健康是人生第一財富，健康對人類的生存與繁衍、社會的繁榮與發展、科技的進步與創新、精神文明的建設和生活方式的更新有著決定性的作用。古希臘哲學家曾經指出：「如果沒有健康，智慧就難以實現，文化無從施展，力量無從戰鬥，財富變成廢物，知識無法利用。」因此，健康是事業有成、家庭幸福的基礎。

你不妨對照下面的這些症狀，測試一下自己是否處於亞健康狀態。

1. 早上起床時，經常有頭髮絲掉落。（5 分）

2. 感到情緒有些憂鬱，會對著窗外發呆。（3 分）

3. 昨天想好的某件事情，今天怎麼也記不起來了，而且這幾天來，經常出現這種情況。（10 分）

4. 害怕走進辦公室，覺得工作令人厭倦。（5 分）

5. 不想面對同事和主管，有自閉的渴望。（5 分）

6. 工作效率下降，主管已表達了對你的不滿。（5 分）

7. 工作一小時後就感到身體倦怠，胸悶氣短。（10 分）

8. 最令自己不解的是，無名火氣很大，但又沒有發作。（5 分）

9. 一日三餐進餐甚少，排除天氣因素，即使是自己以往很愛吃的菜也經常感到味如嚼蠟。（5 分）

10. 盼望早早逃離辦公室，為的是能夠回家，躺在床上休息片刻。（5 分）

11. 對城市的汙染、噪音十分敏感，比常人更渴望到幽靜的山水美景，求得心境的安寧。（5 分）

12. 不再像以前那樣熱衷於朋友的聚會，有種勉強打起精神、勉強應酬的感覺。（2 分）

13. 晚上經常睡不著覺，即使睡著了，也總是在做夢的狀態中，睡眠品質很糟糕。（10 分）

14. 體重有明顯的下降趨勢，有時早上起來，發現眼眶深陷，下巴突出。（10 分）

15. 免疫力在下降，春秋流感一來，自己首當其衝。（5 分）

16. 性功能下降，經常感到疲憊不堪。（10 分）

　　如果累積總分超過 30 分，就表示你的身體已敲響「警鐘」。

　　如果累計總分超過 50 分，你就需要坐下來，好好反省自己的生活狀

態，加強鍛鍊，改善營養。

如果累積總分超過 80 分，你應該趕緊到醫院找醫生，並調整自己的心理，或是向公司申請休假，讓自己好好地休息！

不可不知的健康小祕密

小祕密 1

每天早晨洗臉時，記得順便將冷水輕輕吸入鼻腔進行清洗。

益處：一舉兩得 —— 既刺激了鼻腔，又打掃了衛生。鼻腔經過這樣的每日一練，漸漸習慣了低溫，再有冷空氣入侵，也就容易適應，不會動不動就感冒了。

小祕密 2

塞車時，別光顧著抱怨交通的糟糕狀況，而應進行呼吸放鬆吧。意念集中丹田（小腹）位置，做 4：7：8 呼吸法 —— 先呼氣，再以鼻吸氣，默數 4 下，閉氣 7 下，再用口呼氣，帶出「咻」聲，默數 8 下。

益處：只要你堅持經常偷閒片刻做這樣的呼吸運動，就能夠讓浮躁的心靈恢復平靜，如果你失眠，症狀也會得到改善。

小祕密 3

不要總擠在狹窄憋氣的電梯裡上上下下，而應多走樓梯！

益處：每走 1 分鐘樓梯，你就會消耗 6 卡（1 卡＝ 4.184 焦耳）熱量，即使你只住在 4 層樓上，一星期也至少能消耗 120 卡熱量，1 年消耗約 5,520 卡熱量。

小祕密 4

到了辦公室，深呼吸一下後，用手指尖順著頭髮的方向用力在頭部循環梳理一下頭髮。

益處：梳理頭皮可清除你頭部的緊張感，讓頭腦清醒，以便更好地投入工作。

小祕密 5

如果辦公室外陽光明媚，偷閒走出辦公室沐浴 15 分鐘的陽光。

益處：紫外線不僅是非常好的消毒工具，還可以增強你對鈣的吸收，你所需要的維生素 D 也會輕而易舉地得到。

小祕密 6

工作一陣後，記得用力聳雙肩，盡量貼近雙耳，夾緊兩臂，然後放鬆，這一動作可重複 10 次。

益處：透過頸、背出力，刺激血液循環，從而達到放鬆頸背的效果，以免落下腰痠背痛的毛病。

小祕密 7

收起高熱量的零食，換上香蕉吧！下午三四點是你一天中最乏力的時候，不妨吃根香蕉補充點能量。

益處：維生素 B6 可幫助人體產生多巴胺、正腎上腺素這些振奮精神的神經傳導物質，而香蕉正是維生素 B6 的最佳來源。吃高熱量的零食不僅讓你更乏力，而且讓你每天攝取過多熱量、糖分、鹽分等，對身體負擔較大。

小祕密 8

邊看電視邊做皮膚去角質，使用一把乾的鬃毛刷或一個絲瓜絡，在腿上、手上進行輕輕摩擦，可刷至皮膚呈淡粉色。

益處：透過按摩皮膚，使表層角質脫落，加快血液循環，刺激你的神經，活躍你的思維。

小祕密 9

將一點檸檬和一點鹽混合輕拍在臉上 5 ～ 10 分鐘，然後沖洗。

益處：在外奔波了一天，沾了不少細菌，而檸檬具有收縮和抗菌作用，是極好的清潔劑，它含有豐富的維生素 B3，有助於預防細菌生長，對痤瘡有很好的治療作用。

小祕密 10

洗臉時，順便用手掌將溫水捧起，輕輕地潑在緊閉的雙眼上，做 20 次；然後用冷水重複以上做法 20 次。

益處：如果你一天都坐在電腦旁，眼睛一定很累，不妨以此來改善你的眼部血液循環。

小祕密 11

晚上回到家裡，腰痠背痛,，在痛處以冰敷幾分鐘。

益處：可讓你的痛楚腫脹減退消除。

小祕密 12

睡前沖熱冷水交替浴，每次淋浴維持約 30 秒，最後一次是冷水。

益處：這樣可令你繃緊了一天的神經鬆弛，讓你晚上不至於輾轉難眠。

小祕密 13

浴後將削去皮的馬鈴薯打碎，用乾淨的紗布包起來，敷在眼睛上，把雙腿放平，休息 15 分鐘。

益處：可以消除眼睛浮腫和黑眼圈。

小祕密 14

睡覺前伸個懶腰。

益處：一個緩慢的，舒適的懶腰對於即將上床休息的人來說是再好不

過了，因為它可以幫助你放鬆緊張的神經。

小祕密 15

週末或假日散步於樹林裡，將食指、中指、無名指併攏於肚臍下方，做深呼吸，同時輕輕按下肚子 —— 這是恢復元氣，使人興奮的主要區域，這動作可重複 15 次。

益處：世界上許多國家利用森林中特有的負離子來調節人體機能，治療疾病。森林是一個氧氣加工廠，每公頃森林能吸收 1 噸的二氧化碳，產生 0.37 噸氧氣。森林更是一個天然的吸塵器，它對粉塵有著良好的吸收和過濾作用，對治療咽喉炎、肺炎、支氣管炎等呼吸道疾病十分有益。

小祕密 16

冥思苦想半天不知道週末做點什麼，給你個建議，釣魚去吧！

益處：釣魚是一項有趣的戶外活動，不僅讓你一小時消耗 100 ～ 200 卡的熱量，還能讓魚成為你健康飲食的最佳營養品，即使是富含脂肪的魚，其脂肪量也少於瘦肉。

小祕密 17

如果可能，假日裡去海邊或山頂上看看日出。

益處：也許工作和婚姻都讓你有所懈怠，不妨去看看日出，當你看到欲出的朝陽，你就會有一種重新獲得新生命的感覺，也就有了新鮮的活力。

小祕密 18

每天在茶水中放入枸杞，這是一種具有強韌生命力及精力的植物，非常適合用來消除疲勞。能夠促進血液循環，防止動脈硬化以及肝臟內脂肪的囤積；再加上枸杞內所含有的各種維生素、必需胺基酸及亞麻油酸全面性地運作，更可以促進體內的新陳代謝，防止老化。

益處：枸杞具有治療體質虛寒、肝腎疾病、肺結核、便祕、失眠、低血壓、貧血、各種眼疾、掉髮、口腔炎等各種疾病的功效。

給現代的金玉良言

健康是人的第一財富，是創業的第一資本。有哲人說：「不會管理自己身體的人，也沒資格管理他人；不會經營自己健康的人，就不會經營自己的事業。」朋友，讓我們把沉睡的心靈喚醒吧：不要年輕時用生命換錢，老來用錢去換生命。

◆ 健康是人的一種完整的軀體、心理對社會和自然環境適應的良好狀態。健康是人生的第一財富，現代人的健康不僅屬於個人，也屬於家庭、企業和社會，健康是創造財富的基本生產力。

◆ 要學會自我健康管理。最了解個人健康狀況的是自己。建立醫療檔案、家屬經常提示、追蹤系統服務等對維護自身的健康都是至關重要的。

◆ 「不治已病治未病」，凡事豫則立。健康的關鍵在於預防、保健、培育科學實用的生活習慣和工作秩序，提升防病能力，終生持之以恆。

◆ 個人的健康自測。定期進行健康檢查和評估，及時採取有利於健康的針對性措施，應作為生活自理的一項不可缺少的事項。要投資健康（特別是在時間和金錢上），經營健康，管理健康。

◆ 諱疾忌醫、大意和無知是健康的大敵，應根據自身健康狀況，掌握必要的保健知識，靠自己創造高品質的生活方式和工作秩序。

◆ 科學的生活和工作方式，溫馨的家庭生活，和諧的人際關係，是現代人健康的三大支柱。

- ◆ 心理疲勞和失調是危害現代人健康的「隱形殺手」。情緒是主觀對客觀的一種感受，怒傷心，悲傷肺，憂傷肝，驚傷腎，現代人要做自己情緒的主人。養身先養心，養心先養性。

- ◆ 超負荷工作、風險性決策、多變的市場動態、繁雜的人際關係，需要現代人具備更強健的體魄去承擔。能保持心態平衡才能寵辱不驚，每臨大事鎮靜處之，經得起失敗和成功的考驗。

- ◆ 生命在於運動。體育是獲得健康的最佳手段，有氧活動、走路、太極、游泳、高爾夫和聽音樂是最佳選項，盡早養成愛好運動的習慣，主動自覺地堅持每天必要的健身活動。

- ◆ 對生活、生命品質的追求，要立足於對身心健康的追求。身心健康的三大基石是：外在的修復、內在的調理和心境的塑造。

- ◆ 年輕時人欺病，年老時病欺人，中年是人生的關鍵轉折期，性情、營養、保健等健康儲蓄優於財富累積。

- ◆ 現代人應該培育良好的生活方式，這才是健康、長壽之道。改變各種不良生活方式，形成符合健康原則的科學生活方式，身無病則心無憂，健康加長壽才是真正有意義的長壽。

第六章
讓金錢為美好生活錦上添花

　　物質基礎決定上層建築，金錢就正是你生活中不可缺少的「物質」。因此，我們需要對錢有個正確的掌握。是貪圖富貴，揮金如土？還是只賺不花，做守財奴？雖然有錢沒錢都可能導致罪惡，但金錢本身並不可怕，關鍵是人要能夠駕馭金錢，擁有正確的金錢觀。

　　錢是個好東西，俗話說「有錢能使鬼推磨」、「錢不是萬能的，但沒有錢是萬萬不能的」。然而，人的一生中幾乎所有重要的東西都不是錢能夠換取的，比如生命、自由、信任、親情、愛情、友情、理想……錢多錢少不是最重要的，如何讓錢為你的生活錦上添花才是最重要的。

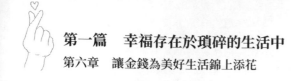
不值得為金錢困惑

　　女孩曉鈴是個「八年級」，大學畢業後一直在都市打工，工作雖然辛苦，但還算穩定。兩年前交了一個男朋友，對方雖然長得不帥，但是個老實人。

　　曉鈴和男友急急忙忙、轟轟烈烈地熱戀了幾百天，好像錢財都如身外之物，整天喝空氣、喝白開水就飽了。然而，熱情之後，現實情況擺在面前：兩人都是從鄉下出來打工的，也都不想再回鄉下過日子，但是兩個人每個月的薪資加起來才五萬多元，想在都市買房談何容易，就算有了「頭期款」，但是，就那點微薄的薪水，連每月還貸款都很吃力，還怎麼生活、怎麼養育下一代？

　　想到未來的「房奴」生活，曉鈴最後還是選擇了與男友分手。朋友問她：「以後想找一個什麼樣的？」曉鈴說：「這還用問嗎？有房子的！」

　　「有房才有家」，這是許多人的傳統觀念，但是，隨著房價步步攀升，買房子對於大部分人，特別是年輕人來說，越來越難。

　　有些網友認為，沒有房子，就沒有家，如果可以選擇，結婚一定要選擇有房一族。還有人說：「自私的男人才讓心愛的女人一直跟著搬家。」

　　「高房價製造剩男剩女」這些網路流行語聽起來有些現實和殘酷，但也客觀地反映了一部分現實情況。

　　結婚一定要有房子嗎？是房子重要還是感情重要？沒有房子婚姻就不幸福嗎？而有了房子婚姻就一定幸福嗎？

　　與此同時，很多未婚的男孩因沒有房子而煩悶萬分。錢，在他們看來，比什麼都重要，以至當前「金錢至上」的觀念十分流行。有些人為了錢，不惜走上犯罪的道路。

誠然，金錢很重要，追求金錢沒有什麼不好，因為我們需要保證生活品質，但是不能把金錢放在第一位，比金錢更珍貴的還有許多，比如愛心、感情、尊嚴⋯⋯

其實，透過金錢的魔力，揭開它那神祕的面紗，就會發現，錢不過是一種商品交換的媒介物，如果喪失了那種能夠交換商品的能力的話，那麼紙幣不過是一些廢紙，硬幣也只不過是一堆破銅爛鐵。我們對金錢要有一種正確的了解，既不能像晉朝的王夷甫那樣把它蔑稱為「阿堵物」，連碰也不願碰它；也不能為它而瘋狂，用不正當的手段去獲取它。總而言之，我們對錢的態度應是「取之有道，用之有度」。

把錢花在該花的地方

「從某種角度看，金錢就像火 —— 是你忠實的朋友，又是你災難的源頭。當你被它控制，當你帳戶上的利息不斷增多的時候，你就會慢慢變成它最可怕的奴隸。」這是美國著名慈善家洛克斐勒（John Davison Rocke-feller）對兒子的告誡。

有這樣一則笑話：一名一夜致富的有錢人，坐名車、戴名錶、穿名牌衣服、穿名牌鞋。總之，凡是可以炫耀的地方，他用的都是名牌貨。一日，他開車外出兜風，發生交通事故。他倖免於難，當救護人員費了九牛二虎之力把他從車裡救出來時，他一看到自己豪華的轎車已被嚴重撞毀，便號啕大哭：「哎呀！我的『賓士』呀，我的『賓士』呀！」這時，一名救護人員發現有錢人的手臂已被撞斷了，便生氣地對他說：「就知道哭你的車，看看你的手臂吧！」那有錢人看了一眼手臂，接著又大哭起來：「哎呀，我的『勞力士』呀！我的『勞力士』呀！」

笑話中的有錢人在物質上很富有，但在精神上卻很貧乏。除了可以炫耀的財富之外，沒有風度，沒有學識，沒有理想，沒有修養，在某種程度上，可以說他「窮」得只剩下了錢。一個視金錢比生命還重要的人，與其說他擁有財富，不如說是財富擁有了他。

　　一些富人喜歡鬥富、炫富、擺闊、縱欲，別墅、美女、寵物成為其追求的目標。這種種現象，已經不僅僅是怎麼花錢的問題了，它反映出一些人的價值觀、道德觀。鬥富炫富，絕不是富裕之後的必然行為。美國的百萬富翁斯坦利認為，變富的關鍵是緊緊控制住金錢，那些高收入者不會存錢，總是把錢花在幾乎沒有價值的東西上，因此他們始終難以成為百萬富翁。世界上有許多大富豪儘管腰纏萬貫，但卻很低調。斯坦利說：「事實上，你沒有必要一定要戴一支價值 5,000 美元的手錶，沒有必要去坐豪華轎車。」他舉了一個例子，美國百萬富翁喜愛的是價格適中的福特轎車。有位百萬富翁獲悉他的朋友們計畫在他 65 歲生日時送給他一輛勞斯萊斯後，便很快通知朋友們千萬不要這樣做。這位百萬富翁說：「這是與我的生活風格極不相稱的。如果你擁有這樣一輛車，你必須換掉你的房子，必須去買套相稱的家具，必須更換所有與之不相稱的物品，徹底地打扮自己一番。」斯坦利還調查了一些百萬富翁所買的最貴的服裝，結果有一半人說他們從來沒有買過價格超過 300 美元的衣服。

　　大多數富翁都有自己的花錢模式。他們可能在某些花費上出手闊綽，但在某些支出上卻又異常儉省。譬如：當年臺塑集團董事長王永慶，可以為了設廠投資幾億臺幣，然而在私人生活上卻相當節儉，連家人使用的肥皂、牙膏都不容許有半點浪費；即使宴請賓客他也不講排場，大都是以春捲、潤餅、肉粽等傳統的臺灣小吃款待。

　　李嘉誠的兒子曾經問李嘉誠：「爸爸，我們賺這麼多錢到底有什麼意義？」李嘉誠的回答很簡單：「賺錢多可以愛國，回報社會。」

　　李嘉誠是眾人皆知的富翁，但他的一些表現卻顯得有些吝嗇。至今他仍然堅持身著藍色的傳統西裝，佩戴一塊價值 26 美元左右的廉價手錶，並自豪地說：「如今花在自己身上的錢比年輕時少多了。」

　　多年來，李嘉誠一直自己支付各董事的薪資，從公司收取的酬金不論多少，全部撥歸公司；他在公司裡不領薪水，每年只拿六百多萬美元的董事費，沒有其他福利津貼，所有的私人用品包括午餐也從不用公款。

　　但和其他許多富豪一樣，他花在慈善事業上的金錢和時間卻不少。如今他將 20% 的時間都用在慈善活動中，並表示將來要為慈善事業投入更多的精力與資金。李嘉誠已經捐了 5 億美元用於修建各類學校、醫院以及發展醫療研究活動。不久以前，他又捐出 2 億元港幣用於支持身障事業。

　　「我確信，有大量金錢必然帶來幸福這一觀念需要改變，因為人們並非因有錢而得到愉快，愉快來自能做一些使自己以外的某些人滿意的事。」透過洛克斐勒的這句話，我們能領悟到很多。

你沒有理由不節儉

　　有一次，比爾蓋茲（Bill Gates）和他的朋友開車同往希爾頓酒店開會。由於去得比較晚，沒有普通停車位了。他的朋友就建議停到酒店的貴客車位。貴客車位要比普通車位多付 12 美元的停車費。比爾蓋茲不同意，他認為那是「超值收費」。儘管他的朋友說「我來支付」，比爾蓋茲仍然不同意。他的朋友很不理解，作為一個如此富有的人竟然在乎那一點錢？比爾蓋茲卻堅持不浪費這點錢。

愛默生（Ralph Waldo Emerson）曾說過：「節儉是你一生中食之不完的美筵。」凡是有所成就的人都非常看重節儉的價值。比爾蓋茲擁有的財富恐怕沒有幾個人能比得上，但是他卻一直秉承著節儉的理念，讓很多人欽佩。

一夜致富、發「橫財」固然很爽快，但是，奇怪的是，翻開古今巨富們的花名冊，我們會發現這些富賈一時的財富贏家們，幾乎沒有一個是靠「橫財」維持長久財富地位的。相反，倒是那些憑著努力和恆心，一點一滴地賺錢、守錢、生錢的人笑到了最後，獲得了永久的「恆財」，同時留下了無數彰顯大智慧的理財故事，流傳至今。比如：世界股神巴菲特（Warren Edward Buffett）、石油巨富洛克斐勒、華人富豪李嘉誠等等。

那麼，是什麼讓這些財富英雄笑傲人群的呢？是他們天賦異稟，或是有什麼獨門祕笈嗎？其實，個中原因並沒有什麼奧祕可言。世間萬物皆有定數，金錢與財富的成長也是有其內在規律的，這些財富贏家們只不過是有意無意恪守了這些財富規律而已。這其中，節儉就是一條不可撼動的鐵律。節儉的真正含義是：善用你的物質，為了更長久的富足與安穩克己、自律，過一種有遠見的生活。

「鋤禾日當午，汗滴禾下土。誰知盤中飧，粒粒皆辛苦。」這首唐詩讀來朗朗上口，是婦孺皆知的佳句。然而，在現實生活中，揮霍浪費的現象令人擔憂。

其實，節儉一直是傳統美德，也是歷代崇尚的觀念。千年古訓「侈而惰者貧，力而儉者富」家喻戶曉，植根每個人心田。在國泰民安、人民富裕的今天，「節儉」仍應是社會建設和發展的「關鍵字」和「主題詞」。

在美國不少中小學甚至幼兒園裡，吃「憶苦飯」非常流行。其宗旨是為了讓孩子們從小就懂得節儉，學會同情生活貧困的人，並直接或間接地

獲取知識。有一年，舊金山市的斯迪夫中學組織的「體驗飢餓」活動就吸引了該校 75 名 11 ～ 14 歲孩子的參與。中午放學後，參加活動的每名學生可抽取一張就餐券 —— 要是餐券上寫著「15」這個數字，那就意味著他屬於世界人口 15% 的「富人」，也就是說他可以享受一頓豐盛的午餐，而且可以享受到殷勤的服務；要是餐券上寫著「25」，那就意味著他屬於世界 25% 的「溫飽型」，即可以吃到分量尚足的米飯，少量的魚和豆子；要是抽到的餐券上寫有「60」，那麼他就代表了占世界人口 60% 的「窮人」，因此，午餐就只能吃少許沒有放油的馬鈴薯，而且還得耐心地排隊等候領取屬於自己的那一份。這些孩子透過抽籤分成了三組，其中，「富人」、「窮人」和「溫飽型人口」比例恰恰與世界人口的現實狀況大致相同。結果是，參加完「飢餓活動」的孩子從此再也不浪費糧食了，還向學校的「糧食銀行」捐贈自己節儉下來的多餘食品或零用錢 —— 這些孩子捐贈的食品和金錢有的分發給了慈善機構，有的還被遠送到貧困的非洲。

這裡還有一則關於沃爾瑪（Walmart）的故事：

沃爾瑪的「儉」是出了名的。如果你沒有影印紙，想找祕書要，對方會給你一句，「地上盒子裡有紙，裁一下就行了。」因為他們從不用專門影印的紙，而是用廢紙的背面。另外，沃爾瑪的老闆山姆·沃爾頓儘管是億萬富翁，卻從沒買過一所豪宅，還常開著自己的舊貨車進出小鎮。如果沃爾瑪的管理層要去某個地方開會，他們所住的地方就是能夠洗澡的普通招待所。在沃爾瑪，「節儉精神」已成他們企業文化的一部分。

但是沃爾瑪也有「大方」的時候，山姆·沃爾頓不僅在全國範圍內設立了多項獎學金，而且還向美國的五所大學捐出數億美元。在山姆·沃爾頓看來，這是金錢應該被用到的地方。

錢雖然不是萬能的，卻是沒有錢又萬萬不能，我們一生注定都要和錢

打一輩子交道。學會節儉，讓每一分錢都花得物有所值並不是一件簡單的事，這需要我們利用清醒的頭腦進行準確衡量，知道哪些錢該花，哪些錢不該花。

節儉並不需要很大的勇氣才能做到，也不需要很高的智力或超人的品德才能做到，它只需要某些常識和抵制自私享樂的力量就行。

十招教你越理越有財

以下十招，教你如何在生活中學會理財，供參考。

第一招，強制儲蓄。到銀行開立一個零存整付帳戶，薪資到帳後，其中一部分要強制自己進行儲蓄。另外，現在許多銀行開辦「一本通」業務，可以授權給銀行，只要薪資存摺中的金額達到一定的數目，銀行便可自動將一定數額轉為定期存款，這種「強制儲蓄」的辦法，可以幫人改掉亂花錢的習慣，從而不斷累積個人資產。

第二招，不要透支。持卡消費越來越成為時尚的標誌，但並非人人都適合使用信用卡，特別是使用信用卡更需要慎重，過度透支可能會使自己成為「負翁」一族。

第三招，合理存款。將必要的開支列出後，剩餘的錢對於小資家庭來說還是放在銀行裡最有保障。最好將這部分錢分為兩部分，20% 存為活期以作為不時之需，80% 存成定期，這樣更能約束自己想花錢的衝動。再有一部分就是意外的大額收入，比如過年時候的分紅、年終獎金一類數目較大的收入，這部分錢一般金額較大，所以更要計畫好如何去儲存才最合適，最好不要存成一張定存，而是分成若干張，總之動用的定存越少越好。

第四招，量入為出。對於「月光族」來說，最重要的就是要控制消費

欲望。特別要建立一個理財資料，或是用記帳 APP 軟體，對一個月的收支情況進行記錄，看看自己的收入到底流向了哪裡，看看哪些是必不可少的開支，哪些是可有可無的開支，哪些是不該有的開支。然後逐月減少「可有可無」以及「不該有」的消費。同時，可以用薪資存摺開通網路銀行，隨時查詢餘額，對自己的資金瞭若指掌，並隨時調整自己的消費行為。

第五招，適時投資。如果自己的累積達到一定金額，而當地房產又具有一定增值潛力時，就可以考慮貸款購屋。這樣當月的薪資首先要償還貸款本息，不但能改變亂花錢的壞習慣，還可以享受房產升值的收益，可謂一舉兩得。另外，每月拿出一定數額的資金投資等方法也值得採用。

第六招，抵制誘惑。商家促銷的花樣越來越多，各種誘惑使不少人衝動購物，特別是對於精於算計的女性，生怕錯過優惠的時機，往往不考慮自己的需求，不顧購物的成本和需求，一味瘋狂購買。很多「月光族」都會因此血本無歸，建議在購物前先考慮一下自己的這種消費是否合理再做決定。

第七招，開支分類。每月除了留下自己必要的零用錢外，將剩餘部分全部拿出作為家庭基礎基金；列舉出當月的基礎開支，如水、電、瓦斯等費用；列出當月生活費用開支（這裡主要指伙食費）；再留少部分其他開支。

第八招，節省開銷。外食是「月光家庭」的主要特點之一，不少家庭的開支有時占到月收入的 1/4。建議家庭成員學習烹飪常識，下班時可以順便買點自己喜歡的蔬菜或者成品進行加工，既營養衛生，又達到了省錢的目的。

第九招，降低房租。長期租房的人經過自己的爭取這一點還是有可能

實現的。首先一定按時繳納房租，要在規定日子提前三、四天交給屋主，然後在適當機會和房主談，請求房租降價。當然要有條件，你需要用你的存款一次付清一段長時間的房租。每月也許可以省幾百幾千元。

　　第十招，老人當家。如有條件，把雙方的父母輪流接到家裡來住，讓老人幫自己當管家。這樣，不但大家庭的關係融洽了，還容易學會勤儉持家。

第二篇　點滴小事累積不平凡的你

勿以惡小而為之，勿以善小而不為。

—— 劉備

禍患常積於忽微，智勇多困於所溺。

—— 歐陽修

天下難事，必做於易；天下大事，必做於細。

—— 老子

言多招禍，行多有辱；傲者人之殃，慕者退邪兵；為君藏鋒，可以及遠；為臣藏鋒，可以及大；訥於言，慎於行，乃吉凶安危之關，成敗存亡之間也！

—— 曾國藩

　　如何才能使自己更受歡迎？如何才能使自己更出眾？這就要求你掌握做人做事的分寸、注意生活的點滴小事。誰忽略它，誰就會失敗；反之，則能鑄造成功的人生。胡雪巖說過：「要成大事，先要會做人：而會做人，即是善於在交往中累積人緣。若能做到圓通有術，左右逢源，進退自如，上不得罪於達官貴人，下不失信於平民百姓，中不招妒於同行朋友，行得方圓之道，人緣人樹枝繁葉茂，那成大事一定不在話下了。」

　　是的，在人生的任何時刻，我們都要不斷地去校正自己的言行，讓自己以真、善、美的姿態融入生活的舞臺中，待人誠懇而留有不盡之恩，御事忠厚而留有不盡之智。只有這樣，才能用點滴小事累積不平凡的自己。

第七章
展現最好的自我形象

　　哲人穆格發說過：「良好的形象是美麗的代言人，是我們走向更高階梯的扶手，是進入神聖殿堂的敲門磚。」一個人外在的形象十分重要，有時甚至直接影響到社交的成與敗。在與他人的交往中，人們首先看到的也是你的外在打扮、禮儀禮節，如果你衣著隨便，舉止不雅，人家對你肯定不會產生好感。在社交中，一個人的風度和氣質，主要還是靠外在形象來烘托，所以，要樹立一個良好的外在形象，就要學會適當地包裝自己，在無形之中增添你的人際吸引力。

　　同時，一個注意形象並自覺保持好形象的人，總能在人群中得到信任，總能在逆境中得到幫助，也必定能在人生的旅途中不斷找到發揮才能的機會。

好形象讓你受益無窮

俗話說：「佛要金裝，人要衣裝。」再漂亮的人，如果沒有服裝的包裝，也不會顯出他的美來，這就像一件產品需要一個美麗、吸引人的外包裝一樣。

生活中，我們經常看到這種現象：有的女性，顏值普通，而且體型也不十分優美，雖然她穿的衣服並不華麗，都是一些簡單、素雅的衣服，可是在這簡單、素雅的裝扮中，卻能顯現出她迷人的超凡脫俗的美麗來。

有一家服裝公司的總監是一個很會打扮的人，她的同事和朋友全都十分欣賞她，對她的打扮經常是讚不絕口。可是她並不追趕潮流，不是流行什麼就穿什麼，而是會選擇適合自身特點的衣服來裝扮自己。她的衣服從來都是與眾不同，總是讓人耳目一新。她也十分重視不同衣服間的搭配。不同的服飾交錯搭配，就會烘托出不同的效果。她走到哪裡，都是一道美麗的風景。

美國紐約州某大學 1,000 名執行長的調查中，96% 的人認為形象在公司選拔人才方面是極為重要的，尤其是對那些要求可信度高的工作和與人打交道的工作，如市場、銷售、金融、律師、會計等。某投資銀行的老闆在談到服裝的重要性時說：「當我要裁人時，我就先從穿著最差的人開始。」

在一次有關形象設計的調查中，76% 的人根據外表判斷人，60% 的人認為外表和服裝反映了一個人的社會地位。毫無疑問，服裝在視覺上傳遞你所屬的社會階層的資訊，它也能夠幫助人們建立自己的社會地位。在大部分社交場所，你要看起來屬於這個階層的人，就必須穿得像這個階層的人。正因如此，很多豪華高貴的國際品牌的服裝，雖然價格高得驚人，卻不乏出手購買的消費者。人們把優秀的服裝與優質的人、不菲的收入、

高貴的社會身分、一定的權威、高雅的文化品味等相關聯，穿著出色、昂貴、高品質的服裝，就意味著事業上有卓越的成就。

　　生活經驗告訴我們，每個人都想追求完美的人生，但很少有人真正去注意自己在社會交往中的形象。這種形象不僅僅是儀容儀表的刻意修飾，更是溫文的性格、積極的心態、文雅的修養帶給人的影響力。

　　一位成功的政治家、企業領袖靠的不僅是自己傑出的才華，他們如同一個最好的演員，靠的不僅僅是自己能帶給追隨者的信念和對未來的承諾，更重要的是他們非常懂得形象的魅力，並能夠運用這種魅力把這些承諾的價值具體表現出來，把屬於群體智慧結晶的思想生動地表達出來，讓追隨者把他的形象與自己追求的未來結合為一體。他們個性化的外表及人格的魅力也是他們能夠呼喚、吸引千千萬萬追隨者的重要原因。

　　在這個講求品質、注重包裝的時代，「不以貌取人」的觀念顯然已經有些落伍了，如果能讓外觀為你的內涵輕鬆加分，那麼何樂而不為呢？

禮節讓你所向披靡

　　英國女王伊莉莎白說過：「禮貌和禮節是一封通向四方的推薦信。」

　　打動人心的是細節，而細節就展現在你的一舉手、一投足中，良好的禮儀修養，不僅是對別人的尊重，也是對自己的尊重和自信的表現。一個人要想成功社交，其中重要的一課就是要學會社交禮儀。禮儀是一種典章、制度，包括人的儀表、儀態、禮節等，能規範人的行為、舉止，調整人與人之間的關係。

　　原壤是孔子的老朋友，為人不拘小節，有一天蹺著二郎腿坐在孔子要經過的路旁，以此蔑視孔子所提倡的禮。

　　孔子經過的時候對他說：「你小的時候不懂得尊敬兄長，長大後又沒有什麼值得稱讚的事，真是敗壞禮俗的害群之馬呀！」說著，就用手杖去打他的腿，以警示他的惡習。

　　禮貌在任何時候都有用，特別是它能透過一些小事情展現一個人的素養。

　　美國耶魯大學有一批應屆畢業生共 22 個人，實習時被導師帶到華盛頓的白宮某軍事實驗室裡參觀。

　　全體學生坐在會議室裡等待該實驗室主任胡里奧的到來，這時有祕書給大家倒水，同學們表情木然地看著她忙碌，其中一個還問了問：「有冰咖啡嗎？天氣太熱了。」祕書回答說：「抱歉，剛剛用完了。」有一個名叫比爾的學生看著有點彆扭，心裡嘀咕：人家給你倒水還挑三揀四的。輪到他時，他輕聲說：「謝謝，天氣這麼熱，辛苦了。」祕書抬頭看了他一眼，滿含著驚奇，雖然這是很普通的客氣話，卻是她今天聽到的第一句。

　　然而，隨後卻發生了一件很尷尬的事。當胡里奧主任推開門走進來和大家打招呼時，不知怎麼回事，大家靜悄悄的，沒有一個人回應。比爾左右看了看，猶猶豫豫地鼓掌幾下，同學們這才稀稀落落地跟著拍手，由於不齊，越發顯得凌亂。胡里奧主任揮了揮手：「歡迎同學們到這裡來參觀。平時這些事一般都是由辦公室負責接待，因為我和你們的教授是老同學，非常要好，所以這次我親自來和大家講一些有關的情況。我看同學們好像都沒有帶筆記本，這樣吧，祕書，請你去拿一些我們實驗室印的紀念手冊，送給同學們做紀念。」

　　接下來，更尷尬的事情發生了，大家都坐在那裡，很隨意地用一隻手接過胡里奧主任雙手遞過來的手冊。胡里奧主任臉色越來越難看，走到比爾面前時，已經快要沒有耐心了。就在這時，比爾禮貌地站起來雙手握住

手冊，恭敬地說了一聲：「謝謝您！」胡里奧聽到這句話眼前一亮，他伸手拍了拍比爾肩膀，說：「你叫什麼名字？」比爾照實作答，胡里奧微笑著點頭回到自己的座位上。

兩個月後，在畢業去向表上，比爾的去向欄裡赫然寫著該軍事實驗室的名字。有幾個頗感不滿的同學找到教授：「比爾的學業成績最多算中等，憑什麼選他而沒選我們？」

教授看了看這幾張尚顯稚嫩的臉，笑道：「是人家點名來要的。其實你們的機會是完全一樣的，你們的成績甚至比比爾還要好，但是除了學習之外，你們需要學的東西太多了，修養是第一課。」

能力是無形的，需要時間去驗證，但禮貌卻是有形的，讓人一眼就能看見。在生活中，一個舉止得體、待人有禮的人一定會贏得成功的機會。相反，一個自以為很了不起、不懂得禮貌與尊重的人，一定會失去成功的機遇。

一位很有名的劇院經理來拜訪大仲馬。

一見面，只見他連帽子也沒脫下，就火冒三丈地問這位劇作家：「大仲馬先生，你為什麼要把最新的劇本賣給一家小劇院的經理呢？難道我們劇院的名字還不夠大嗎？」

大仲馬微笑著說：「是的，你們的劇場是夠大。」

這位經理傲慢地說：「那難道他出的價錢比我們的高？這樣吧，我出比那個小劇院經理高一倍的價錢，你把劇本要回來賣給我們吧！」

大仲馬笑了笑說：「不，他其實只用一個很簡單的方法，就以很低的價格把劇本買走了。」

「那是什麼辦法呢？」劇院經理非常好奇。

「因為他以與我交往為榮，並且一見面就脫下帽子。」

那位劇院經理一聽，面紅耳赤！

生活在社會中，每個人每天都要和各種各樣的人打交道，無論是在家庭、學校、還是在社會中，一個人展示給他人的首先是其文明禮貌方面的素養。所以，要想建立起良好的人際關係，就應該先學會禮貌待人。

不要小瞧了握手禮儀

有一種禮儀，不用說話就能顯示出熱情、友好的待人之道，如果應用得當，它能進一步增添別人對你的信賴感，但是它也能在不經意地在舉手投足之間洩露你教養的祕密……它就是日常生活中最為普遍的握手禮儀。

握手之禮起於中世紀的歐洲。當時恰是身著戎裝的騎士俠客盛行的時代，一個個頭頂一頂銅盔，身披一身鎧甲，腰掛一柄利劍，就連一雙手也罩上了鐵套，方以示人，這身豪氣，不免讓人敬而遠之。見了親朋好友怎能還這般冰冷待人？於是免去銅盔，脫下鐵套，與之握手，同時表示我的右手不是用來握劍殺你的，這正是握手之起源。現代人雖不至於此，但握手之風氣已形成，相見或告別時握彼之手，輕輕搖動，你如此，我如此，禮遂成。

我們千萬不能小看握手禮儀，正是這簡單的一握，蘊藏著豐富的資訊，蘊藏著複雜的禮儀細節。

握手，按字面理解為手與手的結合，但這種狀態能發展成為心與心的溝通，人們能夠更多地從中感到一種強烈的連帶關係。透過這種有力的握手，對方會對你的誠意、熱情，特別是堅強的意志、強硬的外表等留下深刻的印象。

握手可以表現出一個人是否飽含真誠。真誠的人握著你手的時候是暖

暖的，雖然他手的實際溫度或許並不高，但他的真誠會透過握手熱情地傳遞過來，讓人對他產生一種真誠的信賴和好感。透過社交場合握手禮儀，常常能感受出一個人的禮儀修養。

握手是一門學問——

◆　一定要用右手握手，這是約定俗成的禮貌。在一些東南亞國家，人們不用左手與他人接觸，如果是雙手握，應等雙方右手握住後，再將左手搭在對方的右手上，這也是經常用的握手禮節，以表示更加親切，更加尊重對方。

◆　要緊握雙方的手，時間一般以 1～3 秒為宜。當然，過緊地握手，或是只用手指部分漫不經心地接觸對方的手都是不禮貌的。

◆　被介紹之後，最好不要立即主動伸手。年輕者、職務低者被介紹給年長者、職務高者時，應根據年長者、職務高者的反應行事，即當年長者、職務高者用點頭致意代替握手時，年輕者、職務低者也應隨之點頭致意。和同年級別的輕女性或異國女性握手時，男士不要先伸手。

◆　握手時，年輕者對年長者、職務低者對職務高者都應稍稍欠身相握。有時為表示特別尊敬，可用雙手迎握。男士與女士握手時，一般只宜輕輕握女士手指部位。男士握手時應脫帽，切忌戴手套握手。

◆　握手時雙目應注視對方，微笑致意或問好，多人同時握手時應順序進行，切忌交叉握手。

◆　在任何情況下拒絕對方主動要求握手的舉動都是無禮的，但手上有水或不乾淨時，應謝絕握手，同時必須解釋並致歉。

◆　握手時首先應注意伸手的次序。在和女士握手時，男士要等女士先伸手之後再握，如女士不伸手或無握手之意，男士則點頭鞠躬致意即可，而不可主動去握住女士的手；在和長輩握手時，年輕者一般要等

年長者先伸出手再握；在和上級握手時，下級要等上級先伸出手再趨前握手。另外，接待來訪客人時，主人有向客人先伸手的義務，以示歡迎；送別客人時，主人也應主動握手表示歡迎再次光臨。

◆ 在握手的同時要注視對方，態度真摯親切，切不可東張西望，漫不經心。如果是一般關係、一般場合，雙方握手時稍用力握一下即可放開，時間一般為 2 ～ 5 秒。如果關係親密、場合隆重，雙方的手握住後應上下微搖幾下，以展現出熱情。

◆ 如果是戴著手套，握手前要先脫下手套。若實在來不及脫掉，應向對方說明原因並表示歉意。不過在隆重的晚會上，女士如果是穿著晚禮服並戴著長手套則可不必脫下。

給人談吐不凡的形象

俗話說：「說好說滿，不如說話溫暖！」決定某個人的關鍵事情的時候，有決定權的人往往會說：我要看看他的態度如何。這個態度就是想聽聽他的看法，聽聽他的表示，實際上，就是想了解一下他的談吐。

卡內基在演講時就曾舉過這麼一個生動的例子：

美國費城有一位青年希望為自己謀取一份職業，他成天徘徊在費城的大街上，總幻想有一天哪位富人碰巧發現他的「存在」，給他一個工作機會。然而，不管他做出怎樣引人注目的舉動，都毫無結果。

一天，他閒著無事，拿出一本書來讀，在書中他發現了歐·亨利（O. Henry）的一句話：「在『存在』這個無味的麵糰中加入一些『談話』的葡萄乾吧。」

於是，這位青年靈機一動，毅然闖進了著名的富翁 —— 賈鮑爾·吉

勃斯先生的辦公室，他請求吉勃斯先生給他一分鐘的時間來見見他，並容許他講一兩句話。吉勃斯先生痛快地答應了他的要求。

吉勃斯原來只打算與他談一兩句，然後將他打發了事。沒想到吉勃斯被年輕人不凡的談吐所吸引，並且兩人越談越投機，一談就是一個多小時。最後的結局是，吉勃斯先生很快就替這個窮困潦倒的青年安排了一份工作。

試想，如果這名青年一直沉默寡言下去，羞於說話，也許他的人生會越來越糟糕，可喜的是，他不但勇敢地說了，而且說得很有「水準」，這就是談吐不凡的最直接好處。

有人說：「良好的語言溝通決定人際溝通的實質，好口才往往能決定事情成敗的方向。」是的，一個人如果能以出色的語言表達出自己的意思，可以增強陌生人的好感，增強自己在陌生人腦中的印象，從而與對方成為好朋友。

當然，我們沒有張儀、蘇秦那種智慧和口才。我們不必口若懸河和滔滔不絕，但最起碼也要將自己的思想不折不扣地傳達給別人，在此基礎上，再做進一步的昇華，那麼，你離談吐不凡的目標就不遠了。

說話是一門大學問，要談吐不凡不是一蹴而就的，所以不要心急。以下列舉的是一些說話的禁忌，記住並經常提醒自己，你不凡的談吐自然就表現出來了。

- **語速不要太快**：語速太快，一是別人聽不明白；再就是聽上去像吵架一樣，給人一種愛吵架的印象；最後，語速快了，會影響自己的思路。語速慢下來的好處是，聽起來有磁性，而且顯得比較深沉。
- **不要搶話**：別人正在說話，你突然打斷別人說話，是不尊重別人的表現。你不尊重別人，人家會尊重你嗎？正確的做法是在別人說話的時

候，輔以「接下來呢」、「後來呢」、「這樣呀」、「原來如此」等諸如此類的語氣詞，讓別人感覺你在認真地聽他說，而且他說得很有意思。只有這樣，別人才會對你有好感。

◆ **不要煩躁不耐煩**：有的人聽到別人的觀點與自己不一樣，或者別人的話是指責自己，立即就表現出煩躁不耐煩的樣子，好像跟人家生氣了一樣，這是最失分的表現。別人的觀點與自己不一樣，這有什麼好生氣呢？別人指責自己，也許有幾種情況：一是你理解錯了，人家並沒有存心指責你，你跟人家動怒了，豈不是冤枉了人家；二是人家無心之過，你跟人家動怒了，顯得你心眼狹小；三是人家故意激怒你，你跟人家動怒了，豈不是正好上了人家的當。

◆ **不要左顧右盼**：聽人說話，或者對人說話，一定要看著別人的眼睛，低眉順眼是信心不足，東張西望是不禮貌，都是說話時的大忌。你也許真的討厭說話的人，或者他的話味同嚼蠟，或者你身有要事，心不在焉，如果你不得不聽他說話，就不要左顧右盼，如果你實在不想聽他說話，不妨直接告訴他「對不起、抱歉」。

◆ **不要自卑**：對方也許腰纏萬貫，也許身居要職，也許學富五車，也許一身本領，也許相貌堂堂，也許出身豪門。這些都是他的，和你有什麼關係？給他必要的尊重，卻沒有自卑的必要。不卑不亢說話，是談吐不凡的要義。

◆ **不要刻意表現自己**：人人都想出人頭地，但是絕不要透過說話表現自己，這樣會被別人誤會你是在賣弄自己，何苦呢？

總之，能給別人留下談吐不凡形象的人，必然會受到別人的熱情「追捧」。

第八章
對他人要心存感激之情

　　學會感恩，不僅僅意味著要擁有寬廣的胸襟和高尚的品德，實際上，它更應是一種愉悅自我的智慧。感恩是積極向上的思考和謙卑的態度，當一個人懂得感恩時，便會將感恩化作充滿愛的行動，在生活中實踐。感恩不是簡單的報恩，它更是一種對生活的責任，一種追求陽光人生的精神境界。

　　事實上，感恩是一種雙贏的策略，只要我們懷有一顆感恩的心，就能發現生活的美好和世界的美麗，就能永遠快樂地生活在溫暖而充滿真情的陽光裡。

心存感激讓人高尚

學會感恩，才能體會到生活的多彩；學會感恩，才能體會到生命的責任；學會感恩，才能懂得人生道路上的真愛。

人生幸福的關鍵在於你用一顆什麼樣的心來看待自己和周圍的世界，只有懂得感恩、懂得愛的人才會持續地擁有幸福、享受快樂。常懷感恩之心，會讓我們已有的人生資源變得更加深厚，讓我們的心胸變得更加寬闊、宏遠。

在一個鬧飢荒的城市，一個家庭富裕而且心地善良的麵包師把城裡最窮的幾十個孩子聚集到一塊，然後拿出一個盛有麵包的籃子，對他們說：「這個籃子裡的麵包你們一人一個。在上帝帶來好光景以前，你們每天都可以來拿一個麵包。」

瞬間，這些飢餓的孩子一窩蜂地湧了上來，他們圍著籃子推來擠去，大聲叫嚷著，誰都想拿到最大的麵包。當他們每人都拿到了麵包後，竟然沒有一個人向這位好心的麵包師說聲「謝謝」就走了。

但是，有一個叫依娃的小女孩卻例外，她既沒有和大家一起吵鬧，也沒有與其他人爭搶。她只是謙讓地站在一步以外，等別的孩子都拿到以後，才把剩在籃子裡最小的一個麵包拿起來。她並沒有急於離去，她向麵包師表示了感謝，並親吻了麵包師的手之後才回家。

第二天，麵包師又把盛麵包的籃子放到了孩子們的面前，其他孩子依舊如昨日一樣瘋搶著，羞怯、可憐的依娃只得到一個比頭一天還小一半的麵包。當她回家以後，媽媽切開麵包，一個嶄新、發亮的金幣掉了出來。

媽媽驚奇地叫道：「立即把錢送回去，一定是麵包師揉麵的時候不小心揉進去的。趕快去，依娃，趕快去！」

當依娃把媽媽的話告訴麵包師的時候，麵包師面露慈愛地說：「不，我的孩子，這沒有錯。是我把金幣放進小麵包裡的，我要獎勵你。願你永遠保持現在這樣一顆平安、感恩的心。回家去吧，告訴你媽媽這錢是你的了。」

她激動地跑回家，告訴了媽媽這個令人興奮的消息，這是她的感恩之心得到的回報。

人們常常不知疲憊地向生活索取，卻很少會對生活的饋贈心存感激。然而，學會感謝生活、感謝他人也是成功之道。

感恩傳統美德。從「滴水之恩，湧泉相報」，到「銜環結草，以謝恩澤」，再到「烏鴉反哺，羔羊跪乳」，我們有著深厚的感恩文化傳統。

是的，感恩是一種生活態度，一種處世哲學，一種智慧品德。英國作家威廉（William Makepeace Thackeray）說：「生活就是一面鏡子，你笑，它也笑；你哭，它也哭。」送人玫瑰，手留餘香。無論生活還是生命，都需要感恩。你感恩生活，生活將賜予你燦爛陽光。而如果你只知怨天尤人，最終可能一無所有。有研究顯示，在正面激勵因素中，感恩被認為是培養道德良知、增強人格魅力和提升成長力量的最好催化劑。

日本一位國立大學畢業生應聘於一家大公司。社長審視著他的臉。出乎意料地問：「你替父母洗過澡擦過身嗎？」

「從來沒有過。」青年很老實地答道。

「那麼，你替父母搥過背嗎？」

青年想了想，說：「有過，那是我在讀小學的時候，那時母親還給了我 10 塊錢。」

青年臨走時，社長突然對他說：「明天這個時候，請你再來一次。不過有一個條件，剛才你說從來沒有替父母擦過身，明天來這裡之前，希望

你一定要為父母擦一次，能做到嗎？」這是社長的吩咐，因此青年一口答應。

青年雖大學畢業，但家境貧寒。他剛出生不久父親便去世，從此，母親做傭人拚命賺錢。孩子漸漸長大，讀書成績優異，考進東京的國立大學。學費雖高得令人生畏，但母親毫無怨言，繼續幫傭供他上學。直到今日，母親還去幫傭賺生活費。

青年回到家，母親還沒有回來。母親出門在外，腳一定很髒，他決定替母親洗腳。母親回來後，見兒子要替她洗腳，感到很奇怪。於是，青年將自己必須替母親洗腳的原委說了一遍。母親很理解，便按兒子的吩咐坐下，等兒子端來水，把腳伸進水盆裡。

青年右手拿著毛巾，左手去握母親的腳，他這才感到母親的雙腳已經像木棒一樣僵硬，他不由得抱著母親的腳潸然淚下。讀書時，他心安理得地花母親如期送來的學費和零用錢，現在他才知道，那些錢是母親的血汗錢。

第二天，青年如約去那家公司，對社長說：「現在我才知道母親為了我受了很多的苦，您使我明白了在學校裡沒有學過的道理，如果不是您，我還從來沒有握過母親的腳，我只有母親一個親人了，我要照顧好母親，再不能讓她受苦了。」社長點了點頭，說：「明天你到公司上班吧。」

感恩是一種積極的人生態度，常懷感恩的人，才能以積極的心態處事；常懷感恩之心的人，才能不怨天尤人；常懷感恩的人，才能坦然面對一切。有了感恩之心，人與人、人與自然、人與社會就會更加和諧、融洽、親密，而人也會因為感恩心理而變得愉快和健康起來。

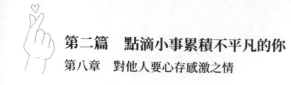
把每天都當感恩節

很多人熱衷於過美國的耶誕節，卻鮮有人知道美國還有一個感恩節 —— 每年 11 月的最後一個星期四。

1620 年，著名的「五月花」號滿載不堪忍受英國國內宗教迫害的清教徒到達北美洲。年關交替，寒冬臘月，他們遭遇了難以想像的困難，處在飢寒交迫之中。冬天過去了，活下來的移民很少。這時，印第安人給移民們送來了生活必需品，善良的印第安人還特地派人教他們怎樣狩獵、捕魚和種植玉米、南瓜。在印第安人的幫助下，移民們終於獲得了豐收，在歡慶豐收的日子，按照傳統習俗，移民們確定了感謝上帝的日子，並決定為感謝印第安人的真誠幫助，邀請他們一起慶祝節日。

在第一個感恩節的當天，印第安人和移民們歡聚一堂，他們在黎明時鳴放禮炮，列隊走進一間被當做教堂的屋子，虔誠地向上帝表達謝意，然後點起篝火舉行盛大宴會。第二天和第三天，他們又舉行了賽跑、摔跤、唱歌、跳舞等活動。第一個感恩節非常成功，其中許多慶祝方式流傳了三百多年，一直保留到今天。

在今天的美國人心目中，感恩節比耶誕節還要重要。感恩節期間，散居在他鄉的家人，都會趕回家過節，此外，美國人一年中最重視的一餐，就是感恩節這一天的晚宴，這已經成了全國性的習俗。

多少年來，感恩帶給人類的福祉是無以言喻的。作為社會文化的一部分，無論是人倫教化，還是校正人們的心態，淨化人們的心靈，它都是一劑良方。它使人的內心更加深沉博大。

有一年的感恩節，在一個平凡而貧困的家庭裡，早晨的陽光如利箭般穿透了薄薄的窗紗，照射到了床上。家裡的小男孩早就醒了，但他沒有作

聲 —— 他不願意驚醒疲倦的父母，因為他們還在沉沉地酣睡。

其實，他的父母也早就醒了，只不過他們不願面對兒子那失望的眼睛。可是，他們沒有能力準備任何節日的禮物與膳食。

丈夫想：如果能放下臉皮，去當地慈善團體連繫一下，或許能分到一隻火雞過節。但他做不到這一點。唉，怎麼辦呢？

幾個小時後，夫妻倆終於硬著頭皮起床了。丈夫沒有好心情，妻子當然也是唉聲嘆氣的。生活太貧困了，他們又覺得去行乞很可憐，這個感恩節對他們來說，簡直就是一種折磨。

就在一家人陷入深深的痛苦之時，突然響起了一陣敲門聲。男孩跑去開門。門外站著一個高大的男子，他滿臉笑容，手裡提著齊全的節日膳食，火雞、罐頭，應有盡有，都是過節的必需品。一家人驚訝地看著他。那人說：「這些東西是一位知道你們有需要的人要我送來的，他希望你們知道，在這個世界上，還有人在關懷並深愛著你們。」

丈夫極力推辭這份禮物，但來人卻說：「不要推辭了，我只不過是個送貨的而已。」他面帶微笑，將籃子挎在了小男孩的臂彎裡，並輕輕地說：「祝你們感恩節快樂！」然後轉身走了。

此時，小男孩的心裡油然升起了一種無可名狀的神奇感受。這件發生在他童年時的「小事」，後來竟然影響了他的一生，並促使他決心要成為一個樂於助人的人。

這不，他進入職場後，儘管收入很微薄，但仍堅持在感恩節那天買很多食物去送給那些需要幫助的人。

又一個感恩節到來了，扮成送貨員的已經長大的男孩出現在了一戶人家的門口。開門的是一位西班牙籍的婦女，她有 6 個孩子，然而丈夫卻拋棄了他們。眼下，她和孩子們正在遭受斷炊之苦。

男孩說：「我是來送貨的，女士。」之後，他拿出了豐盛的節日大餐和禮物。女人驚呆了，站在那裡一動不動，而她身後的孩子們則頓時爆發出了歡快的喊叫……

女人激動得熱淚盈眶，用結結巴巴的英語感動地說：「哦，你一定是上帝派來的……」年輕人靦腆地說：「不，我只是個送貨的，是一位朋友要我送來這些東西的。他讓我告訴你們，希望你們一家人都過個快樂的感恩節。也希望你們知道，有人在默默地愛著你們。今後你們若是有能力，就請同樣將這樣的禮物轉送給其他需要的人。」

回想自己年少時的種種經歷，沒想到它們竟成為自己走向坦途的導引，指引他用一生的時間去幫助別人。童年時見到的那個送貨人，深刻地改變了他的世界觀和人生觀。他覺得，傳播愛的人，才是世界上最幸福的人。

幾年後，這個年輕人成為美國總統的特別顧問。他就是全球著名的心理勵志專家、成功學權威 —— 安東尼·羅賓（Tony Robbins）。

感謝生活，感謝身邊所有的人。正所謂：「贈人玫瑰，手留餘香。」當然了，感恩並不僅僅局限於感恩節這一天，在一年的 365 天中，我們都應常懷感恩之心。

欣賞你身邊所有的人

每個生活在社會上的人都希望得到別人的賞識和認同。林肯說過：「每個人都希望受到讚美。」心理學家威廉·詹姆士（William James）也說過：「人性最深切的渴望就是獲得他人的讚賞，這是人類之所以有別於動物的地方。」

一個年輕人來到一個陌生的地方，碰到一位老人，年輕人問：「這裡如何？」老人反問：「你的家鄉如何？」年輕人說：「簡直糟糕透了。」老人接著說：「那你快走，這裡和你的家鄉一樣糟。」又來了另一個年輕人問同樣的問題，老人也同樣反問，年輕人回答說：「我的家鄉很好，我很想念家鄉……」老人便說：「這裡也同樣好。」旁觀者覺得詫異，問老人為何前後說法不一致。老人說：「你要尋找什麼，你就會找到什麼！」

在不同人的眼中，世界也會變得不同。其實月亮還是那顆月亮，世界依然是那個世界。你用欣賞的眼光去看，就會發現很多美麗的風景；你帶著滿腹怨氣去看，你就會覺得世界一無是處。

心理學家哈洛克曾做過一項獎懲混合的比較研究。

哈洛克選擇了許多數學程度相同的學生，將他們分為四組：

在給第一組上課時，每次課前都讚揚作業成績優良者。

對第二組則剛好相反，對他們中成績好的不予讚揚，僅對成績差者嚴厲譴責。

對第三組既不讚揚、又不譴責，但讓他們知道第一組和第二組每天發生的情形。

第四組則控制安置在其他地方，不使他們知道其他三組每天的情形，對他們的成績既不讚揚也不譴責。

不久，受讚揚的第一組和受譴責的第二組的成績立刻有顯著的進步，提升了 35% ～ 40%。

第三組的成績也有進步，但提升率只有一、二組的一半。

如此繼續下去，情況卻發生了顯著的變化。受讚揚的第一組成績提升了 79%，受譴責的第二組和不受獎懲的第三組的成績又低落下去，被隔離的第四組的成績也有輕微的降低，但不明顯。

上述實驗的結論是：當一項行為帶來滿意或鼓勵的結果時，該項行為則保持而增強；反之，如行為結果得不到鼓勵，或得到懲罰時，該項行為則傾向於不再重複。這說明了肯定意義的讚揚和否定意義的譴責對一個人產生的影響是截然不同的。

拿破崙‧希爾（Napoleon Hill）博士小時候被認為是一個壞孩子，家人和鄰居甚至認為他是一個應該下地獄的人，無論何時出了什麼壞事，大家都認為是拿破崙‧希爾做的。在這種情況下，拿破崙‧希爾自甘墮落，一心想表現得比別人形容的更壞。他的母親去世後，一位新的母親走進了他的家庭，當父親介紹拿破崙‧希爾時說：「這就是拿破崙‧希爾，是希爾兄弟中最壞的一個。」此時，他的繼母卻親切地說：「他完全不是壞孩子，他恰恰是這些孩子中最伶俐的一個，而我們所要做的一切，無非是要把他所有伶俐的特質發揮出來。」

繼母發現了拿破崙‧希爾人性中唯一的優點，在繼母的賞識和鼓勵下，拿破崙‧希爾開始改正自己的缺點，並發憤學習。繼母用她深厚的愛和不可動搖的信心，塑造了一個全新的拿破崙‧希爾 —— 美國成功學的創始人。

有人認為，在越來越個性化的社會交際中，「欣賞自己」已被越來越多的人接受和應用。這本是一件好事，因為它起碼表示了人已經開始注重個人在社會中的價值和作用，有利於個性的張揚和主觀能動性的發揮。

可往往物極必反，「欣賞自己」到了一定程度就會發展成為極端的自私自利，發展到唯我獨尊的驕橫和霸道，發展到「寧可我負人，不可人負我」的個性變態表現。

假如我們肯把自己欣賞的目光從那些近似海市蜃樓般的「星系」中收回來，看看身邊這些你從來不曾欣賞過的人，你會發現，他們雖不如明

星、有錢人那般被傳媒「炒」得火爆，但他們卻仍舊認認真真地生活著，努力地工作著，真誠地與人打著交道。他們在與人交往中所表現的同情、關切、微笑和互相幫助都是樸實而真切的。這些人就生活在你的四周，他們是你的親人、朋友、同事和鄰居，他們在你失敗受挫時安慰你、幫助你；在你成功興奮時會鼓勵你、讚美你；下雨時，他們會拉你同在一個屋簷下躲雨；颱風了，他們會為你披上一件禦寒的風衣。這些人才是你真正應該欣賞的人。

或許他們身上也存在著各種各樣的缺點和不足，他們煩惱時也會喊一喊、罵一罵，他們在背後也會議論別人的長處和缺陷，他們也喝酒、抽菸、打麻將，也有七情六欲。社會有多複雜，他們就有多複雜。但這些「惡習」誰能保證自己身上就沒有呢？真正懂得交際藝術的人，是知道怎樣用欣賞的目光把一堆粗樹根變成藝術品，明白善意的批評也許會使惡魔變成漂亮的天使。

任何時候，學會用欣賞的眼光去看待世界，看待你周圍的人，你便會更坦然地面對一切了。人是有思維的，這種思維隨時都在變，沒有一種情感是永恆不變的。所以，不要奢望你能擁有很多，用一種平常心態去欣賞一個人，就像欣賞一幅畫一樣，你會很快樂，也會很坦然。

每個人都渴望被讚美

一位家庭主婦為客人端上米飯，客人稱讚說：「這米飯真香！」主婦興奮地告訴客人：「是我煮的。」客人吃了一口，又問：「怎麼糊了？」主婦的臉色驟變，趕緊解釋道：「是孩子他奶奶燒的火。」客人又吃了一口：「還有沙子！」主婦又答：「是孩子他姑姑洗的米。」你看，對於讚賞，她

是那麼爽快地接受了下來；對於指責，她就千方百計地推託。也許你會說這位主婦特別喜好居功而又善於諉過於人。但你只要真誠地問一問自己，難道你願意受到指責而討厭得到讚賞？其實，希望得到他人的肯定、讚賞，是每一個人的正常心理需要。而面對指責時，不自覺地為自己辯護，也是正常的心理防衛機制。

讚美之於人心，如同陽光之於萬物。在我們的生活中，人人需要讚美，人人喜歡讚美。這絕不是虛榮心的表現，而是渴求上進，尋求理解、支持與鼓勵的表現。

愛聽讚美，出於人的自尊需求，是一種正常的心理需求。人們總是自覺不自覺地在他人那裡尋找自身存在的價值，其內心深處都有被重視、被肯定、被尊敬的渴望。當這種渴望實現時，人的許多潛能和真善美的情感便會被奇蹟般地激發出來。

在賣清粥小菜的餐廳，有兩位客人同時向老闆娘要求增添稀飯時，一位是皺著眉頭說：「老闆，你為什麼這麼小氣，只給我這麼一點稀飯？」結果那位老闆也皺眉說：「我們稀飯是要成本的。」另一位客人則是笑著說：「老闆，你們煮的稀飯實在太好吃了，所以我一下子就吃完了。」結果，他得到了一大碗又香又甜的免費稀飯。一句鼓勵的話語，一陣讚賞的掌聲，都會使一顆疲憊的、困頓的心靈感受到一縷陽光般的溫暖。經常聽到真誠的讚美，明白自身的價值獲得了社會的肯定，有助於增強自尊心、自信心。

韓國某大型公司的一位清潔工，本來是一個被人忽視、被人看不起的小角色，但就是這樣的一個人，卻在一天晚上公司保險箱被竊時，與小偷進行了殊死搏鬥。事後，有人為他請功並問他的動機時，答案卻出人意料。他說：當公司的總經理從他身旁經過時，總會讚美「你掃過的地真乾淨」。

　　人在被讚美時心理上會產生一種「行為塑造」，我們會試圖把自己塑造成具有某種優點的人。並且，這種塑造有心理強化作用，會不斷鼓勵自己向著某個好的方向發展，真正具備人們口中的某些優點。正是在這種自我塑造的過程中，我們產生了一種不斷前進的力量。讚美他人，是我們在日常溝通中常常碰到的情況。要建立良好的人際關係，恰當地讚美別人是必不可少的。事實上，我們每個人都希望自己的工作或所取得的成果受到別人的讚美。

　　一位母親帶著孩子來到心理學家的家裡，孩子的母親說：「我這個孩子幾乎沒有任何優點，讓我傷心透了。」於是，心理學家開始從孩子身上尋找某些他能給予讚許的東西。結果他發現這孩子喜歡雕刻，並且工藝很精巧，而在家裡他曾因在家具上雕刻而受到懲罰。心理學家便為他買來雕刻工具，還告訴他如何使用這些工具，同時讚美他：「你知道，你雕刻的東西比我所認識的任何一個兒童雕刻得都好。」不久，他又發現了這個孩子幾件值得讚美的事情。一天，這個孩子使每一個人都大吃一驚：沒有什麼人要求他，他把自己的房子清掃得非常乾淨。當心理學家問他為什麼這樣做時，他說：「我想你會喜歡。」

　　人人皆有可讚美之處，只不過長處和優點有人有小、有多有少、有隱有顯罷了。只要你細心，就能隨時發現別人身上可讚美的「特質」。即使缺點較多或長期處於消極狀態的人，只要稍有改正缺點、有積極上進的情況，就應及時給予肯定、獎勵。

　　不要以為讚美別人是一種付出。從「生命能量」的觀點來說，這其實是一種能量的轉換，對別人讚美的時候，你已經獲得了更多的力量。你從嘴裡吐出字字讚美的話，猶如粒粒珍珠掛在胸前，令你的影響力與日俱增。

當然了，讚美是一件好事，但絕不是一件易事。讚美別人時如不審時度勢，不掌握一定的讚美技巧，即使你是真誠的，也會變好事為壞事。讚美別人不是廉價的吹捧，不是無原則的你好我好大家好，不是投其所好的精神按摩，更不是包藏禍心的精神賄賂。讚美別人，是發自內心的欣賞與感動，是友善、是鼓勵、是寬容，蘊涵著尊重、理解和支持。

然而，在現實生活中，有的人吝惜讚美，很難賞賜別人一句讚美的話，他們不懂得，多正面引導，多表揚鼓勵，是順利交往的一條規律。予人以真誠的讚美，展現了對人的尊重、期望與信任，並有助於增進彼此間的了解和友誼，是協調人際關係的好辦法。

既然讚美對於生活有這麼重要的作用，那麼，我們就不要吝嗇對別人的讚美。

第九章
寬容別人等於善待自己

　　如果說苛責、仇恨和嫉妒是人心中的沙漠，那麼寬容便是那沙漠之中的綠洲和河流。一個人的胸懷能容下多少人，才能贏得多少人。多一份諒解，多一份寬容，多一份寬待，多一份善意，我們身邊就會更加和諧，人生也就會變得更加精彩。

　　阿諾德說過：「寬容是在荊棘叢中長出來的穀粒。」寬容使人清醒、明智、坦然、明辨是非，同時，不計個人得失，可以讓人著眼於一生一世，而不是一時一事。總之，寬容勝過一劑良藥，不僅能給對方帶來好心情，而且可以使自己身心舒暢。寬容使軟弱的人覺得這個世界溫柔，使堅強的人覺得這個世界高尚。

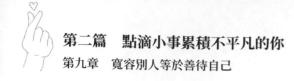
寬容會讓你更有魅力

一位電視臺節目主持人在兒子出生時寫了一封信給他，作為兒子人生之始的禮物。他以自己的方式，把這封信投進了未來歲月的信箱。他在信中寫道：「如果所有的美德可以自選，那麼孩子，就先把寬容挑出來吧！在馬上到來的世紀裡，也許和平和安靜很昂貴，不過，寬容能鬆弛別人，也能撫慰自己，它會讓你把愛放在首位；寬容會使你隨和，讓你把一些看似很重的事情看得很輕；寬容還會使你不致失眠，再大的不快，再激烈的衝突，都不會在寬容的心靈裡過夜。」

懂得寬容的人不會把人情冷暖看得太重，不會把人生磨難看得太重，不會把功名利祿看得太沉。他們懂得「處處綠楊堪繫馬，家家有路到長安」的道理，寬容待人，容納是非，他們不會患得患失，不會斤斤計較，他們會一路歡笑著瀟灑走過。

林肯是美國歷史上最偉大的總統之一，他解放了農奴，打贏了南北戰爭，維護了國家統一。然而，在競選總統前夕，因為出身卑微，他在參議院演說時遭到一個參議員的羞辱。那參議員說：「林肯先生，在你開始演講之前，我希望你記住自己是個鞋匠的兒子。」這話說得真是太狠了，大廳裡有人開始嘲笑起來。

沒想到林肯微微一笑，接過話說：「謝謝你這個時候還能記起我的父親，他已經過世了。我一定記住你的忠告，我知道我做總統無法像我父親做鞋匠那樣做得好。」

參議院一下子變得沉默了。接著，林肯轉過頭來對那個傲慢的議員說：「據我所知，我的父親以前也為你的家人做過鞋子，如果你的鞋子不合腳，我可以幫你調整。雖然我不是偉大的鞋匠，但我從小就跟我的父

親學會了做鞋子的技術。」然後，他又對所有的參議員說：「對參議院的任何人都一樣，如果你們穿的那雙鞋是我父親做的，而它們需要修理或調整，我一定盡可能地幫忙。但有一點可以肯定，他的手藝是無人能比的。」說到這裡，所有的嘲笑化做了真誠的掌聲。

林肯待人總是格外寬容，即使遇到政敵也是如此。有人擔心林肯這麼做是對敵人的一種縱容。他們反對說：「你為什麼試圖讓他們變成朋友呢？你應該想辦法打擊他們、消滅他們才對。」

「我們難道不是在消滅政敵嗎？當我們成為朋友時，政敵就不存在了。」林肯總統溫和地說。

這就是林肯總統消滅政敵的方法——將敵人變成朋友。他用自己的智慧和高尚的品格贏得了選民的支持，曾經兩度被選為美國總統。今天在以他名字命名的紀念館的牆壁上還刻著這樣一句話：「對任何人不懷惡意，對一切人寬大仁愛……」

漫長的人生旅途中，難免會遇到不開心和不如意的事情，諸多煩惱也無時不在困擾著我們。無端的指責、無中生有的猜疑，甚至背後的流言蜚語……倘若我們因為不懂得或不善於寬容，事事逞強，處處患得患失，必然活得心累至極，人生也會因此失去許多愜意與美好。

古人云：「壁立千仞，無欲則剛；海納百川，有容乃大。」為人處世，當以寬大為懷。寬容是一種傳統美德，宰相肚裡能撐船，大肚能容天下難容之事。生活之中難免有摩擦，一句善意的道歉，一個真誠的笑臉，就足以讓矛盾冰消雲散，就足以讓不快隨風而去。從歷代的帝王將相，到民間的凡夫俗子，從一個大國，到普通的小家庭，之所以能夠和睦相處，就因為在每個人的心靈深處盛開著一朵寬容之花，那是天底下最美的花朵。

沒有淡泊無以明志，沒有寧靜無以致遠。懂得寬容的人，生活將達到

一種恬靜、超脫的境界，不至於承受憎恨與報復的壓力，不至於浪費時間和精力去挖空心思對付別人，這樣，可以專心致志於自己的事業，在平凡職位上亦能做出一番輝煌業績。同時，生活在相互寬容的環境中，是人生的幸福，會使你忘卻煩惱，忘卻痛苦。

學會寬恕別人的過錯

　　當別人有意無意地傷害了你的時候，你會怎麼辦呢？是以牙還牙？還是以德報怨？還是讓我們先來看以下這則故事吧。

　　從前，有一個叫海克力斯（Hercules）的大力士，有一天，海克力斯在山路上發現腳邊有個袋子似的東西很礙腳，於是踩了那東西一腳，誰知那東西不但沒被踩破，反而膨脹了起來，加倍地擴大著。海克力斯惱羞成怒，用大木棒砸它，那東西竟然長大到把路給堵死了。正在這時，山中走出一位聖人，對海克力斯說：「朋友，快別動它，忘了它，離開它遠去吧！它叫仇恨袋，你不理它，它便小如當初，你侵犯它，它就會膨脹起來，擋住你的路，與你敵對到底。」

　　其實，生活中我們也經常步入海克力斯式的陷阱。遇到矛盾時，不少人步步緊逼、據理力爭，最終只能使得矛盾不斷升級、不斷激化。其實，忍讓是成熟、冷靜、理智、心胸豁達的表現，一時退讓可以換來別人的感激和尊重，避免矛盾的加深，豈不更好！

　　聖經上有個關於「寬恕」的典範：約瑟因得寵於父親，而招來兄弟們的不滿與嫉妒，兄弟們費盡心機最終把他以奴隸的身分賣到埃及。在埃及奴隸主家裡，本來他的表現將會使他深受重用，卻無端遭到家主的妻子冤枉誣陷，結果他被判入獄。在獄中他表現了自己解夢的能力，此事傳到法

老王的耳朵裡，法老王正被自己每晚接連不斷的噩夢纏身，聽說有這樣一個能解夢的人，立刻把約瑟召見到身邊，之後約瑟因為幫法老王解夢而被提升成為埃及的宰相。並且憑藉他的解夢術，使法老王渡過了七年飢荒威脅。而他在鄉間的哥哥們由於連年的飢荒，也來到埃及購買糧食，不巧與約瑟不期而遇。約瑟也曾想過要懲罰他們，但他又想如果他們不賣他到埃及，他哪有今天的輝煌？雖然他們的初衷是要害他，但神卻為他開了另一個出路，使他得以高升，而百姓們也因此免去了飢荒之苦。想到這裡，他的心靈創傷終於得到釋放。他完全把自己的心門敞開，非常平靜地接待兄長們，由於他的仁慈與寬恕，使兄長們感到非常慚愧，最後他與兄長們抱頭痛哭並且盡釋前嫌。

學會寬恕別人的過錯，就是學會善待自己。仇恨只能讓你的心靈生活在黑暗之中，而寬恕卻能讓你的心靈獲得自由、獲得解放。

有一年秋季，有兩個少年在加州的一個林場裡玩，惡作劇地點燃了那片叢林，他們想像著消防員警們滅火時的慌亂和焦灼，得意不已。他們卻萬萬沒有想到，因為這一次火災，一名消防員警在撲救火災的時候不幸犧牲了。

這名消防員警才 22 歲，在全力以赴地履行自己的職責時，他被濃煙燻倒後燒死在叢林裡。更讓人心痛的是，這名消防員警早年喪父，是母親獨自將他撫養長大的。成長的過程充滿艱辛，他常常對母親表示，長大後要好好回報她。而這正是他進入職場後的第一週，連第一次薪水都沒領到就……

在查明這是一起蓄意縱火案後，整座城市的人們頓時憤怒了，市長表示一定要將罪犯逮捕歸案，讓他們接受嚴厲的懲罰。員警開始四處追捕，那兩名被列入嫌疑人的少年的畫像也開始出現在各個角落。

而這一切都不是這兩個少年最初想像的，他們只能驚恐地離開這座城市，四處流竄。聽著來自四面八方的憤怒的聲音，他們陷入深深的悔恨、無奈和恐慌之中。

　　除了這兩個少年，媒體的目光更多地投放到那位消防員警的母親身上。可是，當她說出第一句話時，所有人都震驚了。她是這樣說的：「我很傷心地看到我的兒子離開了我，但是我現在只想對製造災難的兩個孩子說幾句話 —— 你們現在一定活得很糟糕，很可能生不如死。作為這個世界上最有資格譴責你們的我，我想說，請你們回家吧，家裡還有等待你們的父母。只要你們這樣做了，我會和上帝一起寬恕你們……」

　　那一刻，全場的記者都無語了，沒有人會想到這位剛剛失去兒子的母親居然會說出這樣的話，他們以為等來的聲音會是哀傷或是憤怒，沒想到竟然是寬恕！

　　而人們更沒有想到的是，這位母親發表講話後的一個小時，在鄰城一個小鎮的一家旅館裡，兩名少年投案自首了。

　　兩名少年告訴員警：「就在那位母親發表電視講話的那天下午，我們因為承受不了這巨大的社會壓力而購買了大量安眠藥，準備一道離開這個世界、但就在這時，我們從電視裡聽到了那位母親的聲音。我們頓時淚如雨下，而後，將安眠藥丟到一邊，撥通了警察局的電話……」

　　現在這兩名魯莽的少年已為人父，他們會時常帶著自己的孩子去看望那位可敬的母親，那已經是他們心靈上的另一位母親。一個悲劇故事就這樣以溫馨的結局收尾了，而誰都可以想像，如果這個母親當時說出的是另一番話語，這兩條鮮活的生命就將從此逝去，母親也會永遠陷入孤寂之中。

　　這就是寬恕的力量！

善意對待批評你的人

我們每個人都喜歡聽到別人讚揚自己的話，願意接受別人對自己的肯定，因為這是對每個人努力做事的最好認可與安慰。反之，很少有人會從心底裡樂意接受別人對自己的批評與責備。但是，我們要明白，一遇到批評和責難就怒火中燒或暴跳如雷，這可以說是一般人的表現，而遇到批評和責難卻心存感激的人，才更受人歡迎。

接受別人的批評與責難，甚至願意去尋找那些批評與責難，對我們來說，可謂有益無害，那些對我們的否定、打擊，是可以照出我們人生盲點的鏡子。

喬治在紐約郊外一個著名的度假村做廚師。一個週末，喬治正忙得不亦樂乎，服務生端著一個盤子走進廚房，對他說，有位客人點了這道油炸馬鈴薯，他抱怨切得太厚。喬治看了一下盤子，跟以往的並沒有什麼不同啊，從來也沒有客人抱怨過切得太厚，但他還是把馬鈴薯切薄些，重做了一份請服務生送去。

幾分鐘後，服務生端著盤子氣呼呼地走回廚房，對喬治說：「我想那位挑剔的客人一定是遭遇了什麼麻煩，然後將氣藉著馬鈴薯發洩到我身上，他還是嫌切得太厚。」喬治忍住脾氣靜下心來，耐著性子將馬鈴薯切成更薄的片狀，炸成誘人的金黃色，又在上面撒了些鹽，然後第三次請服務生送過去。沒多久，服務生端著空盤子走進廚房，高興地說：「客人滿意極了，餐廳的其他客人也都讚不絕口，快點，再來幾份。」

這道薄薄的油炸馬鈴薯片從此成了喬治的招牌菜，慢慢傳開後發展成各種口味，到了今天，這已經是地球人都喜歡吃的洋芋片休閒零食了。

確實，如果我們能在批評和責難中冷靜克制，靜下心來，仔細想一

想，嘗試做一做，說不定也能在看似不合理的要求中找到讓自己進步和成功的階梯。

面對別人的批評和責難。不妨學學喬治，把馬鈴薯再切薄點吧！

在人生奮鬥的過程中，我們必然會遭遇各種困難，經歷各種風雨，遭受別人的批評和責難，不要害怕，勇敢接受，因為只有這樣，我們才會不斷成長、不斷進步。

在這方面，很多成功人士給我們樹立了善待責難的榜樣。我們都知道曾任美國總統的歐巴馬有超強的演講能力。他的演講既振奮人心、熱情四射，又言簡意賅、緊扣中心。可是我們中又有多少人知道他所遭遇的批評與責難呢？歐巴馬的演講能力並非天生的，曾經，他也為自己低下的演講能力而焦慮萬分，每次上臺演講，臺下的人很快就睡著了，有時甚至有人批評他。於是，歐巴馬下定決心，努力訓練演講能力，克服一道又一道難關，每次演講他都要掌握機會，承受著巨大壓力進行到底，最後終於征服了臺下的聽眾，他成功了。

善意對待批評和責難我們的人吧，無論對方是惡意還是善意的，無論批評使我們惱羞成怒還是恬然省悟，無論批評讓我們無地自容還是良心發現。感謝批評和責難我們的人，惡意的批評更能刻骨銘心。只要我們懂得調整心態，就會發現批評無所謂惡意還是善意，因為競爭無處不在，不能透過內省激發向上的力量，才是人生最大的悲哀。換個角度，人們不會對路邊的死狗再踢上一腳，而總是會對有足夠力量妨礙你的人表示憤懣與不滿。

善意對待批評我們的父母，試想一下，撇開一切血緣與親情等理由，誰還願意為我們的行為負責到底。

善意對待批評我們的主管，無論親和或者苛嚴，他都是提早開啟我們認知人性差異的老師，苛嚴與高標準是在逼迫我們快速成長。

　　善意對待批評我們的同事，不管價值觀是接近還是相去甚遠，同事的指責甚至謾罵也完全能讓我們變得智慧而包容，心胸有多寬廣，舞臺就有多大。

　　善意對待我們的競爭對手，沒有對手的遊戲會變得乏味枯燥，唯有競爭才更加驚心動魄和扣人心弦；沒有對手的世界形同沙漠，死氣沉沉，唯有對手的天空更顯得悲壯，更能夠激發雄心壯志。無論情感還是經濟利益的爭奪，都能讓遊戲變得更加好玩充滿樂趣。

　　總之，善意對待批評和責難我們的人吧，無論他們是老生常談還是花樣翻新，前者在鍛鍊我們的耐力，後者讓我們適應變化。不同的人總站在不同的角度，用不同的方式講述同一個異常淺顯的道理，能不能去領略其中的奧妙，全在於個人的造化。

站在對方的立場想問題

　　有一位老婦人，她家住在二樓。她在屋裡走動時，總像怕踩著地雷似的小心，因為她怕踩得太吵會使住在樓下的張爺爺受不了。可是住三樓的常常把地板聲音弄得很吵，她都沒怪罪，她說，樓上有個 3 歲的小孩，要長大，需要運動。當孩子對此疑惑不解時，她就心平氣和地說：「當你站在別人的立場多替別人著想的時候，你就明白了。」

　　老婦人的話告訴我們，生活中不僅僅要懂得謙讓，更要懂得站在別人的立場考慮問題，這是我們學會做人、做事的第一步。

　　然而，你是否留意過這樣一些現象：有些人過度強調個人感受，因此在與他人溝通時總會遇到各種阻力；家庭成員中有人總習慣按自己的意願行事，即使是出於美好的願望，也往往以不愉快收場；在職場上，一個人若缺乏理解他人的能力，再努力也總是不得其門而入……

在人際社交過程中，能夠體會他人的情緒和想法、理解他人的立場和感受，並站在他人角度思考和處理問題的能力，在心理學上被稱為「同理心」，所謂「人同此心，心同此理」。

生活中每個人都渴望被理解、關心、認同，但很多人眼中看到的別人，不過是他自己內心感覺的投射，籠罩著個人情緒。比如：早上你出門，如果已經累積了很多負面情緒，那麼來到辦公室，可能就會把別人一些無意識的小問題解讀成是故意針對你；如果你在公司不愉快，回到家可能會誤解家人的關心，把家人當出氣筒。

我們經常遇到溝通不良的問題，這往往是因為雙方所處不同的立場、環境所造成的。因此，為了達成良好的溝通，學會站在對方的立場思考，真正了解對方的感受是至關重要的。擁有同理心，也就擁有了感受他人、理解他人行為和處事方式的能力，我們不僅可以知道對方明確表達的內容，還能夠更深入地理解並掌握對方隱含的感覺和想法。同理心因此飽含著溫暖與關愛，成為我們與他人順暢溝通的心理橋梁。

1930 年代的一天，英國倫敦一家珠寶店的店員珍妮在接待顧客時，不慎將一顆價值連城的珍珠滾落到地上。當時，人多手雜，珠子滾到一位男子腳邊時就再也找不到了。珍妮必須找回這顆珍珠，否則她不但要被「炒魷魚」，而且終生都難以償還。

無人能體會珍妮當時的心情。憑眼神，珍妮斷定那位裝作若無其事的男子多半是一位失業者。這就意味著那顆珍珠足以改變他的人生，這無疑增添了珍妮索回珍珠的難度。珍妮來到他跟前，眼含淚花，輕聲地說道：「先生，在這樣艱難的時期，找一份工作很不容易吧？這才是我上班的第三天！」男子怔住了。細心的珍妮看在眼裡，於是她又將這話重複了兩遍。終於，男子將背在後面的手抽出來緊緊地握住了她，等他轉身快速奔

出大門的時候，珍妮看到了自己手中的那顆珍珠。

　　珍妮的意圖很明顯，就是「請把那顆珍珠還給我」。但如果她那樣說，等於向大眾宣布了青年的不義行徑，很容易導致意料不到的極端事件，甚至發生不堪設想的後果。此時，珍妮選擇的是站在別人的立場博取同情，從而順利地達到目的，在拯救別人的同時也拯救了自己。

　　學會替別人考慮，學會換位思考，學著理解對方，當你做到這些的時候，你將成為一個受人歡迎的人。同時，朋友之間互相幫助，同事之間互相理解，陌生人之間互相溝通，彼此將心比心，世界才會變得更加美好、更加和諧。

第十章
用誠信之道贏得尊重

　　參天大樹挺拔聳立，離不開深扎大地的根默默支撐；高樓大廈的屹立，脫離不了厚重堅硬的地基支撐；那麼，我們人，又是靠什麼來贏得立足社會的資本呢？那就是 ── 誠信！

　　誠信的品德是一個人最寶貴的財產，它是信譽的不動產，它賦予每個人以尊嚴，提升人們的品味，促進人們的發展。如果一個人的信用破產了，社會和他人就不會再相信他，更不會再去幫助他。那這個人就會無形中被周圍的人孤立起來，並且為曾經的失信付出慘痛的代價。

別丟棄誠實的素養

　　故事「狼來了」可謂家喻戶曉，是大多數人在童年時期接觸最早又印象最深的故事之一：

　　一個孩子在山頂上放羊。一天他覺得很無聊，便突發奇想，站在山頂上向山下高呼：「狼來了！狼來了！」山下村子裡正在忙碌的人們聽到呼喊紛紛扛著鋤頭、扁擔跑上山來。但山上哪裡有狼，這只是放羊的小孩的一個惡作劇。大人們便下山了，這個孩子繼續日復一日地放羊。

　　有一天，他再一次在山頂上高呼：「狼來了！狼來了！」山下的人們聽到他一聲比一聲高的呼救，想必是經過多多少少的猶豫，還是拿著扁擔、鋤頭趕上山來。這一次，大人們依然上了當，連狼的影子都沒有，放羊的小孩和羊群安然無恙。大人們只好又紛紛下山了。

　　這一次，狼真的來了。放羊的小孩在山頂上高聲呼救，但任憑他喊破了嗓子，卻沒有一個大人趕上山來，結果放羊的小孩與羊群都被狼吃掉了。

　　這無疑是一個經典故事，之所以流傳廣泛，人們往往從道德教育的必要性來解釋。然而我們說，這個故事之所以有如此強大的生命力，原因絕非如此簡單。它所蘊含的觸動靈魂的力量，幾乎使每個人聽到以後都會產生難忘的印象。

　　俄國作家契訶夫（Anton Palovich Chekhov）曾說：「蚜蟲吃青草，鏽吃鐵，虛偽吃靈魂。」是的，只要靈魂沒有被虛偽吃掉，至於其他待人處世的本領，隨著閱歷、經驗、實踐、修養和知識的豐富，是不難學會的。契訶夫把真誠作為立人最基本的道德，是有道理的。誰欺騙了別人，別人就會輕視他；誰欺騙了社會，誰就會失去社會的信賴，最終被社會唾棄；誰欺騙了生活，誰就會受到生活的懲罰，失去人生的價值。

華盛頓是美國第一位總統，他從懂事起就很崇拜英雄人物。當他看到哥哥穿著軍裝上前線打仗，羨慕極了。一天吃過晚餐，他忽然想到了一個什麼問題，急忙跑去問父親：「爸爸，我長大了也要像哥哥那樣，當一個勇敢的軍人，好嗎？」「好極了，親愛的孩子！」父親高興地回答，「可是，你知道什麼樣的孩子才能成為勇敢的軍人嗎？」父親反問道。「嗯──」華盛頓想了想，回答說，「誠實的孩子才能成為一個勇敢的軍人，是這樣的嗎？」「是的。只有誠實，大家才能團結，團結才能戰勝敵人，成為勇敢的軍人。」

　　父親不光言傳，還很注重身教。在父親的農場裡，有一顆小櫻桃樹，那是父親為紀念華盛頓的出生而栽種的。華盛頓一天天長大，小櫻桃樹也一年年長高。華盛頓對做一名威武的軍人十分心切，有一次，他打算做一把小木槍，把自己武裝起來。他本想讓父親幫幫忙，可看到父親整天忙於自己的工作，沒有時間，於是決定自己動手。華盛頓拿起鋸子、斧頭，找了一棵容易砍倒的小樹，把它鋸倒了。哪知道這棵樹，正是父親最心愛的那棵櫻桃樹。這下可闖了大禍。

　　父親回來後，知道了這件事，大發脾氣，質問是誰做的。華盛頓躲在屋子裡，非常害怕。他想了想，還是勇敢地出來，走到父親面前，帶著慚愧的神色說：「爸爸，是我做的。」「小朋友，你把我喜愛的櫻桃樹砍倒了，你不知道我會生氣嗎？」

　　華盛頓見父親怒氣未消，回答說：「爸爸，您不是說，要想當一個軍人，首先就得有誠實的素養嗎？我剛才告訴您的是一個事實呀。我沒有撒謊。」

　　聽兒子這麼一說，父親很有感觸。他意識到孩子身上的優良素養，要比自己心愛的櫻桃樹還要珍貴。他一把抱住華盛頓，說：「爸爸原諒你，孩子。承認錯誤是英雄行為，要比一千棵櫻桃樹還有價值。」

誠實是一種睿智，如果一個人失去了誠實的素養，所有耀眼的光芒都將黯然失色；誠實是一種美麗，因為有了誠實凝聚的可靠和厚重，方使得所有的素養經得起洗禮，所有的宣言值得人們信賴；誠實更是一筆人生的財富，它可讓人拒絕繽紛的誘惑，摒棄心中的那份浮躁，守住自己心靈的那片淨土。

守信才能享有盛譽

守信的意思是說一個人要遵守諾言、不虛偽欺詐。「言必信，行必果。」「一言既出，駟馬難追。」這些流傳了千百年的古訓，都形象地表現了誠實守信的素養。幾千年的文明史中，人們不但為誠實守信的美德大唱頌歌，而且身體力行。

皇甫績是隋朝有名的大臣。他 3 歲的時候父親就去世了，母親一個人難以維持家裡的生活，就帶著他回到娘家住。外公見皇甫績聰明伶俐，又沒了父親，怪可憐的，因此格外疼愛他。

外公叫韋孝寬，韋家是當地有名的大戶人家，家裡很富裕。由於家裡上學的孩子多，外公就請了個教書先生，辦了個自家學堂，當時叫私塾。皇甫績就和表兄弟都在自家的學堂裡上學。

外公是個嚴厲的老人，尤其是對他的孫輩們，更是嚴加管教。私塾開學的時候，就立下規矩，誰要是無故不完成作業，就按照家法重打二十大板。

有一天上午上完課後，皇甫績和他的幾個表兄躲在一個已經廢棄的小屋子裡下棋。由於貪玩，不知不覺就到了下午上課的時間。大家都忘記做教師上午留的作業。

第二天，這件事被外公知道了，他把幾個孫輩叫到書房裡，狠狠地訓斥了一頓。然後按照規矩，每人重打二十大板。

外公看皇甫績年齡最小，平時又很乖巧，再加上沒有爸爸，不忍心打他。於是就把他叫到一邊，慈祥地對他說：「你還小，這次我就不罰你了。不過，以後不能再犯這樣的錯誤。不做功課，不學好本領，將來怎麼能成大事？」

皇甫績和表兄們相處得很好，小哥哥們都很愛護他。看到小皇甫績沒有被罰，心裡都很高興。可是，小皇甫績心裡很難過，他想：我和哥哥們犯了一樣的錯誤，耽誤了功課。外公沒有責罰我，這是心疼我。可是我自己不能放縱自己，應該也按照私塾的規矩，被重打二十大板。

於是，皇甫績就找到表兄們，求他們代外公責打自己二十大板。表兄們一聽，都「噗哧」一聲笑了出來。皇甫績一本正經地說：「這是私塾裡的規矩，我們都向外公保證過觸犯規矩甘願受罰，不然的話就不遵守諾言。你們都按規矩受罰了，我也不能例外。」

表兄們都被皇甫績這種信守學堂的規矩，誠心改過的精神感動了。於是，就拿出戒尺打了皇甫績二十大板。

後來皇甫績在朝廷裡做了大官，但是這種從小養成的信守諾言、勇於承認錯誤的品德一直沒有丟，這使得他在文武百官中享有很高的聲望。

由此可見，一個人誠實有信，自然得道多助，能獲得大家的尊重和友誼。反過來，如果貪圖一時的安逸或小便宜而信口開河，表面上是省了事，但為了這點省事，他會毀了自己的聲譽甚至生命。不信，請看下面的故事。

從前，濟陽有個商人過河時船沉了，他抓住一根木頭大聲呼救。有個漁夫聞聲而至。商人急忙喊：「我是濟陽最大的富翁，你若能救我，給你100兩金子。」待被救上岸後，商人卻翻臉不認帳了。他只給了漁夫10兩

金子。漁夫責怪他不守信，出爾反爾。富翁說：「你一個打魚的，一生都賺不了幾個錢，突然得 10 兩金子還不滿足嗎？」漁夫只得快快而去。沒想到，幾天後那富翁又一次在原地翻船了。有人欲救，那個曾被他騙過的漁夫說：「他就是那個說話不算數的人！」大家一聽，猶豫間停住了救援的腳步，商人就這樣被淹死了。

商人兩次翻船而都遇到同一位漁夫是偶然的，但商人的不得好報卻是在意料之中的。因為一個人若不守信，便會失去別人對他的信任，所以，一旦他處於困境，便沒有人再願意出手相救。失信於人者，一旦遭難，只有坐以待斃。

不要輕易許下承諾

華盛頓曾告誡人們，因承擔一些力所不及的工作或為譁眾取寵而輕諾別人，結果卻不能如約履行，這是很容易失去人心的。

所謂恪守信義，是指對許諾一定要承擔兌現。答應了別人什麼事情，對方就會指望著你，一旦別人發現你開的是「空頭支票」，自然就會對你產生強烈的反感。「空頭支票」會給別人增添無謂的麻煩，也會使自己名譽受損。所以，無論什麼時候，都不要輕易對別人許下承諾。

西元 1797 年 3 月，拿破崙在盧森堡第一國立小學演講的時候，熱情地將一束價值 3 路易的玫瑰花送給了該校校長，並且對該校校長說出如此誓言：「為了答謝貴校對我，尤其是對我夫人約瑟芬的盛情款待，我不僅今天獻上一束玫瑰花，而且在未來的日子裡，只要我們法蘭西存在一天，每年的今天我都將派人送給貴校一束價值相等的玫瑰花。」拿破崙此言一出，該校校長十分興奮，帶頭鼓起掌來。

後來，拿破崙窮於應付連綿不斷的戰爭，終至戰敗也沒有兌現那個玫瑰花的誓言。

　　然而，盧森堡人卻沒有忘記此事。1984 年的年底，盧森堡人舊事重提，要求法國政府予以兌現。對此，他們給了法國政府兩個選擇：要麼從西元 1797 年算起，以 3 個路易一束玫瑰花作為本金，以 5 厘複利計算全部償還；要麼法國政府在全國各大報刊上公開說明拿破崙是個言而無信的小人。法國政府當然不願意做有損拿破崙聲譽的事，於是他們選擇了賠款。然而，電腦算出來的數字讓他們大吃一驚，原本才 3 路易一束的玫瑰花，如今本息卻已高達 1,375,596 法郎了。面對這筆巨額賠款，法國政府又不願意了。於是他們另謀出路，最後給了一個令盧森堡願意接受的賠償方式：以後無論在精神上還是物質上，法國都將始終不渝地對盧森堡的中小學教育予以支持和贊助。如此，事情得以妥善解決。

　　當初拿破崙絕對沒有想到，由於自己一時的熱情之語，會給法國帶來如此的負擔。

　　所以說，輕易許諾容易犯錯。要知道，自己可能會忘記自己的許諾，但是別人卻不會輕易忘記。當然，如果一時衝動許下了諾言，不管付出怎樣的代價，都一定要努力去實現。這不，《世說新語》中的一個故事的主人翁就為我們做出了榜樣——

　　華欽跟王朗都是三國時期曹魏的要臣，兩人曾經有過一段逃難的經歷。

　　東漢末年，兵荒馬亂，人們四處逃難躲避戰爭。這一日，華欽跟王朗好不容易找到一艘小船，打算渡江逃命。船很小，華欽放置好行李就急忙吩咐王朗說：「時間不早了，快點走吧。」

　　小船在江中漂了半天，行經一個小島時，他們發現島上有個人在向他

們搖旗求救。王朗想都沒想就告訴他：「船上勉強能再擠上一個人，上來吧，我們帶你一起走。」

「等等！」沒等難民上船，華欽先把王朗拉到一邊，悄聲對他說，「你知道這個人什麼來歷？萬一他是匪徒追逐的目標，豈不是會連累我們？」王朗爽聲笑笑：「你多慮了，世上哪裡有那麼巧的事情，救人一命勝造七級浮屠啊！」

難民上船後對王朗感恩戴德，在華欽面前卻時常流露出不滿情緒。小船繼續前行，第二天早晨，他們竟然與匪徒的船撞個正著。華欽不幸言中，這個難民正是匪徒尋找的目標，眼看這匪徒的大部隊蜂擁而至。王朗開始害怕了。他偷偷對華欽說：「怎麼辦，當初真應該聽你的。要不然我們把他交出來吧，或者讓他現在就跳江，看能否逃脫匪徒的追捕。」

沒想到，華欽斷然拒絕了王朗的建議：「當初我猶豫著要不要帶他走，就是怕遇到現在這樣的情況。既然我們已經答應帶他過江，怎麼能因為形勢危急就丟下不管呢？」

老子說：「輕諾必寡信。」輕易承諾的人總是很容易給人留下做事爽快、大方果斷的好印象，但是生活不是做一次生意，許諾之後倘若兌現不了，失信的殺傷力比想像之中的更加殘酷。簡單的承諾可能反而難以兌現，生活就是這樣不可預測。所以，承諾當頭，少說多思考。

守信不妨從守時做起

一個人要想養成凡事守信的習慣，不妨先從守時做起。因為有關約定時間的事情經常發生在每個人身邊，並且守時相對於遵守其他諾言來說更容易做到。

德國哲學家康德（Immanuel Kant）是一個十分守時的人。他認為無論是對老朋友還是對陌生人，守時都是一種美德，代表著禮貌和信譽。

1779 年，康德計畫到一個名叫瑞芬的小鎮去拜訪朋友威廉‧彼特斯。他動身前曾寫信給彼特斯，說 3 月 2 日上午 11 點鐘前到達他家。

康德是 3 月 1 日到達瑞芬的，第二天早上便租了一輛馬車前往彼特斯家。朋友住在離小鎮 12 英里遠的一個農場，小鎮和農場中間隔了一條河。當馬車來到河邊時，車夫說：「先生，不能再往前走了，因為橋壞了。」

康德下了馬車，看了看橋，發現中間已經斷裂。河雖然不寬，但很深，而且結了冰。

「附近還有別的橋嗎？」他焦急地問。

「有，先生，」車夫回答說，「在上游 6 英里遠的地方。」

康德看了一眼懷錶，已經 10 點鐘了。

「如果走那座橋，我們什麼時候可以到達農場？」

「我想要 12 點半鐘。」

「可如果我們經過面前這座橋，最快能在什麼時間到？」

「不用 40 分鐘。」

「好！」康德跑到河邊的一座農舍裡，向主人打聽道：「請問您的那間破屋要多少錢才肯出售？」

「您會要我簡陋的破屋，這是為什麼？」農夫大吃一驚。

「不要問為什麼，你願意還是不願意？」

「給 200 法郎吧。」

康德付了錢，然後說：「如果你能馬上從破屋上拆下幾根長的木條，20 分鐘內把橋修好，我將把破屋還給您。」

農夫把兩個兒子叫來，按時完成了任務。

馬車快速地過了橋，在鄉間公路上飛奔，10 點 50 分抵達農場。在門口迎接的彼特斯高興地說：「親愛的朋友，您真準時。」

守時不是一件小事，它能夠反映出一個人的生活作風與一貫的行事方式。如果你從小就有守時的觀念，一定能夠憑著意志與恆心做成生命裡許多非常重要的事情，並且贏得他人的尊重。

誠然，現代生活的快節奏，呼喚著人們的時間觀念。守時理應是現代人所必備素養之一，但是，不守時的情況經常在我們的身邊發生。通知了幾點開會，卻總有那麼幾個人遲到；約會時間已到，有人就是不見蹤影；要求什麼時間要辦完哪件事，到時也總有人不能按時完成……諸如此類事情屢見不鮮，讓人心煩。

如果只是偶爾一次，似乎也情有可原，然而你仔細觀察一下，就會發現，在某些人身上不守時的事是經常發生的。資訊經濟時代，時間的價值已遠非自然經濟和工業經濟時代可比。不守時既浪費了自己的時間，也浪費了別人的生命。

守時就是遵守承諾，按時到達要去的地方，沒有例外，沒有藉口，任何時候都得做到。即便你因為特殊原因不得不失約，也應該提前打電話通知對方，向對方表示你的歉意。這不是一件小事，它反映了你的素養和做人的態度。這裡不是要告訴你守時這條原則的重要程度，而是要告訴你一些它如此重要的原因。當然，很多時候，不守時往往最先吃虧的是你自己。如果你對別人的時間不表示尊重，你也不能期望別人會尊重你的時間。一旦你不守時，你就會失去影響力和道德的力量。

第十一章
掌握方與圓的處世藝術

　　一位著名教育家十分讚賞「外圓內方」的做人原則。他在給兒子寫的座右銘中就有這樣的話：「和若春風，肅若秋霜，取象於錢，外圓內方。」教育家的話，實際上是對「外圓內方」的一個很好的解釋。在他看來，「圓」就是要「和若春風」，對朋友、同事、左鄰右舍要敬重、誠實、平易近人，和氣共事；「方」就是要「肅若秋霜」，做事要認真，堅持原則。

方圓有術，彈性做人

去過廟裡的人都知道，一進廟門，首先是彌勒佛，笑臉迎客；而在他的北面，則是黑口黑臉的韋陀。

但相傳在很久以前，他們並不在同一個廟裡，而是分別掌管不同的廟。彌勒佛熱情快樂，所以來的人非常多，但他什麼都不在乎，丟三落四，沒有好好管理財務，所以依然入不敷出。而韋陀雖然管帳是一把好手，但成天陰著個臉，太過嚴肅，搞得人越來越少，最後香火斷絕。

佛祖在查香火的時候發現了這個問題，就將他們倆放在同一個廟裡，由彌勒佛負責公關，笑迎八方客，於是香火大旺。而韋陀鐵面無私，錙銖必較，則讓他負責財務，嚴格把關。在兩人的分工合作以後，廟裡一派欣欣向榮的景象。

在韋陀身上，展現的是做人的「方」；彌勒佛則是「圓」的代表。很顯然，無論是方或是圓，都沒有方圓合一來得好。

「方」是一個人的素養、境界，是做人的根基。一個人只有具備好的個人素養和優質的品德，才有可能成大事，立大業。

「圓」不是圓滑、狡詐，而是一種圓融的處世立場，是一種隨機應變的人生哲學。假如一個人過度方方正正，不懂得變通，不懂屈伸，就像生鐵一樣，是很容易被折斷的。

想一想古代的銅幣，為什麼裡面是方形，而外面是圓形呢？實際上，這就顯示了一個古老而又精妙的哲理。外圓可減少阻力，便於流通提攜；內方可一線貫通，秩序井然。「取象於錢，外圓內方」，做人做事的道理盡在其中。做人有方的準則在手，就會方寸不亂，千變萬化不離其宗；做事有圓的技巧在胸，就會圓融玲瓏，世事人情一通百通。

方是剛，圓是柔。方是原則，圓是機變。方外有圓，圓內有方。外圓內方，可謂人生的最高境界。不懂謀略難為事，不懂方圓難做人。做人有方，就能堂堂正正；做事有圓，就能得心應手。有圓無方則不立，有方無圓則滯泥，可方可圓則無往不利。

　　歸根結柢，人生就是一門方與圓平衡的藝術。

　　做人的巧妙就在於能方能圓，方圓合一，這樣才能立於不敗之地。

　　一天，曹操請劉備喝酒。那時，正是劉備窮困潦倒、寄人籬下之時。

　　酒喝到一半，忽然烏雲密布，大雨就要來了。僕人指著天上的像條龍形的烏雲，曹操與劉備則一邊聊著一邊觀看。

　　曹操說：「使君知道龍的變化嗎？」

　　劉備說：「不知道。」

　　曹操說：「龍能變大能變小，能飛能隱藏，變大就是興雲吐霧，變小就是隱藏形跡，飛上去就是飛騰在宇宙之間，隱藏起來就是潛伏在大海的波濤之內。現在是春天後期，龍趁著時節變化，像是人發達了所以縱橫四海。龍這個事物，可比擬天下的英雄。劉備你總在外面走，應該知道當世有哪些英雄，請都說出來。」

　　隨後，劉備點遍袁術、袁紹、劉表、孫策、張繡、張魯等人，均被曹操一一貶低。

　　曹操說：「像個英雄的人，應該胸懷大志，腹有好的謀略，有包藏宇宙的機變，有吞吐天地之志向。」

　　劉備說：「誰是這樣的人？」

　　曹操用手指著劉備，又揮手指自己，然後說：「現在天下能稱為英雄的，只有使君與我才是！」

　　劉備一聽，嚇了一跳，結果把筷子掉到了地上。與此同時，天上「轟

隆」一聲打了個巨雷。

曹操聽到了筷子落地的聲音，忙問劉備：「怎麼啦？」

「雷聲一震，嚇得我筷子都掉了。」劉備假裝鎮定著說。

曹操笑著說：「大丈夫也怕打雷嗎？」

劉備說：「聖人也怕打雷，我怎麼不怕呢？」

劉備巧妙地將自己當時的慌亂掩飾過去，從而避免了一場劫難。自此，曹操認為劉備胸無大志，必不能成氣候，也就未把他放在眼裡。如此，劉備才得以休整自己、壯大自己。

可以說，劉備在煮酒論英雄的對答中是非常聰明的，他用的就是方圓之術，在曹操的哈哈大笑之中，免去了曹操對他的懷疑和猜忌。

動為方，靜為圓；剛為方，柔為圓。凡事都在圓中預、方中立，這是古人謀事的原則，也是亙古不變的真理。世間事物都在這方圓之中，而方圓也是歷史和哲學的辯證。

鋒芒還是點少露點為好

生活中，很多人喜歡在他人面前炫耀，喜歡把自己「晒」出來。

「木秀於林、風必摧之；堆出於岸，流必湍之；行高於眾，人必非之。」這句古語告訴我們，遇人遇事最好不要太過鋒芒畢露。

春秋戰國時期，一個木匠帶著幾個徒弟到齊國去。師徒一行走到山路的一個轉彎處，看見一座土地廟，旁邊有一棵高大無比的櫟樹。大到什麼程度呢？它的樹蔭可以容納幾千頭牛在樹下休息，樹幹又粗又直，在幾丈高之後才能見到分枝，而這些樹枝粗到可以用來做造船材料的就有好幾十艘。許多路人都在圍觀，連聲稱奇，只有這個木匠瞄了一眼，轉頭就走。

徒弟們看膩了櫟樹之後，追上師父，問道：「生平從未見過這麼高大華美的樹木，師父怎麼看都不看就走了呢？」沒想到徒弟眼中的奇樹神木，在師父眼裡竟然只是一文不值的朽木。

　　木匠回答：「這棵樹沒什麼用。用來造船，船會沉；做棺材，棺材會腐爛；做器具，器具會破裂；做門窗，門窗會流出汁液；做柱子，柱子會被蟲蛀。正是因為它沒有用，才會這麼長壽，這麼高大。」

　　晚上，木匠夢見這棵大樹對他說：「你怎麼能說我沒用呢？你想想看，那些所謂有用的橘樹、梨樹和柚樹，在果實成熟時，就會被人拉扯攀折，樹很快就會死掉。一切有用的東西無不如此。你眼中的無用，對我來說，正是大用。假如我像你所說的那樣有用，豈不早就被砍了嗎？」

　　木匠醒來，若有所悟。他把這個夢告訴了徒弟。徒弟問道：「它既然嚮往無用，為什麼要長在土地廟旁邊呢？」木匠答道：「如果它不是長在廟旁邊，而是長在路中央，不也早就被人砍掉當柴燒了嗎？」

　　當環境不利於生存時，許多人想明哲保身而不能。透過這個故事，我們可以知道，即使想要明哲保身，也需要大智大勇。強出頭、鋒芒畢露，還妄想不遭人忌，那是不太可能的。然而，以無用之姿出現在世人面前，也要慎選環境，像故事裡的櫟樹，長在神廟旁邊，人們不敢在它身上動腦筋，反之，如果長在路中央，也許它早就成為了刀下鬼。

　　曾國藩對「藏鋒」有過精闢的論述：「言多招禍，行多有辱；傲者人之殃，慕者退邪兵；為君藏鋒，可以及遠；為臣藏鋒，可以及大；訥於言，慎於行，乃吉凶安危之關，成敗存亡之間也！」

　　有時，失意者對你的懷恨不會立刻顯現出來，因為他無力顯現，但他會透過各種方式來洩恨，例如說你壞話、扯你後腿、故意與你為敵，主要目的就是看你得意到幾時，疏遠你，避免和你碰面，以免再聽到你的得意

事。這樣，你就會在不知不覺中失去了朋友。

誰都有過年少的鋒芒畢露的時候，噴湧的才氣永遠是歷史浪潮中最活躍的浪花。然而，隨之而來的卻是天妒賢能，風摧秀木。因此，我們就會看到凌厲鋒芒被現實打磨時的無力與無奈。飽經滄海的長者告訴我們：韜光養晦，頤養天年。

藏而不露，並非不露。《易經》上說：「君子藏器於身，待時而動。」掌握好藏與露的分寸，最後才能露出真正的鋒芒。

在屋簷下記得低頭

俗話說：「人在屋簷下，一定要低頭。」所謂「屋簷」，其實就是他人的勢力範圍，只要你在這股勢力範圍之中，並且靠這股勢力生存，那麼，你就是站在別人的「屋簷」下了。這「屋簷」很低，你不能抬起頭，否則會受到很多有意無意的排斥和不知從何而來的欺壓，在這種情形下，你一定要逆來順受，低頭沉默。

有人提出質疑：人在屋簷下，一定要低頭嗎？是的，一定要低頭！這樣做有幾個好處：第一，不會因為不情願低頭而撞傷；第二，不會因為自尊自大而招嫉恨以致成為被人打擊的目標；第三，不會因為沉不住氣而執意要把「屋簷」拆了，那麻煩就更大。

隋朝的時候，隋煬帝十分殘暴，各地農夫起義風起雲湧，隋朝的許多官員也紛紛倒戈，轉向農夫起義軍。隋煬帝的疑心很重，對朝中大臣，尤其是外藩重臣，更是易起疑心。唐國公李淵（即唐太祖）曾多次擔任中央和地方官，所到之處，有目的地結交當地的英雄豪傑，多方樹立恩德，因而聲望很高，許多人都來歸附。這樣，大家都替他擔心，怕遭到隋煬帝的猜忌。正在這時，隋煬帝下詔讓李淵到他的行宮去晉見。李淵因病未能前

往，隋煬帝很不高興，當時李淵的外甥女王氏是隋煬帝的妃子，隋煬帝向她問起李淵未來朝見的原因，王氏回答說是因為病了，隋煬帝又問道：「會死嗎？」王氏把這消息傳給了李淵，李淵更加謹慎起來，他知道隋煬帝對自己起疑心了，但過早起事又力量不足，只好低頭隱忍，等待時機。於是，他故意廣納賄賂，敗壞自己的名聲，整天沉湎於聲色犬馬之中，而且大肆張揚。隋煬帝聽到這些，果然放鬆了對他的警惕。

　　試想，如果當初李淵不主動低頭，或者頭低得稍微有點勉強，很可能就被正對他起疑的隋煬帝給除掉了，哪裡還會有後來的太原起兵和大唐王朝的建立？

　　低頭認輸，對一個人來說或許很難，因為我們自打出生起就被教育要堅強不屈，勇往直前，不准輕易掉眼淚，不准輕易認輸。然而，人生道路上，誰能不遇到坎坷的事？誰能不做幾件錯誤的事？明知錯了還寧死不肯回頭，那才是愚蠢，遇到挫折我們可以鼓起勇氣重新來過，這是種英雄氣概。發現錯誤，勇於回頭，這是種勇氣，更是種智慧。人生的道路不可能是筆直的，需要走彎路的時候就選適當的小路，這樣或許會更接近目標；前方無路可走的時候，不妨退回來，而退卻是為了更好的前進。

　　有時候，人就得示弱，就得低頭認輸。示弱需要勇氣和智慧。一個人要想有成績、做出一番事業，就必須記住該低頭時就低頭。學習低頭，學會認輸，其實並不難，只需要明智。當自己拿到一副爛牌時，不要希望這一盤能贏。因為只有傻子，才會對自己手上的一把爛牌說，我們只要努力就一定會勝利；學會低頭認輸，就要在陷入泥淖時，知道及時爬起來趕緊離開，因為只有笨蛋才會在狼狽不堪時對自己說，出淤泥而不染；學會低頭認輸，就是上錯了公車時，及時下車另外坐一輛公車，而不是堅持錯坐到底。低頭是需要勇氣的，歷史上不乏因缺少低頭認輸的勇氣而怒殺晉見

之人的君王，現實也有不少見因缺少低頭認輸的勇氣而釀成大錯的人。

有一座新興的城市，設計者們在街頭矗立了許多俊馬的雕塑，在這些俊馬中，有一匹與眾不同，它沒有歡騰奔跑，也沒有仰天長嘯，而是低頭尋覓。創作這些雕塑的藝術家的用意是：面對喧囂的塵世、紛擾的人群，我們沒必要表現出傲慢、怪異和過度張揚的樣子，而應把自己的言行舉止融入人群當中，並始終把自己看作是社會上普普通通、實實在在的一員。

是的，面對社會，我們沒必要昂首挺胸。在人生的道路上，我們常常因光彩的事物而迷失了方向，以不屈不撓、百折不撓的強者精神堅持到底，結果輸掉了自己。而最終的成功倒是那些凡事忍讓、不逞能、不占先，心境平和寬容，做事持之以恆的人。所以，用平靜的心態，學會示弱與低頭，才不至於使自己執迷不悟。

智者善屈尊，愚人強伸頭。商人總是隱藏其寶物，君子品德高尚，而外貌卻顯得呆愚。必要時要藏其鋒芒，收其銳氣，不要不分場合地將自己的才能讓人一覽無遺，你的長處短處被別人看透，就容易被別人利用。相反，採取低姿態能得到信任。屈尊、低頭是一種守弱用柔、一種權衡，更是一種智慧。

做人不可無傲骨，但不可總是昂著高貴的頭，不要怕承認錯誤，不要怕低頭有損顏面，殊不知，善低頭者才會更受人推崇與尊敬。

古人說：「唯有低頭，乃能出頭。」種子如不經過在堅硬的泥土中掙扎奮鬥的過程，它終將只是一粒乾癟的種子，而且永遠不能發芽生根，最終成長為一棵大樹。

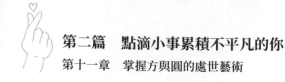

識時務者為俊傑

「識時務者為俊傑」是我們很熟悉的一句話。然而，令人耳熟能詳的不是我們在現實生活的運用，而是來自一些文學或者影視作品的大肆引用。每當一個反面人物策動一個背叛者歸順的時候，他總是把這句話當做殺手鐧。其實，人們要是仔細思索這句話，其中的奧妙還真不少呢。

「識時務者為俊傑」說辭最早用於諸葛亮的身上。據《三國志・蜀志・諸葛亮傳》記載，劉備當年打天下，流落到荊州，後來被蔡氏兄弟追殺，飛躍檀溪，逃到襄陽的水鏡莊。水鏡莊裡有個著名隱士司馬徽，人稱「水鏡先生」，意思「心如明鏡」，很會鑑賞人才。當時的諸葛亮、徐庶等人都曾經向他求學問道。劉備求才心切，要求司馬徽談時務。司馬徽很謙虛，就說：「儒生俗士，豈識時務？識時務者在乎俊傑。此間自有伏龍、鳳雛。」意思是說，我不過是個書生，哪懂什麼時務，識時務者為俊傑，這裡的俊傑有臥龍、鳳雛兩人。這裡的臥龍是指諸葛亮，而鳳雛是指龐統。後世以「識時務者為俊傑」來指那些認清形勢、了解時代潮流者才是傑出人物。

所謂俊傑，並非專指那些縱橫馳騁如入無人之境，衝鋒陷陣無堅不摧的英雄，而應該包括那些看準時局、能屈能伸的處世者。

現實生活是殘酷的，很多人都會碰到不盡如人意的事情。殘酷的現狀需要你聽命於人，這時候，你必須面對現實，要知道，勇於碰硬不失為一種壯舉，可是，硬要以卵擊石，只能是無謂的犧牲。所以，很多時候需要用另一種方法去解決問題。

魏徵在隋朝末年追隨武陽郡丞元寶藏策應李密的起義，擔任典書記。後來被李密看中。然而，在李密那裡，魏徵並不得志，「進十策以乾密，

雖奇之而不能用」。後來，魏徵隨李密歸順了唐朝。在擔任山東安輯大使期間，竇建德率兵攻陷了黎陽，魏徵成了大夏國的一名起居舍人。後來，竇建德失敗，魏徵重又回到唐朝。在唐朝最初的幾年中，魏徵先是在太子李建成府中擔任洗馬。李世民登基後，將其拜為諫議大夫等職。可以說，在幾十年的政治生涯中，魏徵數易其主，用一般人的眼光，肯定不是一個立場堅定的人，至少不是一個忠臣，不能為主人殺身成仁。然而，歷史並沒有因魏徵的這些「問題」而對其有所貶損，相反作為一代著名諫臣，他在歷史上頗有地位。

回顧魏徵的一生，不難看出魏徵是個有膽有識的俊傑。想當年，他追隨李密時，為的是將失去民心的隋王朝推翻，這是他識時務的表現——識國家之時務，識腐朽王朝即將崩潰之時務。為達這一目的，他多次給魏公李密上疏，勸他「有功不賞，戰士心墮」。後來，唐太宗李世民即位，魏徵被視為親信，多次被「引入臥內，訪以得失」。此時對他來說，最大的時務是保證社稷的長治久安，因而要盡量讓皇帝和朝廷少犯錯誤。

魏徵識時務還展現在生活的細節上。有一次，客人送給唐太宗一隻鷂鷹，非常漂亮。唐太宗見了喜歡得不得了，就架在胳膊上玩。忽然，他遠遠看見魏徵走了過來，就將那隻鷂鷹藏在懷裡。可是，魏徵卻佯裝不知，來到唐太宗面前，和他講述歷朝歷代統治者玩物喪志而丟了江山、沒了性命的故事。魏徵嘮嘮叨叨說了很久，等到魏徵走了，唐太宗敞開衣襟一看，那鷂鷹早被悶死了。《舊唐書》說魏徵雖然貌不驚人，卻「素有膽智，每犯顏進諫，雖逢王赫斯怒，神色不移」。

由此可見，能夠準確地識別時機的轉換，是英雄創業的基本前提。

張良年少時因謀刺秦始皇未遂，被迫流落到下邳。一日，他到沂水橋上散步，遇一穿著短袍的老翁，老翁故意把鞋摔到橋下，然後傲慢地差使

張良說：「小子，下去給我撿鞋！」張良愕然，不禁拔拳想要打他。但礙於長者之故，不忍下手，只好違心地下去取鞋。老人又命其穿鞋。飽經滄桑、心懷大志的張良，對此帶有侮辱性的舉動，居然強忍不滿，膝跪於前，小心翼翼地幫老人穿好鞋。老人非但不謝，反而仰面長笑而去。張良呆視良久，老人又折返回來，讚嘆說：「孺子可教也！」遂約其五天後凌晨在此再次相會。張良迷惑不解，但反應仍然相當迅捷，跪地應諾。

五天後，雞鳴之時，張良便急急忙忙趕到橋上。不料老人已先到，並斥責他：「為什麼遲到，再過五天早點來」。這一次，張良半夜就去橋上等候。他的真誠和隱忍博得了老人的讚賞，這才送給他一本書，說：「讀此書則可為王者師，十年後天下大亂，你用此書興邦立國；十三年後再來見我。我是濟北穀城山下的黃石公。」說罷揚長而去。

張良驚喜異常，天亮看書，乃《太公兵法》。從此，張良日夜誦讀，刻苦鑽研兵法，俯仰天下大事，終於成為一個深明韜略、文武兼備、足智多謀的「智囊」。

無疑，張良是識時務的。正是他隱忍不發，甘居人下，才終於有了後來的成就。

識時務者為俊傑。可以說，這是一個人行走在現實社會的人性叢林中的金玉良言，謹記在心，並且誠懇實踐，必可在現實社會的叢林裡履險如夷。

路是自己「讓」出來的

有一位紳士過獨木橋，剛走幾步便遇到一個孕婦。紳士很有禮貌地轉過身回到橋頭讓孕婦過了橋。孕婦剛一過完橋，紳士又走上橋。走到橋中央又遇到一位挑柴的樵夫，紳士二話沒說，回到橋頭讓樵夫過了橋。第三

次紳士不敢貿然上橋，而是等獨木橋上的人走完才匆匆上了橋。眼看就到橋頭了，迎面趕來一位推獨輪車的農夫。紳士這次不願回頭了，摘下帽子，向農夫致敬：「親愛的農夫先生，你好，你看我就要到橋頭了，能不能讓我先過去。」農夫不願，眼瞪說：「你沒看見我推車趕集嗎？」話不投機，兩人爭執起來。這時，河面上浮來一葉小舟，舟上坐著一個僧人，兩人不約而同請僧人為他們評理。

僧人雙手合十，看了看農夫，問他：「你真的很急嗎？」農夫答道：「我真的很急，晚了便趕不上集了。」僧人說：「你既然急著趕集，為什麼不盡快給紳士讓路呢？你只要退那麼幾步，紳士便過去了，紳士一過去，你不就可以早早地過橋了嗎？」

農夫一言不發。

僧人便笑著問紳士：「你為什麼要農夫給你讓路呢，就是因為你快到橋頭了嗎？」

紳士爭辯道：「在此之前我已給許多人讓了路，如果繼續讓農夫的話，我便過不了橋了。」

「那你現在是不是就過去了呢？」僧人反問道：「你既然已經給那麼多人讓了路，再讓農夫一次，即使過不了橋，起碼保持了你的風度，何樂而不為呢？」

紳士的臉漲得通紅。

人生旅途中，我們是不是也有過類似的遭遇呢？其實，給別人讓路，也是在給自己讓路啊！

古人說得好，人間冷暖變化無常，世路崎嶇坎坷難行。走不通的地方，要懂得退一步讓人先行的道理；走得過去的地方，也一定要給予人家三分的便利，這樣才能逢凶化吉，一帆風順。

其實，做人和走路是一樣的道理，常言說退一步海闊天空，也是做人的一種技巧和方法。在這個紛繁複雜的社會裡，人與人之間的關係也是複雜多變的，做人猶如在網中行走，不小心避讓就會撞到牆壁，甚至撞得鼻青臉腫、頭破血流。為人處世如果不能謙讓容忍，不能擁有一個給人讓路的胸懷，就好像飛蛾撲火、羚羊用角去撞籬笆一樣，又怎能安樂地生活呢？

從另一個方面來說，給人方便也是給己方便。霸道、好強、斤斤計較只會給自己帶來不必要的麻煩，一輩子活得不舒坦、不開心。

一個人只有站得高才能看得遠，有以退為進、以守為攻的寬大胸懷，懂得容忍謙讓的道理，人生又何愁不會一帆風順呢？

給別人讓路也就是給自己留路。有時，一個舉手之勞可使一個人渡過難關，也往往因為這樣，在你遇到難關的時候，你會獲得意外的驚喜。

一位窮苦學生為了湊足學費，到外地挨家挨戶地推銷商品。由於他一心一意想湊足學費而不想多花錢，於是他決定硬著頭皮向人討一些食物。

他敲了一戶人家的門，開門的是一個小女孩，他一看便失去了勇氣，心想，哪有大男生向小女孩子討吃的？於是，他只要了一杯開水解渴。

小女孩看出此時的他非常飢餓，於是，拿了一杯開水與幾塊麵包給他。他很快就把食物接過來狼吞虎嚥地吃著，小女孩看到他這種吃法，不禁偷偷地笑了。

吃完後，他很感激地說：「謝謝你，我應該給你多少錢？」小女孩傻傻地笑著說：「不必了，這些食物我們家有很多。」

男生覺得自己很幸運，在陌生的地方還能受到他人如此溫馨的照料。

多年以後，女孩感染了罕見的疾病，許多醫生都束手無策。女孩的家人聽說有一個醫生的醫術十分高明，找他看看或許還有治癒的機會，便趕

緊帶她去治療。就在醫生的全力醫治和長期的護理下，女孩終於恢復了往日的健康。

出院的那天，護士交給她醫療費帳單，她幾乎沒有勇氣打開來看，她知道可能要一輩子辛苦工作才還得起這筆醫療費。最後，她還是打開了，看到簽名欄寫了以下這段話：「一杯水與幾塊麵包，足夠償還所有的醫療費用。」

女孩眼裡含著淚水，她終於明白，原來主治醫生就是當年那個窮學生。

我們常說：蒼天有眼看得清。蒼天公道，你怎樣對待別人，你就會得到怎樣的回報；你讓別人因自己吃了虧，自己也要吃虧；你讓別人從你身上沾了光受了益，最終受益沾光的還是你自己。所有這一切都是人生的規律，更是蒼天公義的作為。

每個人都希望自己的人生路順暢無阻，那就要靠自己的行動去修築鋪平，多為別人著想，多讓別人受益，就等於撿去自己路上的石頭，除去路上的障礙。只有為別人創造幸福的人才會得到幸福，只有為別人帶來快樂的人才會擁有快樂，你讓別人受益，就等於讓自己受益。人生就是這樣，你付出一份愛，就會收穫一份愛，讓別人的路通暢，你自己的路也會通暢，為別人讓路就等於為自己鋪路。

第十二章
巧妙地化解矛盾和衝突

可以說，人與人之間的關係是世上最複雜的關係，人要在一起相處，就難免會發生各種矛盾與衝突。成功的衝突調節究竟隱藏著怎樣的規則？心理學家證明，很多衝突中真正的對立目標只是核心處的一小部分，更大的問題來自對對方的動機和目標的誤解。所以，化解衝突時我們應該找對方法、巧妙斡旋。

其實，解決衝突不是特別難的事情，甚至有的衝突也可以變成積極的、建設性的交流，當然，要做到這一點，就必須依靠一定的藝術手段。

衝突不一定是壞事

　　發生衝突就意味著人們之間觀點或認知上的差異，進行了交匯並發生了碰撞。每一個人都是具有不同思想、不同需要和不同信念的單一的個體。衝突並不是一件壞事。如果衝突發生在我們與自己親密的夥伴之間，或是自己的同事之間、鄰居之間，那麼真正能夠對所有這些人際關係產生深刻影響的因素，就在於我們是如何處理這些衝突。

　　一般而言，沒有任何衝突的人際關係意味著兩個人能夠和睦相處、步調一致、關係和諧而從容，但同時也更意味著處於這樣一種關係中的兩個人相互之間並不是真誠相待的：這種一致的步調並不是真實的，或者說只是由於其中的一個人總是習慣性地默許或附和另外一方面造成的和睦的假象。存在於兩個人之間或者是一個群體之間的衝突，如果不能夠妥善解決就會嚴重影響、妨礙人們之間的合作。如果衝突能夠得以妥善解決，不但能夠使流動感得到保障，而且會使連絡人們的紐帶更加牢固。解決衝突往往意味著我們必須知道正在發生的事情是什麼，必須把各自的不同點和差異擺到桌面上來，必須清楚地了解應該在哪一個地方將衝突暴露出來並加以分析和探討。

　　迫在眉睫的衝突在許多人的心裡產生了極大的恐懼感。這種恐懼感早就深深地根植在人們的潛意識中了，甚至可以追溯到我們的孩提時代。這種對衝突產生的恐懼反映了人們在努力獲得自主和維持自己的中心地位時感到有心無力。我們總是害怕自己的心靈受到傷害或是被另外的某一個人所吸引並同化掉。

　　我們同時還可能害怕找不到解決這種衝突的方法。而另外的恐懼就是對衝突能夠得以解決的恐懼 —— 我們將最終邁過衝突所設置的障礙，相

互之間的關係會更加密切。儘管大部分人都聲稱衝突得以解決正是他們所希望看到的結果，但事實上，在大多數情況下正是因為人們之間存在著沒有解決的衝突，才使人們保持在一個相對「安全」的距離之內。

不論我們承認還是否認衝突，它始終都客觀存在著。如果我們不積極坦率地去解決這些衝突，它們就會滲透到我們生活中的每個角落，深入到我們肌體的每一絲肌肉、每一根纖維之中。得不到緩解，這些衝突就會轉化成緊張的源泉，讓人們感到頭痛、無精打采、胃痛、無聊而沉悶，甚至疏遠別人、離群索居。

未解決的衝突會時時橫亙在我們的人生之路上。它總是在某一個地方，隱藏在我們的思想深處，在我們最不希望它出現的時候突然間跳將出來。在某個夜裡，我們會從睡夢中醒來，對於五年前發生的一場爭吵仍然忿忿不已，耿耿於懷。我們會重新提起自己夥伴的不光彩的事情，在我們心裡有不安全感時，把這些事情當做武器狠狠地投向他。

與此相反，解決衝突的過程能夠讓人們產生極大的滿足感和成就感，感到結果「對我們大家都有利」，感到一種能夠讓大家相互擊掌慶祝勝利的喜悅。太好了，我們終於把這個問題解決掉了！如果把衝突看做是一件仍舊沒有完成的事情，是一份永遠有待於改進和完善的工作，這會對我們有極大的幫助。衝突與解決衝突是一對天生的孿生兄弟，相互依存。正如音樂中存在的諧和音與不諧和音一樣，諧和音之所以能夠給人們帶來愉悅的感受，是由於不諧和音的存在與其產生了巨大的反差。

以柔克剛解矛盾

傳說，老子的師父病重時，老子跑前伺後，床前盡孝，師父非常感動，臨終前，想把人生之道傳授於他。

這天，師父把老子叫到床前，未曾說話先滾出了幾滴眼淚。老子對師父說：「老師，您老人家還有什麼話要交代？」

師父抹掉眼淚，問：「徒兒，你說舌頭結實呢，還是牙結實？」老子沒有多想，忙說：「老師，那還用說，當然牙比舌頭結實了。」「不對，」師父張開嘴說，「你看看，舌頭不結實，如今還在；牙齒結實，卻早掉光了。」老子一看，牙齒真不如舌頭結實。

這時，師父又問：「你說水硬呢，還是石頭硬？」老子想了想，說：「石頭硬。」師父搖搖頭，往門外過門石一指，問：「石頭硬，怎麼會被水滴穿了啊？」老子一看，是啊，水看似很柔軟，卻把硬石頭穿了個洞。

師父說：「這就叫滴水穿石，再堅硬的石頭，也經不住柔水長期擊打。再問你，木頭和繩子哪個更強？」老子尋思了一會，答道：「繩子更強。」師父問：「這回答對了，你是怎麼悟出來的？」老子說：「我們家祖上傳下來一架打水的舊轆轤，是木頭做的，轆轤頭看似很硬，可是年長日久，硬是被繩子磨斷了。」

師父讚許地說：「是啊，繩鋸木斷，水滴石穿，這都是以柔克剛的道理。今後，你千萬記住啊！」老子含淚應答，又問：「師父，今後徒兒將以誰為師？」師父說：「上善若水，以水為師！」

師父去世後，老子謹遵師訓，以善為本，以水為師，以柔克剛。

柔何以克剛呢？從物理角度來看，剛性越大，物體就越脆弱，抗打擊能力越低。鑽石的確是自然界最硬的東西，同時它也是最脆弱的，它甚至

比玻璃更易碎。而被我們認為硬度極差的鋁，柔韌性卻極好，你甚至可以用錘子把它砸得像紙一樣薄，但仍然不能把它砸為兩半。當雞蛋掉在石頭上時，雞蛋很容易破碎，而當足球掉在石頭上時，它會彈起而保持完好無損，這是在日常生活中一個很明顯的例子，之所以如此，是因為足球對強大的外力能以柔韌化之，而雞蛋卻不能，故有「以卵擊石，自不量力」之說。這其中蘊含的就是我們所講的以柔克剛、以情動人的道理。

「賞不逾時，欲民速得為善之利也；罰不遷列，欲民速得睹為不善之害也。」可見，賞與罰都要進行是剛柔相濟的結果。透過剛和柔的共同作用，人們在生活中才得心應手。

溫柔就像一劑良藥，可以化解人與人之間的矛盾；溫柔還像一劑潤滑油，可以讓人與人更親密、更團結、更和睦。溫柔不是懦弱、不是膽怯，溫柔是一種智慧、是一種氣度。相反，斤斤計較、互不相讓、以牙還牙、以硬碰硬的方法不但不能解決矛盾、緩解衝突，反而會讓問題越鬧越大，雙方的關係越來越僵硬、疏遠，甚至造成兩敗俱傷。

太極拳是拳術的一種，為「練身」、「練意」、「練氣」三結合的整體運動。其重點是以意念引導動作，意動身隨，動作柔中有剛，拳姿優美。對手出拳，我不一定要接受，但可以和他繞著轉，避其鋒芒。做人也是一樣，如果別人罵你，你反著罵回去，那麼只能表示你接受了他對於你的心理上的攻擊。其實，別人罵你，你不一定要接受，正如一個拳頭打過來，你可以選擇不接受。所以，有時候沒有必要因為別人的謾罵而惱怒，如果惱怒了，只能說明你接受了這一拳。你如果選擇罵回去，那麼你們之間將是一個互毆的局面，兩敗俱傷。如果使用以柔克剛的方式，微笑著大度地面對，那麼，你的對手也將知道他的謾罵是無效的。

生活是不平靜的，每個人都會遇到各種各樣的問題，當你遇到問題時，不要急於發怒、更不要急於爭吵。要學會冷靜、理智，用溫柔去處理一切問題，用溫柔去化解一切矛盾。記住「以柔克剛」才是最明智的選擇。

三思後行有助防止衝突

「夫子步亦步，夫子趨亦趨，夫子馳亦馳。」意思是：夫子如果慢步走，我也慢步走；夫子如果快步走，我也快步走；夫子如果奔跑起來，我也就跟著奔跑起來。這是顏回對孔子說的話，以表明自己的所有言行都是以孔子為典範。

作為孔子的弟子，顏回認為這樣可以全面地繼承孔子的思想和言行。但是從另一方面來看，這也有不好的地方，因為這樣就喪失了自己學習擴展其他方面知識的可能。在現實生活中，我們不僅要汲取孔子等諸多聖賢的思想和知識，還要學會三思而後行。

這是一個發生在主人、狗和貓之間的故事。

很久很久以前，狗是勤快的動物。每天，當主人家中無人時，狗便豎起兩隻耳朵在主人家的周圍。哪怕有一丁點的動靜，狗也要狂吠著奔過去，兢兢業業地為主人做著看家護院的工作。

可是，每當主人家有人時，狗的精神便稍稍放鬆了，有時還會稍睡一會兒。在每一個人的眼裡，這隻狗都是懶惰的，極不稱職的，便不再獎勵牠好吃的。

貓是懶惰的。每當家中無人時，便伏地大睡，哪怕三五成群的老鼠肆虐。睡好了，就到處散散步，活動活動身子骨，這裡瞅瞅那裡望望，像一

名高傲、享受生活的新貴。主人在時，牠表現得極殷勤、恪盡職守，還時不時還對主人舔舔腳、逗逗趣。在主人眼中，這也無疑是一隻極勤快、極可愛的貓，好吃的自然給了牠。

由於貓的「恪盡職守」，主人家的老鼠越來越多。終於有一天，值錢的家當被咬壞了，主人震怒了。他召集家人說：「你們看看。老鼠都猖狂到了這種地步，我認為一個重要的原因就是那隻狗也不幫貓捉幾隻老鼠。我鄭重宣布，將狗趕出家門，再養一隻貓如何？」家人紛紛附和說，這隻狗夠懶的，每天只知道睡覺，看貓多勤快，抓老鼠吃得多胖，都有些走不動了，是該將狗趕走，再養一隻貓了。

於是，狗一步三回頭地被趕出家門。自始至終，牠也不願意離開家門，牠只看到，那只肥貓在牠身後輕蔑地笑著。而最終結局是：兩隻貓越來越肥，老鼠也越來越多。後來，主人開始懷念起被趕走的狗，卻也無可奈何。

故事中的主人因為一時衝動，沒有三思而後行，最終做出了錯誤的判斷，以至事與願違。

所以，凡是衝動型的人，一定要了解到自己的莽撞行事往往會帶來更多更大的麻煩。一位作家說過：「在任何處境下保持從容理性的風度。心存制約，遇事三思，留有餘地。」

有專家指出：如果你為某件事情生氣了，先不要急著發火，忍耐 3 分鐘，讓自己靜下來，如果 3 分鐘後，你還覺得真的很可氣，那你就發火吧！但是大多數情況下，這個時候你的火氣已經消失了，也許你依舊會為自己感覺不值，但至少沒有那麼衝動了，至少不會做出一些魯莽的行動。

「三思而後行，謀定而後動」是古代先賢留下的不朽名言，也是克服衝動的最佳良藥。

三思而後行，思考些什麼東西呢？思考的是問題的根源和起因。問題發生後，就需要知道發生問題的根源是什麼，導致問題的誘因是什麼。只有當這些問題的正確答案都找到後，才能考慮解決的方法。之所以要三思，是因為問題的發生是很多原因導致的，其背景是複雜的，單憑直覺很難得出正確結論，往往需要一段時間的分析歸納或者調查研究，才能理出頭緒。而且也有被人製造假象、提供虛假線索而迷惑的可能，一不小心就有誤入歧途的危險。所以，思維必須要精細縝密。思考一遍還不夠，還需要檢查一遍，在行動之前還要複查一遍，確保行動萬無一失。三思以後，在解決問題的方案上，還要再考慮，這就是「謀定而後動」的道理。謀就是計畫、方略，是解決問題的方針和策略。只有行動方針確定了，才能採取行動。這種行動方針是經過思考的，而不是那種本能衝動想到的。謀略思考是為了尋找合適的方案。本能衝動型的人總是只想到一種行動，只考慮解決面上的問題，對後續行動和影響卻不考慮。仔細考慮對策後，就有可能既把問題解決，又避免了出現副作用。這樣才能使問題得到圓滿的解決。謀定而後動，就需要在發生問題時沉著鎮靜，不急於立即採取行動，而是靜下心來想一想。心急的人往往會不耐煩地催促趕快採取行動，因為他們總是擔心時間緊急，再不採取行動就來不及了，其實，越忙就越容易出差錯。如果事先沒有考慮好，方向沒走對，反而會耽誤時間。

古代有句俗話，叫「磨刀不誤砍柴工。」先把刀磨了，看起來耽誤了砍柴時間，但是在砍柴的時候由於刀口鋒利，效率高，反而節省了時間。這也就像出門開車，事先把 GPS 導航地圖看好了，順著標誌一路開去，就可以不繞彎路，節省時間。如果慌忙上路，看起來節省了看 GPS 導航地圖的時間，但是一旦走錯了路，可能就會浪費比看 GPS 導航地圖長很多倍的時間。

當然，我們也應清楚，凡事三思而後行並不是要求人們過度理智，而是要求人們不要過度輕率，三思只是思考的過程。

第三篇　成敗僅僅相差一毫米

天下絕無不熱烈勇敢地追求成功而能取得成功的人。

—— 拿破崙（Napoleon Bonaparte）

一個沒有受到獻身的熱情所鼓舞的人，永遠不會做出什麼偉大的事情來。

—— 車爾尼雪夫斯基（Nikolay Gavrilovich Chernyshevsky）

沒有播種，何來收穫？沒有辛勞，何來成功？沒有磨難，何來榮耀？沒有挫折，何來輝煌？

—— 佩恩

在別人藐視的事中獲得成功，是一件了不起的事，因為它證明你不但戰勝了自己，也戰勝了別人。

—— 蒙特蘭

　　成與敗，看似一個在雲端，一個在深淵，相差十萬八千里，實則常常只差那麼一點點。目標精確一點點，每天比別人努力一點點，細微之處做好一點點……眾多的一點點，令你的人生從質變到量變。

　　每個人的成功道路都是不可複製的，可是，成功背後的因素卻是可以遵循的。成功需要我們樹立偉大的目標，成功需要我們馬上行動，成功需要我們做出各種艱難的抉擇……當你做到這一切的時候，你會發現，成功並非遙不可及，它已經離你越來越近了。

第十三章
有了目標就有了希望

　　你是渾渾噩噩地過日子，還是快樂地享受生命時光？這依賴於你是否懂得為人生安排，為每一天做好妥善的規劃。「偉大的目標構成偉大的心。」人之所以偉大，是因為樹立了目標，目標可以產生動力，動力導致行動，行動必然會成就事業。因此，只有擁有一個遠大的目標，才能夠高瞻遠矚，取得巨大的成功。

　　設定目標，可以讓人產生積極的心態，看清使命，產生動力；設定目標，可以讓人集中精力，掌握現在；設定目標，可以讓人產生信心，勇氣和膽量；設定目標，可以讓人不斷地完善自我，永不停步。

沒有目標是可怕的

　　1952 年 7 月 4 日清晨，美國加利福尼亞海岸籠罩在濃霧中。在海岸以西 21 英里的卡塔林納島上，一位 34 歲的婦女躍入太平洋海水中，開始向加州海岸游去。要是成功的話，她就是第一位游過這個海峽的女士。這名婦女叫弗洛倫斯‧查德威克（Florence Chadwick）。在此之前，她是游過英吉利海峽的第一位女士。那天早晨，海水凍得她全身發麻，霧很大，她連護送她的船都幾乎看不到。時間一個小時一個小時地過去，千千萬萬人在電視上看著。有幾次，鯊魚靠近了她，被人開槍嚇跑了，她仍然在游著。

　　15 個小時之後，又累又冷的她感覺自己不能再游了，就請人拉她上船。她的母親和教練在另一條船上。他們都告訴她離海岸很近了，叫她不要放棄。但她朝加州海岸望去，除了濃霧什麼也看不到。幾十分鐘後──從她出發算起 15 個小時 55 分鐘之後──人們把她拉上船。又過了幾個小時，她漸漸覺得暖和多了，這時卻開始感到失敗的打擊。她不假思索地對記者說：「說實在的，我不是為自己找藉口。如果當時我能看見陸地，也許我能堅持下來。」人們拉她上船的地點，離加州海岸只有半英里！

　　沒有目標的人，就像沒有舵的船，只能漂泊在失望與挫折的大海之中。一個人看不到自己的進步，就會在困難中放棄努力，因為他們看不到希望，自然就失去了繼續前進的動力。

　　法國博物學家尚-亨利‧法布爾（Jean-Henri Fabre）經過反覆觀察發現，巡遊毛毛蟲在樹上的時候，往往排成長長的隊伍前進，由一條蟲帶隊，其餘的毛毛蟲則緊緊跟著，心無旁騖，魚貫而行，從不分離。於是法

布爾就把一組毛毛蟲放到一個圓形大花盆的盆沿上，使它們首尾相接，排成一個圓形。這些毛毛蟲開始行動了，像一個長長的遊行隊伍，沒有頭，也沒有尾。法布爾在毛毛蟲隊伍旁邊擺了一些食物，如果毛毛蟲要想吃到食物就必須解散隊伍，不再一條接一條前進。法布爾預料，毛毛蟲很快會厭倦這種毫無用處的爬行，而轉向食物，可是毛毛蟲沒有這樣做，依然有序地、執著地循序環行，一直以同樣的速度沿著花盆邊緣走了7天7夜，直到餓死為止。

　　這個小實驗經常被成功學家們作為著名例證，用以說明人生目標的重要性。沒有確定人生目標的人，就如同這些毛毛蟲一樣碌碌無為空耗人生。毛毛蟲們遵循的是牠們的本能、習慣、傳統、慣例、過去的經驗，或者隨便你叫牠什麼好了。牠們沒有自己的目標，只是盲目地「跟進」，儘管工作很努力，生活很忙碌，但最終是一事無成，最後還餓死了。

　　每個人都應該有一個能夠讓自己信服且為之奮鬥的目標，這個目標並不一定是個確定的值，而是自己設定的在將來的某個時間點要達到的職業成就及社會階層。

　　當你明確了你的人生目標，你便找到了奮鬥的方向。你會明白做什麼事情是重要的，什麼樣的知識是你必須掌握的。

　　有一個術語叫「選擇性資訊加工」，就是說：世界上的資訊包括知識是無止境的，你只要選擇對你有用的，因為你的精力是有限的，你沒有必要浪費你的資源。一根鐵鍊最脆弱的一環決定著它的強度，你只要審視自己的各項必備生活能力，找到那些脆弱的環節，集中精力讓它提升強度，你便會永遠進步。

　　而這一切，正依賴於你有一個明確的目標。要知道，目標對於成功具有以下價值：

- 目標能夠使你看清自己的使命。
- 目標能讓你安排事情的輕重緩急。
- 目標引導你發揮潛能。
- 目標使你有能力掌握現在。
- 目標有助你評估事業的進展情況。
- 目標為你提供了一種自我評估的重要手段。
- 目標使你未雨綢繆。
- 目標使你把工作重點從工作本身轉到工作成果上。

　　總之，一個人沒有自己的目標是可怕的，有了目標才會有人生追求的高度。而人一旦有了追求，成功也就不再遙遠。

制定適合你的目標

　　你的目標只能靠你自己選擇，任何人都不能代替你。這不但是因為只有你才能最終「明確目標」，也因為只有你，才能「堅定目標」。你必須首先確定自己想做什麼，然後才能達到自己確定的目標。同樣，你應該首先明確自己想成為怎樣的人，然後才能把自己造就成那樣的有用之才。但並不是所有的目標都是可行的，只有 SMART（精明）的目標才有可操作性。

▌ S（Specific）── 具體性

　　假如你用一塊磁石朝著一些鐵屑，你會發現什麼呢？當你把磁力那一端對準鐵屑的方向，鐵屑立刻就會被吸附過來；當你把磁鐵從這個定點移開，其磁力就隨著距離和方向的偏差而退減。一塊磁石絕無可能向兩個不同的方向發散磁力，而必須對準一個確定的目標。如果你在心智以及情緒

上自相矛盾、猶豫不決，這就是在分解甚至毀滅你的內在磁力。

目標必須明確而具體。目標在開始的時候，就應是一幅清晰、簡明、有待追求的畫面。當那幅畫面成長擴大，或發展到使人著魔的程度時，就被人的潛意識所接受。從那一刻起，我們會身不由己地被牽扯著、引導著，為實現心底的那幅畫面而努力奮鬥。這就是我們所說的：明確的目標是成功的基礎。

M（Measurable）—— 可衡量

目標必須能量化，可測定，這樣才能循序漸進。同時要量力而行，可給自己樹立一個切合實際的總目標，然後，再給自己樹立分目標，分目標是為總目標服務的，分目標容易實現，這能提升你的自信心，增加你戰勝困難的勇氣。

A（Achievable）—— 可行性

目標要有可行性，必須是在現有基礎上透過努力能達到的。只要具有可行性，目標可以遠大一些。

有一位老師請全班同學寫作文，題目是長大後的志願。一位馬術師的兒子洋洋灑灑寫了 7 張紙，描述他的偉大志願，那就是想擁有一座屬於自己的牧馬農場，並且他仔細畫了一張 200 畝農場的設計圖，上面標有馬廄、跑道等的位置，然後在這一大片農場中央，還要建造一棟占地 400 平方英尺的豪宅。他花了好大心血把報告完成，誰知老師打了一個又紅又大的「×」，旁邊還寫了一行字：下課後來見我。

腦中充滿幻想的他下課後帶了報告去找老師：「為什麼給我不及格？」老師回答道：「你年紀輕輕，不要做白日夢。你沒錢，沒家庭背景，什麼

都沒有。經營農場是個花錢的大工程，你要花錢買地、花錢買純種馬匹、花錢照顧牠們。」他接著又說：「如果你肯重寫一個比較實際的志願，我會重新打你的分數。」

這男孩回家後反覆思量了好幾次，然後徵求父親的意見。父親只是告訴他：「兒子，這是非常重要的決定，你必須自己決定。」

再三考慮幾天後，他決定原稿交回，一個字都不改，他告訴老師：「即使再拿個大紅字，我也不願放棄夢想。」

二十多年以後，這位老師帶帶他的 30 名學生來到那個曾被他指責的男孩的農場露營一星期。離開之前，他對如今已是農場主的男孩說：「說來有些慚愧。你讀國中時，我曾潑過你冷水。這些年來，我也對不少學生說過相同的話。幸虧你有這個毅力堅持自己的目標。」學生笑著說：「老師，我的毅力來自於我一開始就確信自己的目標能夠實現。」

▋ R（Realistic）—— 現實性

制定目標要符合自身條件和環境的實際情況。熱門的職業並不一定最適合你，頂尖的行業或許並不符合你的興趣。多多了解社會需求、職業特點、自身優勢和性格特徵，才會使你的目標是為你「量身訂製」的。

▋ T（Time-bound）—— 時限性

目標必須規定起始和完成的時間，以克服人的惰性。每個人都會有拖延的習慣，之所以會拖延，是因為我們沒有把焦點放在現在，沒有放在短期的目標上。當我們把焦點放在長遠目標上的時候，我們會覺得時間還早，沒必要現在做，可是當把它放在今天要做的時候，我們的行動力會自動爆發出來。

一個人應該直接面對生命中最重要的事，將目標聚焦在一個特定的地方，同時探索、發現你自己的生活方式。只有這樣，你才有足夠的力量去抵制操縱和褻瀆生活的種種壓力，抵制商業化社會的種種壓力。當我們投注心力與時間在最重要的事情上時，我們會因達到目標而肯定自我價值，它會帶來信心，使我們有能力和熱忱去實現更偉大的夢想。

目標要大些再大些

你也許有過這樣的經歷：在面對一般的考試或比賽時，你不會太認真地對待，最終的結果也就差強人意。可是，當你面對一些重大的甚至是決定自己一生命運的考試時，你甚至能超常發揮，取得意想不到的好成績。這是為什麼呢？這就好比運動員遇到比自己更強的對手，反而表現得特別好。同樣，如果你把自己的對手 —— 目標定得越強大，就會表現得越好。事實上，目標越「大」，就越能使你產生達到目標的壯志。如果你的目標只是一些普普通通的事，絕對不會激起你的雄心。只有擁有正確的遠大目標，才能激發潛能加以完成。

你用什麼眼光去看人生，就會得到什麼樣的收穫。把鐵做成門把，可以值 1 美元；把鐵製成馬蹄，可以值 50 美金；而同樣將鐵除去雜質，加以精煉，做成超級奢侈的名錶裡的主要齒輪，身價就高達 25 萬美金了。

你看鐵的眼光，決定了它的用途及價值；你看自己的眼光，也決定了你一生的成就。所以，不論從事哪一行業，目標一定要大。當然，目標的大小因人而異。華盛頓說：「衡量成就的大小，要看在達到目標的過程中，必須克服多少障礙而定。」

小時候，小胡在一家雜貨店打工，旁邊是一個兼賣咖啡和花生的小

攤，攤販主人叫喬叔。每次喬叔煮咖啡、烤花生時，香味總會引來許多人。他烤好花生，倒在一個大紙盒裡，再分別裝進小袋子，一袋賣1角錢。每次裝滿一袋，他就從袋子裡拿出兩顆，放進另一個小盒子。大紙盒裝完之後，小紙盒裡的花生往往還可以多裝幾袋。喬叔出身貧寒，一直到死都過得很困苦，他整天都想著花生，但花生並沒有為他帶來財富。

小胡在南卡羅萊納大學（University of South Carolina）上課時，看到一個令人難忘的招牌，上面寫著：「老柯花生 —— 保證是全州最差的。」鎮上人告訴他，老柯剛開始賣花生時就用這句標語。大家都覺得很好笑，但是他仍然照樣賣他的花生。後來，老柯在裝花生的袋子上印上這句話，大家覺得更好笑了，但是他還是照樣賣他的花生。老柯的生意越做越好，他雇了一些孩子在街上賣花生，名氣也越來越響亮，並且申請了「老柯花生」的專利權。現在，老柯成功而富有，他也同樣一輩子與花生為伍。

在自己的自傳中，小胡總結道：這兩個人的工作性質及環境相似，但是其中一位貧困一生，另一位卻獲得了財富。他們賣同樣的東西，但是對前途卻抱著不同的目標，因此也造成完全不同的人生軌跡。

成敗的關鍵不在於工作本身，而是看你對自己及工作持有什麼觀點。目標一定要大，才能激發你的潛力，讓你掌握工作中的機會。如果你每天都為了達到目標而不懈努力，晚上就寢時，就可以心安理得地告訴自己：「今天我盡全力了。」然後安安穩穩地睡個好覺。

但還有一個問題，就是如果目標訂得過大而不切實際，也會有負面影響。陳老師到某一地區演講時，一個二十幾歲、教育程度不高的年輕人走向他，出乎意料地對他說：「陳老師，你今天使我茅塞頓開，我想跟你握握手，告訴你你幫了我什麼忙。」陳老師當然希望他往下說，問道：「我幫了你什麼忙？」他的興奮之情洋溢於言表，說道：「你幫我賺了100萬

美金。」陳老師回答：「太好了，希望我也能和你一起分享這個過程。」但他又略帶苦惱地說：「其實我還在準備，希望今年能達到目標。」

這下子陳老師可為難了，是澆他一盆冷水，還是讓他繼續做這個不可能的夢呢？一年賺 100 萬美元，等於每週賺 2 萬美元。一個窮困潦倒、教育程度不高的年輕人，一年要賺到這麼多錢，實在有點異想天開，何況他連最起碼的 2,000 美元本金都沒有。過去的二十多年中，他連 2,000 元都賺不到，現在卻準備在一年之中賺足 500 倍的錢！陳老師最後還是選擇了澆他一盆冷水。

是的，如果目標大得不切實際，失敗的打擊可能會使你一蹶不振。因此，目標可以設得高一些，但不要高不可攀。

相信你的未來不是夢

安地斯山脈有兩個好戰的部落，一個住在低地，另一個住在高山上。有一天，住在高山上的部落入侵位於低地的部落，並帶走該部的一個嬰兒作為戰利品。低地部落的人不知道如何攀爬到山頂，即使如此，他們仍然決定派遣勇士部隊爬上高山去奪回這個嬰兒。

勇士們試了各種方法，卻只爬到了幾百尺高。正當他們決定放棄解救嬰兒，收拾行李準備回去時，卻看到嬰兒的母親正從高山上朝他們走來，背上還背著她的小孩。其中一位勇士走向前迎接她，說：「我們都是部落裡最強壯有力的勇士，連我們都爬不上去，你是如何辦到的？」

她說：「因為她是我的寶貝。」

就成功而言，你需要的不僅僅是希望，更要對自己的成就充滿熱切渴望的情緒。渴望和希望的區別，往往被一些語言學家所忽視了。「希望」

這個詞經常跟隨一些虛擬語氣，表達一種認為不可能實現的目標；「渴望」則展現著一種情緒的動力和精神上的信心。渴望是強烈的、有信心實現的希望。

渴望代表著一種信念，對未來的強烈信念。自信是對成功一種強烈的渴望狀態。自信的訣竅就在對自我成功的渴求和認知上。成功學家拿破崙‧希爾總結了關於「信心訣竅」的一套方法，列舉了任何人都容易做到的八大訣竅 ——

- **訣竅一**：在心中描繪一幅自己希望達成的成功藍圖，然後不斷地強化這種印象，使它不致隨著歲月流逝而褪色、模糊。此外，相當重要的一點是，切莫設想失敗，亦不可懷疑此藍圖實現的可能性。因為懷疑將會對實行構成危險性的障礙。
- **訣竅二**：當你心中出現懷疑本身力量的消極想法時，要驅逐這種想法，必須設法發掘積極的想法，並將它具體說出。
- **訣竅三**：為避免在你的成功過程中構築障礙物，對可能形成障礙的事物最好不予理會，甚至忽略它的存在。至於難以忽視的障礙，就下一番工夫好好研究，尋求適當的處理策略，以避免其繼續存在。不過，最好徹底看清困難的實際情況，切勿虛張程度，使其看來越加顯得困難。
- **訣竅四**：不要受到他人的影響而試圖仿效他人。須知唯有自己方能真正擁有自己，任何人都不可能成為另一個自己。
- **訣竅五**：每天重複說 10 次這句強而有力的話：「誰也無法抵擋我的成功。」
- **訣竅六**：尋找對你瞭若指掌且能有效提供忠告的朋友。你必須了解自己自卑和不安的問題所在。雖然這問題往往在少年時期便已發生，但了解它的來源將使你對自己有所了解，並幫助你獲得救贖。

- ◆ **訣竅七**：每天大聲複誦這句話 10 次：「虔誠的信仰給了我無窮的力量，凡事都能做。」這句話對於克服自卑獲得自信可稱得上是最有效的良方。
- ◆ **訣竅八**：正確評估自己的實力，然後多加一成，作為本身能力的彈性範圍。

行動可以表露一個人的很多東西。一些優秀而有經驗的雇主，能夠從一個人的言談舉止中相當準確地判斷出一個人的品行和才能。眼光敏銳的人能夠從路過身邊的人中指出哪些是成功者。因為成功者走路的姿勢和他的一舉一動都會流露出十分自信的樣子，從他的氣度上，就可以看出他是一個自主自立、有決斷的人。一個人的自信和決心是他萬無一失的成功資本。

同樣，眼光敏銳的人也隨時可以看出誰是失敗者。從走路的姿勢和氣勢，可以看出他缺乏自信和不學無術，從他的一舉一動中也可以顯露出他拖拖拉拉、懦弱怕事的性格。缺乏信心和充滿信心，是成功和失敗的分水嶺。

在生存競爭中贏得最後勝利的人，行動中一定充滿了無比的信心。看到他生氣勃勃、精力充沛的樣子，別人自然而然地就會對他產生信任和尊敬。而那些被擊敗、陷入困境的人，卻總是一副死氣沉沉的樣子。他們看起來就缺乏自信和決斷，無論行動舉止還是談吐態度都容易給人一種懦弱無能的印象。這樣，人們便不會充分地信任他們，也不會把某種生意或者職權委託給他們，這對達成遠大目標是非常不好的。因此，要使別人對你的目標有信心，就必須相信自己的未來不是夢。

第十四章
用行動承載夢想之舟

　　對一個胸懷大志者而言，拖延怠惰也許是最具有破壞性的也是最危險的惡習，它會使人喪失進取心。在現實生活中，我們往往心動的時候多，行動的時候少，把希望放在今天，而總把行動留在明天。夢想著成功，卻沒有付諸行動。面真正的成功者，則是把行動放在現在，把希望放在未來。

　　「成功源於馬上行動。」只有行動才能成功，一千次心動不如一次實際行動！行動孕育著成功，行動起來也許不會成功，但不行動永遠不能成功。不管目標是高是低，夢想是大是小，從現在開始，積極行動起來，只有緊緊抓住行動這根弦，才能彈出美妙的音樂。

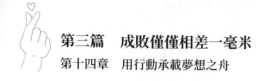

要成功首先要學會做夢

人因夢想而偉大，所有的成功者都是傑出的夢想家。

關於夢想的定義，有三種解釋，一是夢想是夢中懷想；二是空想、妄想；三是理想。儘管夢想虛無縹緲，但人們更傾向於「夢想變為現實就是成功」的說法，心甘情願為夢想奮鬥終生。人與人之間也因夢想不同、奮鬥的過程不同而拉開了距離。

事實證明：夢想可以使我們的人生變得偉大，幫助我們成長、成功。歐普拉說：「一個人可以非常清貧、困頓、低微，但是不可以沒有夢想。只要夢想存在，就可以改變自己的處境。」的確，沒有夢想的人生是可怕的，正如站在人生的十字路口上，沒有方向，不知該何去何從，這是我們成長中經常會遇到的迷茫和困惑。如何改變這種處境，是我們必須要面對和認真思考的問題。如果發現我們的夢想還在沉睡，未曾對我們的人生有任何指引，這樣的夢想只能是做夢和空想，沒有任何意義。這時我們需要喚醒心靈深處的渴望，將夢想還原現實，變為理想，帶領我們尋找未來的路。慢慢地就會發現，因為有夢想，我們變得偉大。

許多成功者首先就是一個夢想家，因為有夢，他們的人生變得多彩多姿。他們可以品嘗到成長中挫折帶來的苦澀，享受到鮮花掌聲帶來的喜悅，有痛苦，有失意，但更多的是奮鬥帶來的充實，還有一種發自內心的舒暢，這樣的人是幸福的。如果你也渴求幸福，那麼就用夢想做支撐來實現你的人生價值吧。很多人都是很平凡的，可是他們中的一些人卻因為夢想改變了人生，從此走上了一條不平凡的路，他們的命運也因此發生了改變。美國賽車手吉米·哈里波斯的成長經歷告訴我們，人可以因夢想而偉大，想要成功首先得是個夢想家。

　　吉米‧哈里波斯很小的時候就有一個夢想，他渴望自己將來成為一名出色的賽車手。這個夢想一直在他的心裡燃燒。吉米‧哈里波斯到了該服兵役的年齡時，他到了部隊。由於對車比較感興趣，所以他被派去開卡車，這對他習得熟練的駕駛技術具有很大的幫助。

　　退役之後，他在工作之餘一直堅持參加一支業餘賽車隊的訓練，只要有機會比賽，他都會想辦法參加，但一直沒有拿到過名次。後來他參加了威斯康辛州的賽車比賽，也就是因為那場比賽差點要了他的命。原來當賽程進行到一半多的時候，他前面那兩輛車發生了相撞事故，他為了避開他們撞到了車道旁的牆壁上，瞬間賽車就燃燒了起來。當吉米‧哈里波斯被救出來時手已經被燒傷，鼻子也不見了，體表燒傷面積達40%，後經醫生的全力搶救才保住他的生命，但是以後他再也不能開車了。

　　然而，他並沒有因此放棄夢想。他決定接受植皮手術，恢復手指的靈活性。手術後，他每天都在不停地練習手指，他相信堅持定能產生奇蹟。在經過近9個月的痛苦訓練後，他終於能重返賽場了。於是他先參加了一場公益性的賽車比賽，但這次他沒有取得名次。接著在後來的一個200英里的比賽中他取得了第二名的成績。

　　兩個月後，還是在那次出事故的賽場，經過一番激烈的角逐，吉米‧哈里波斯最終贏得了250英里比賽的冠軍，成了美國最具傳奇色彩的偉大賽車手。他堅持夢想的決心也成為鼓舞人們的精神動力。

　　如果吉米‧哈里波斯沒有夢想，沒有為夢想奮鬥的決心，他就不會有今天的成就，也許還是千千萬萬個平凡人中的一員，默默無聞。但是他有夢想，不管經歷多少挫折，他依然不放棄希望，最終成就了他成為最優秀賽車手的夢。吉米‧哈里波斯的經歷告訴我們：擁有了夢想，就擁有了成功的希望，人生也因夢想的存在而與眾不同。

夢想對於每個人都是公平的，不管你的家庭、背景、學歷、長相如何，也不管你現在從事什麼工作，或者將來想從事什麼工作，只要你有一個堅定的夢想，一個不滅的信念，就有了夢想成真的可能，你的人生也因夢想的存在而偉大。

有沒有理想就是不一樣

有一年，一群意氣風發的天之驕子從哈佛大學（Harvard University）畢業了。他們的智力、學歷、環境條件都旗鼓相當，他們在即將踏上社會這個最廣闊的天地之前，哈佛對他們進行了一次關於人生理想的調查。結果如下：27% 的人沒有理想；60% 的人理想模糊；10% 的人有清晰但比較小的理想；3% 的人有清晰而遠大的理想。

25 年以後，哈佛再次對這群學生進行了追蹤調查。結果是：3% 有清晰而遠大的理想的人，25 年間，他們朝著一個方向不懈地努力，幾乎都成為社會各界的成功人士，其中不乏行業領袖，社會菁英。10% 有較小理想的人，他們的小理想不斷實現，成為各個領域中的專業人士，大多生活在社會的中上層。60% 理想模糊的人，他們安穩地生活與工作，但都沒有什麼特別的成就，幾乎都生活在社會的中下層。剩下 27% 沒有理想的人，他們的生活沒有理想，沒有目標，過得很不如意，並且常常抱怨社會，抱怨他人，抱怨這個「不肯給他們機會」的世界。

其實，這群學生最初的差別僅僅是：有人有理想，有人沒理想，有人理想遠大，有人理想很小。25 年後，很小的差別形成了巨大的鴻溝。人生因為有了夢，所以才有夢想；因為有了夢想，所以才有理想；因為有了理想，所以才有為理想而奮鬥的歷程；因為有了奮鬥，所以才有了人生幸福。

理想，意味著對未來的憧憬與嚮往，表達著對未來的渴望與追求，它猶如火炬，照亮了人生的道路，指明了人們成長的方向。父母引導孩子樹立人生的理想與追求，有著重要而又特殊的意義。一位詩人說過：「理想是石，敲出星星之火；理想是火，點燃希望之燈；理想是燈，照亮夜行之路；理想是路，引你走向黎明。」

歐巴馬是 2009 年至 2017 年期間擔任美國第 44 任的總統，也是美國歷史上的第一位非裔總統。一臉陽光的他，頗像好萊塢製造的青春勵志片的主角：背負著遠大理想，一步一步堅定地擺脫桎梏，堅毅勇敢地挑戰外界、挑戰自我，開創自己的美麗人生。

當選總統後，歐巴馬十分感激自己的母親，他說：「我身上最好的東西都要歸功於她。」歐巴馬母親經常告訴兒子：「不要被恐懼或狹隘的定義所束縛，不要在自己周圍築起圍牆，我們應該盡力在意想不到的地方找到美好的事物。」正是由於母親良好的教育與引導，歐巴馬從小就樹立起了遠大的理想；正是因為母親的坦誠與寬容，歐巴馬沒有生活在父母離異的陰影中，沒有因為自己的膚色感到困惑；正是受到媽媽積極樂觀、勇於進取精神的影響，歐巴馬總能抓住機遇，勇往直前。

歐巴馬在寫給自己兩個女兒的信中提到母親對他的教育：「這正是我在你們這個年紀時，奶奶想要教我的功課。她把獨立宣言的開頭幾行念給我聽，告訴我有一些男女為了爭取平等挺身而出，遊行抗議，因為他們認為兩個世紀前白紙黑字寫下來的這些句子，不應只是空話。她讓我了解到，美國所以偉大，不是因為它完美，而是因為我們可以不斷地讓它變得更好，而讓它更好的未竟任務，就落在我們每個人身上。」歐巴馬的母親把獨立宣言念給歐巴馬聽，對他進行自由、民主和美國精神的教育，並且給他講述「領導國家」的理念，使他從小立下了大目標、大志向。

可見，理想是深藏在心靈裡的一道迷人風景，是掛在遠方的一盞炫目的燈塔。理想於人生，有非常重要的作用。對任何一個人來說，理想的種子一旦生根發芽，有了追求完美、追求最高境界的欲望。取得一定成績之後，總有更上一層樓的決心和氣魄。

古人說，「人無遠慮，必有近憂。」如果一個人沒有遠大的志向，自身的激勵因素得不到很好的開發，在成長道路上只能處於被動狀態，不是自己向前奔，而是靠別人推著走，缺乏開拓進取精神，這樣的人是永遠不會獲得成功的。

馬上行動比什麼都重要

羅斯福在一次談到自己的時候說：「我一生沒有什麼光輝而出色的事，大概除了一件事外：我做我相信值得做的事情 —— 當我決心要做一件事情的時候，我就馬上行動。」夢想和幻想的區別僅僅在於積極行動還是拖延時間。

有目標和計畫並非就是成功的開始，既然想到了，就要努力去做到，這才是走向成功的真諦。計畫不去執行，永遠只是一紙空白。知道再多的理論，懂得再多的道理，如果不去實踐、不去反思，不去把道理內化為自身的一部分，就等於什麼也不知道、什麼也不懂。

夢想的實現源於馬上行動，只有行動，才能成功，一千次心動不如一次實際行動！

1970 年代，美國有一個名叫法蘭克的年輕人，由於家境貧困，他去了芝加哥尋求出路。在繁華的芝加哥轉了幾圈後，法蘭克沒有找到一個能夠容身的處所，於是便買了鞋刷為別人擦皮鞋。

　　半年後，他用微薄的積蓄租了一間小店，邊賣雪糕邊擦鞋。誰知道雪糕的生意越做越好，後來他乾脆不擦皮鞋了，專門賣雪糕。

　　如今，法蘭克的「天使冰王」雪糕已擁有全美 70% 以上的市場，在全球有 60 多個國家超過 4,000 多家的專賣店。

　　巧的是，有一個叫斯特福的年輕人，與法蘭克幾乎同時到達芝加哥。斯特福的父親是一位富有的農場主，斯特福上了大學，還念了研究所。就在法蘭克為別人擦皮鞋的時候，斯特福住在芝加哥最豪華的飯店裡進行市場調查，耗資數十萬。經過一年的周密調查，斯特福得出的結論是：賣雪糕一定很有市場。當斯特福把結果告訴父親時遭到了強烈反對，因而沒有付諸行動。後來，又經過一番精確調查後，自己還是覺得賣雪糕的生意好做。一年後，他終於說服了父親，準備開雪糕店。而此時，法蘭克的雪糕店已經遍布全美，最終無功而返。

　　在現實生活中，我們往往是心動的時候多，行動的時候少，夢想著成功，卻沒有付諸行動。而真正的成功者，則是把行動放在現在，把希望放在未來。

　　行動孕育著成功，行動起來也許不會成功，但不行動，永遠不能成功。不管目標是高是低，夢想是大是小，從現在開始，積極行動起來，只有緊緊抓住行動這根弦，才能彈出美妙的音樂。

　　在我們的周圍，也常常可以聽到這樣的聲音：「如果我國一的時候就認真讀書，現在早就是前幾名了。可是現在已經是國三，只剩一學期就要會考了，再努力也是白費。算了……」一個美好的志向就這樣消失了，實在令人惋惜。其實，他應該做的就是馬上行動。雖然行動不一定能帶來令人滿意的結果，但如果不採取行動，那就絕對沒有滿意的結果。

　　所謂「亡羊補牢，猶未晚矣」。當你發覺到自己的不足，想要彌補一

番，或者你有一個絕妙的創意，那麼永遠也不要說太晚，關鍵是馬上行動，確實執行自己的想法，以便發揮它的價值。

有個人已經 40 歲了，他一天對朋友說：「我想去學醫，可是學完我就已經 44 歲了。」

朋友說：「可要是你不去學，4 年後你還是 44 歲啊。」

是啊，即使你不行動，時間還是無情地流逝，片刻不會停留。那麼，何不在這段時間裡努力進取，做出成績來呢？因為不管想法有多好，除非身體力行，否則永遠也不會有收穫。

同時，為了激發自己的鬥志，你完全可以向眾人公開你的目標，這樣將有助於你馬上行動。

斯文森先生是著名的食品生產公司萊蒙集團的董事長，他白手起家，現在已經成為食品生產行業的巨頭，他曾把自己的奮鬥歷程寫成了一本書。他在書中就這樣寫道：「公開宣布自己的目標。自己何時要做某事，即使看起來有點吹噓也要對眾人宣布，這樣一來就不會打退堂鼓，因為為了不使別人認為你在吹噓，你就會鞭策自己馬上行動，最後就會走上成功之路。」

開始就是成功的一半，當你決定實現自己的理想時，你就要有所行動，並且是馬上行動。

實現理想需要全力以赴

一天，獵人帶著獵犬去打獵。獵人一槍擊中一隻兔子的後腿，受傷的兔子開始拚命地奔跑。獵犬在獵人的指示下也飛奔去追趕兔子。可是追著追著，兔子跑不見了，獵犬只好悻悻地回到獵人身邊，獵人開始罵獵犬：

「你真沒用，連一隻受傷的兔子都追不到！」獵犬聽了很不服氣地回道：「我盡力而為了呀！」再說兔子帶傷跑回洞裡，牠的兄弟們都圍過來驚訝地問牠：「那隻獵犬很凶呀！你又受傷，怎麼跑得過牠的？」「牠是盡力而為，我是全力以赴呀！牠沒追上我，最多挨一頓罵，而我若不全力地跑我就沒命了呀！」

對任何一個人來說，都有未被開發的潛能，但是我們往往會為自己或對別人找藉口：「管它呢，我們已盡力而為了。」事實上盡力而為是遠遠不夠的，尤其是現在這個競爭激烈的年代。我們要常常問自己：「我今天是盡力而為的獵犬，還是全力以赴的兔子呢？」

「全力以赴」與「盡力而為」這兩個詞，字面相似，其實差之毫釐，繆以千里。它們分別代表兩種截然不同的生存態度，也造就兩種不同的效果或人生。盡力而為，有太多被動的成分。只有完全出於主觀，才會全力以赴，才能有所超越。盡力而為只能讓我們做完事，而全力以赴卻能讓我們做成事。用盡力而為的態度做事，碰到問題會退縮，會抱怨，會找理由推卸責任；用全力以赴的態度做事，碰到問題會主動尋找解決方法，主動尋找所需資源，把困難很好地解決掉，把事情圓滿地完成。

人們常常認為，一個人有能力，就可以解決很多事情。然而，只有能力還不夠，必須能力、態度、熱情三者合一才能成功。不少人的失敗不是因為沒有能力，也不是因為沒有機會，而是因為失去了熱情。一個人一旦失去熱情，惰性就會乘虛而入，就會變得死氣沉沉，甚至會傳染給身邊的人，影響一個團隊。能力一般的人，只要態度端正、鬥志昂揚，總會比一些能力強但態度不好、熱情不夠的人容易成功。熱情就像火，能點燃人身上的潛能，激發其所有的智慧和優點。一個人在「我要做」時，就會動腦筋、想辦法，視困難如草芥。

美國大發明家愛迪生（Thomas Edison），小時候家裡買不起書、買不起做實驗用的器材，為了得到這些，他就到處收集瓶瓶罐罐。由於自己的興趣，加上人生志向，他決定研究發明有利於人類的東西。在這過程中，他經歷了種種挫折，一次，他在火車上做實驗，不小心引起了爆炸，車長打了他一記耳光，他的一隻耳朵就這樣被打聾了。生活上的困苦，身體上的缺陷，並沒有使他灰心，他全力以赴、更加勤奮地學習。最終發明了現在家家戶戶都在用的電燈，成了一名舉世聞名的科學家。

要知道，用盡所有的能量，積極主動地做好每一件事，全力以赴，是每一位成功人士必備的綜合素養。一個人對於工作要全身心地投入其中，不要偷懶，也不要找藉口，任何時候的放棄都意味著失敗。

有家挖掘公司剛剛招募了三位員工，第一位掛著鏟子說他將來一定會做老闆；第二位抱怨工作時間太長，報酬太低；第三位只是全力以赴、低頭挖溝。過了若干年，第一個仍在掛著鏟子；第二個虛報工傷，找到藉口退休了；第三個呢？他成了這家公司的老闆。

這個故事告訴我們的是：不管你做什麼，總會有人注意到你。當你決定做一件事的時候，就一定要全力以赴，不要偷懶，不要埋怨，成功將會很快降臨在你的身上。

然而在生活中，有的人每天都在抱怨。每當看到別人的成功時，就會抱怨上帝的不公。其實老天是公平的，只是你是否已做到了全力以赴，是否真的付出了全部的努力呢？

生活中，不論做什麼事情我們都應該全力以赴，也許有人會說：我本想全力以赴地投入，但是如果無功而返，我的全力以赴豈不是白做了嗎？但是你有沒有想過？如果我們沒有全力以赴去做，等待我們的可能就是失敗。

　　全力以赴去做事的確很累，但是當我們獲得成功的時候，我們會覺得所有的努力都是值得的。

　　全力以赴是奮鬥的目標，是指引命運之舟的燈塔；全力以赴是積極的心態，是打開成功之門的鑰匙；全力以赴是巨大的潛能，是自動自發的動力源泉；全力以赴是開拓的精神，是積極進取的人生理念。

第十五章
惜時是一種積極的態度

　　人生是好是壞，人生是否過得有意義，在於利用時間正確與否。有人認為，一個年輕人怎樣度過他夜晚的時光，怎樣打發他零碎的時間，決定了他的前途。這一點也不假。有人說過：「浪費自己的時間等於慢性自殺，浪費別人的時間等於謀財害命。」表示了珍惜時間的重要性。

　　昨天帶著回憶默默地逝去了，今天攜著希望悄悄地來臨了，而明天又閃爍著光輝等待著人們。有人沉浸在回憶中，他們依戀昨天；有人沉醉在夢幻中，他們期盼著明天，這兩種人，都忘記了最應該珍視的是寶貴的今天。從現在起，努力做時間的主人吧！

惜時是智者行為

文學家說：「時間就是金子。」

教育家說：「時間就是知識。」

史學家說：「時間就是法官。」

美學家說：「時間就是希望。」

工人說：「時間就是財富。」

病理學家說：「時間就是生命。」

軍事家說：「時間就是勝利。」

經濟學家說：「時間就是資本。」

農夫說：「時間就是糧食。」

人的一生都是在「滴答滴答」的分分秒秒中度過的，俗話說：「一寸光陰一寸金，寸金難買寸光陰。」全世界只有兩件事情是我們人類無法控制的，一個是因緣，一個是時間。所以，我們要懂得掌握因緣、掌握時間。

有人計算過這樣的資訊：

假如人能活 70 歲 ——

每天睡覺 8 小時，那麼 70 年就會睡掉 20,440 小時，合計 8,517 天，共 23 年 4 個月。這樣，人還剩下 46 年 8 個月的時間。

如果每天吃早餐用 20 分鐘，吃午餐用 40 分鐘，吃晚餐用 1 小時，那麼一天吃飯吃掉了 2 個小時，70 年要吃掉 51,100 小時，合計 2,129 天 —— 5 年 10 個月。這樣，人還剩下 40 年 10 個月的時間。

如果每天處理個人衛生的時間為 2 個小時，那麼 70 年就又會用掉 5 年 10 個月的時間。這樣，人還剩下 35 年的時間。

如果每天用在走路、買東西上的時間為 4 小時，那麼 70 年就會用掉 102,200 小時，合計 4258 天，共 10 年 8 個月。這樣，人還剩下 23 年 4 個月的時間。

如果每天用來和別人閒聊的時間為 3 小時，那麼 70 年又聊掉 76,650 小時，合計 3,194 天，共 8 年 9 個月。這樣，人還剩下 14 年 7 個月的時間。

如果每年用在看病吃藥、特別護理等事項上的時間為 12 天。那麼 70 年要用掉 840 天，共 2 年 3 個月。這樣，人還剩下 12 年 4 個月的時間。

而一般人每年都會有與別人發生口角、爭端的事情，還有因不順心而煩惱，以致不能做正經事的時間。如果平均每年用在這種事情上的時間為 10 天，那麼 70 年就要用掉 700 天，共 1 年 10 個月。這樣，人還剩下 10 年 6 個月的時間。

如此算來，一個人活到 70 歲，自己只有 10 年半時間可以用來為社會，為自己真正做些事，這還不算為了賺錢吃飯而必須花掉的時間，那是因為很多人在謀生的同時也為社會，為自己作了貢獻，而很多人都沒有意識到珍惜自己那 10 年半時間，一生就那麼晃過去了。另外，人們並不是都能活到 70 歲。

凡是懂得珍惜時間的人，無不是智者。時間無情，它不會為任何人而停止，時間也最公平，不論你是達官顯貴還是販夫走卒，一天都只擁有 24 小時。時間對於珍惜它的人是有情的，在每一個人一天都只有 24 小時的不變前提下，能自己建立一套完善的時間管理系統的人，必將獲得豐厚的回報，擁有更豐富的人生。

歸根結柢，生活是一個時間問題。人生是好是壞，人生是否過得有意義，也就在於利用時間正確與否。

要忙但不要「盲」

這是一位經理在某大學出席座談會時的演講稿——

前幾日，在一個高爾夫球場會面了幾個朋友。本來打算忙裡偷閒出來與大自然親密接觸一下，但不時響起的手機鈴聲卻成了實際上的主角——高爾夫球和球桿成了配角。手機，這個現代化的通訊工具，同時也成了大家的「催忙機」。

沒有手機也不行，有那麼多的指示要發出，有那麼多的事情要安排，有那麼多的問題要請示，有那麼多的資訊要了解，有那麼多的資訊要掌握。這個資訊社會，把太多的事情、問題統統變成「0101」的數字從無限的空間和時間積壓到我們身邊，塞進我們的大腦，迫使我們去思考、選擇、制訂計畫、對策和採取行動；同時，新的「0101」又迎面而來，迫使我們又去思考、選擇、制訂新的計畫、對策和採取新的行動。時代確實變了，變得快了，變得忙了，變得幾乎沒有了章法和規則。

記得在大家都被手機攪得無可奈何的時候，只有一位朋友悠閒地揮桿、擊球，還念念有詞：「方向比距離更重要。」大家反駁曰：「工作比高爾夫更重要。」——一種無奈的自嘲。

誠然，不知從何時開始，「忙」成了我們大家的口頭禪。無論打電話還是跟朋友見面時，抑或在使用 FB、IG、LINE、E-mail 等 e 世代聯絡工具進行溝通時，「忙」都是大家爭相抱怨的主題。我們身邊的同事或朋友總是日復一日、年復一年地忙於工作、開會、應酬、計畫、充電……似乎總有做不完的事情，大有「兩眼一睜，忙到熄燈」之勢。「忙」成了我們多數人生活的常態。

有的人從早到晚嚷著自己忙得要命，但各種球賽的電視轉播他從不放

過；追劇成為他每天必點的大菜；雖然眼睛累得要死，卻連廣告也不肯放過；一整天都盯著螢幕大做白日夢，而且天天如此。光這些件事情就足以占滿他們每天所有清醒的時間了，他們偏偏還有個習慣：只要一拿起電話便開始喋喋不休，不講上一兩個鐘頭絕不甘休。他們卻因為太「忙」而顯出一副臉色蒼白、憔悴不堪的樣子，總是皺緊眉頭抱怨道：「實在太忙了，真教人吃不消！」

我們真的忙得一塌糊塗了嗎？不是！一般來說，是我們自己先一塌糊塗了，才開始變得越來越忙的。忙本沒有錯，瞎忙、亂忙才是錯，忙暈了頭會出錯，忙錯了方向則可能鑄成大錯。瞎忙的結果，常常是忙中出亂，忙中出錯，忙而無果。忙著，「盲」著，心裡就「茫」了；心裡茫然，自然行動就更盲，最終忙不過來也就沒什麼奇怪了。

相反，有的人雖然忙忙碌碌，但他們會拒絕出席那些無關緊要的應酬，也能夠透過判斷，從一大堆需要花心思處理的事務中挑出最具價值的幾項，而把大部分時間投注在其中。他們往往擁有既定的目標，並且預先設定達到目標所需的時間，在說話時也能一針見血地突出重點，選擇恰當的時機說出結論。

他們是名副其實的「忙碌不堪」，這種「忙碌」幫助他們飛黃騰達，讓他們體會到成功的快樂。

隨唐僧前往西天取經的那匹白馬原本只是長安城一戶人家磨坊裡一匹普通的白馬，沒有什麼出眾的地方，牠和其他馬一樣健壯，一樣吃苦耐勞。然而牠隨唐僧一去就是十七年，等到唐僧返回東土大唐時，此馬儼然成為名滿天下的傳奇英雄了，被譽為「大唐第一名馬」。白馬衣錦還鄉後，看望昔日的老友，一大群老馬圍著牠，聽牠講述取經途中的見聞以及今日的榮耀，都羨慕不已。白馬平靜地說：「各位，我也沒有什麼了不起

的，只不過有幸被玄奘大師選中，一步一步西去東回而已。這十七年裡，大家也沒閒著，我走一步，你們也走一步，我們走過的路是一樣長的，我們都一樣的辛苦，只是你們就在家門口打轉而已。」眾馬無語。

是啊，自己也沒閒著，為什麼別人就成了成功人士，而自己還是老樣子呢？

有句成語叫做「碌碌無為」，這個詞可能我們在小學時就用它造過句子，但誰又真正理解了它的意義？「碌碌」，忙得不可開交，但卻是「無為」，太可怕了。很多時候我們恐怕把什麼叫做「忙」都沒有真正定義清楚。忙是什麼呢？忙應該是在特定的時段朝著特定的目標進行連續不斷的努力的生存狀態。忙碌可以使我們的生活充實，讓我們回憶起來覺得自己對得起時間，對得起自己。但如果你只是為了不閒著而去忙，只是為了向人證明自己「很重要」而去忙，那麼無非是自己欺騙自己罷了。

工作可以忙，但絕不能「盲」。忙一定要忙得有目標、有方法，必須知道自己在忙什麼、為了什麼而忙。對於職場人士來說，不管每日的工作或瑣事令自己有多忙碌，都應該不時地靜下心來反問自己：「我到底在忙什麼？我的目標在哪裡？」唯有這樣，才能使自己忙碌而不盲目。

改變拖拉的惡習

做事拖拉不僅僅是一種態度問題，更是一種病態、消極的心理。做事拖拉的人通常非要等到最後一刻才臨時抱佛腳，這樣的做事習慣往往使工作效果大打折扣，甚至因為無法在最後期限前完成指定的任務而一次次失去成功的機會。

烏龜住在一個陰暗的池塘裡，那裡沒有水草，照不到陽光，朋友也少。

一天，小金魚剛好來到這裡，問道：「小烏龜，你為什麼還住在這裡啊？大家都搬到旁邊的池塘了，那裡水質純淨，有荷花有蓮藕，漂亮極了。小蝦妹妹、泥鰍哥哥、螃蟹弟弟還有青蛙先生都搬到那裡去了。大家一起活動，一起遊戲，好開心。」

　　小烏龜聽了，高興極了，牠從殼裡探出腦袋：「好啊好啊，我也要搬去。」小金魚聽了，高興地說：「我回去告訴大家，明天就來幫你搬家。」

　　小烏龜主意打定，決心到另一個小池塘，做一番大事業。

　　第二天，小金魚、小蝦、泥鰍、螃蟹和青蛙都來幫小烏龜搬家了，大家開心地叫道：「小烏龜，小烏龜，收拾好了嗎？大家都來了。」

　　小烏龜探出腦袋說道：「今天我不搬家了。」大家奇怪地問：「為什麼？」小烏龜說道：「東西我是都收拾好了，可是，今天太熱了，我最怕熱了，會中暑的。明天你們再幫我搬好嗎？」朋友們聽了，只好回去。

　　第三天，小金魚、小蝦、泥鰍和螃蟹又來幫小烏龜搬家了，青蛙大叔要忙著到稻田捉蟲沒辦法來。小烏龜探出腦袋，看看陰霾的天空，又縮了回去：「東西都收拾好了，可是今天下雨太冷了，我不想出門。我看，明天再搬吧。」朋友聽了，有些生氣地走了。

　　第四天，大家覺得受騙了，而且都忙得很，所以沒有人來幫助牠搬家了。小烏龜探出腦袋，想了想：「東西都收拾好了，可是沒有人來幫我，我自己搬很累，今天還是不搬了。」

　　日子一天天過去了，小烏龜每天都憧憬著旁邊的池塘，可是，每天都是縮著腦袋，躲在自己的殼裡睡大覺。或許，牠都一輩子只能靠著憧憬過日子了。

　　想做成一件事情，就不要總是找藉口、拖延，因為拖延只會讓自己越來越不想行動，到最後什麼事情都沒有做出來，小烏龜就是這麼一個例

子。同時，一旦養成行為拖沓的習慣，就會阻止你創造新生活的欲望。在第一次做事拖拉後，拖拉就會像你的影子一樣，總是跟著你。

在古老的原始森林，陽光明媚，鳥兒歡快地歌唱，辛勤的勞動。其中有一隻寒號鳥，有著一身漂亮的羽毛和嘹亮的歌喉。牠到處賣弄自己的羽毛和嗓子，看到別人辛勤勞動，反而嘲笑不已，好心的鳥兒提醒牠說：「快蓋個窩吧！不然冬天來了怎麼過呢？」寒號鳥輕蔑地說：「冬天還早呢，急什麼！趁著今天大好時光，盡情地玩吧！」

就這樣，日復一日，冬天很快就到了。鳥兒們晚上躲在自己暖和的窩裡安樂地休息，而寒號鳥卻在寒風裡凍得發抖，用美麗的歌喉悔恨過去，哀叫未來：「抖落落，寒風凍死我，明天就蓋窩。」

第二天，太陽出來了，萬物甦醒了。沐浴在陽光中，寒號鳥好不得意，完全忘記了昨天的痛苦，又快樂的歌唱起來。

鳥兒勸牠：「快蓋個窩吧，不然晚上又要發抖了。」

寒號鳥嘲笑地說：「不會享受的傢伙。」

晚上又來臨了，寒號鳥又重複著昨天晚上一樣的故事。就這樣重複了幾個晚上，大雪突然降臨，鳥兒們覺得奇怪，因為寒號鳥怎麼不發出叫聲了呢？

太陽一出來，大家尋找一看，寒號鳥早已被凍死了。

寒號鳥被凍死了，牠該怪的是誰呢？只有自己！同樣，在人的一生中，今天是非常重要的，寄望於明天的人，終將一事無成。今天的事情推到明天，明天事情推到後天，一而再，再而三，事情永遠都不會有完成的時候。而只有那些懂得如何利用「今天」的人，才會在「今天」創造明天的希望。

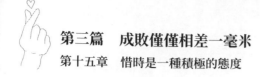

學會管理你的時間

美國麻省理工學院曾經對 3,000 名經理做了調查研究,發現凡是優秀的經理都能有效地安排和利用時間,使時間的浪費減少到最低限度。美國著名的管理專家彼得·杜拉克曾說:「了解你的時間,是每個人只要肯做就能夠做到的,這是一個人走向成功的必經之路。」

珍惜時間不是人天生就具備的,但是一個人如果有心,他便可以督促自己珍惜時間,久而久之,習慣成為第二天性,就不必特意費神去關心了。但對於一些自制力差,管不住自己的人來說,則有必要在專家的指導下,有意識地培養科學合理的時間觀,增加自己時間的利用效率。

第一,善於集中時間,不要平均分配時間。要把自己有限的時間集中在處理最重要的事情上,不要期望每樣工作都做,要有勇氣拒絕不必要的事情。這意味著你每做一件事情,都要腳踏實地去完成。很多人會反問:「既然要充分利用時間,我多做些工作有什麼不對?」沒什麼不對的。但是你必須腳踏實地地完成每一件工作。如果你接了第二個工作就把第一個工作丟了,那你永遠不可能致富。一次只做一件事情,一個時期只有一個重點。聰明人要學會抓住重點,遠離瑣碎。應該把精力用在最見成效的地方,所謂「好鋼用在刀刃上」。要懂得處理事情的輕重緩急,要懂得重點的事重點對待。

第二,善於處理兩類時間。對任何人來講,都存在著兩類時間:一類是自由時間,歸個人自由控制;另一類是「被動時間」,屬於對他人和他事做出反應需要的時間,不由個人自由支配。這兩類時間對於個人來講都是存在的,也都是有必要的。在你進行各種計畫時,你必須考慮到「被動時間」,如果你忽略了它的存在,可能會造成不必要的麻煩。

第三，善於利用零散時間。你的時間可能會被很多事情分割成很多零散的時間。你所要做的事情就是，珍惜那些不起眼的時間，並充分利用大大小小的零散時間為你自己創造收入。例如：一個人難免會有等人、等車、買菜的時候，利用這些時間來整理思路或看書也是充分利用時間的一種表現。

第四，明確目標。你應該已經明白你的目標是什麼。在你明確了目標之後，就可以大大節約時間。要成就一件事，必須有一個目標為嚮導，這樣你才能少走冤枉路，每一分每一秒都能好好掌握住。每件事務的處理都在為一定目標服務。明確目標，少走彎路，減少無謂的時間消耗，不要去處理重複出現的事情，是你應該養成的習慣。

第五，安排好你的時間。著手把你每一天要做的事情記下來，別期望靠頭腦記，那樣容易忘記。你要養成這樣的習慣：隨時記下你的想法和計畫，然後安排好時間。你必須立即行動去實現你已經計畫好的事情。今天要做的事情必須在今天完成，不要拖延，這樣做也會增加你的滿足感和成就感。

第六，充分發揮每一分鐘的效用。要充分利用每天的所有時間去做有實際效用的工作。要對照著你在工作日程本上記錄的專案去考慮問題，把有可能取得成果的每一件事都安排到日程裡去，把工作時間的每一個空檔都安排好事情，每一分鐘都要利用。

第七，做最重要的事情。一個小故事說明了這個問題。一個年輕的伐木工人身強力壯，第一天，他開始砍樹時砍了 10 棵，第二天雖然也非常賣命，但是只砍了 8 棵，第三天更少。於是他越賣力地砍樹。這時，有一位老人走過，問他：「你為什麼不停下來，將你的斧頭磨一磨呢？」年輕人抬起頭說：「我哪裡有時間啊？我正忙著砍樹呢。」很多人在生活中也

像這位伐木工人一樣，表面上看起來很忙，但是實際的效率卻非常差。你首先必須做完對你目前來講最重要的事情，接下來的事情才會順手。這就是「磨刀不誤砍柴工」的道理。

第八，學會利用工具。利用電腦軟體或手機 APP 可以讓你快速得到所需的資訊，減少重複的文字工作。利用記事本、通訊錄、日曆等工具將有助於你有計畫地利用時間。

第九，避免爭論。無謂的爭論不僅影響情緒和人際關係，而且會浪費大量時間，到頭來還往往解決不了什麼問題。說得越多，做得越少，聰明人在別人喋喋不休或者面紅耳赤時常常已走出了很遠的距離。

第十，機會成本。西屋電腦公司總經理迪席勒辦公室門上的標語是：「不要帶問題給我，帶答案來。」脫口秀明星賴瑞‧金（Larry King）說：「我發現在生命中得到的越多，不論是職業上或者金錢上，你就可以挑選得越挑剔。我現在已經沒有非去不可的午餐了。」在國外，給小費有的是為了贏得時間。這些意味著什麼？時間的機會成本在於：如果你將一段時間用在於某一件事情上，那麼你也就無法將這些時間花在其他的事情上，從而失去了賺取其他財富的機會。

第十六章
學習能力代表競爭力

　　在社會競爭越來越激烈的今天，什麼樣的能力可以讓一個人立於不敗之地呢？毫無疑問，是學習的能力。一個人如果想要在激烈的競爭中立於不敗之地，就必須在生活工作中不斷地有所創新，而創新來自於知識，知識則來源於一個人的學習能力。

　　學習能力要求一個人不僅要學習寬泛博學的知識，還要學會學習的方法，樹立終身學習的理念，與時俱進。一個人的學習能力往往決定了一個人競爭力的高低，也正因為如此，無論對於個人還是對於組織，未來唯一持久的優勢就是有能力比你的競爭對手學習得更多、更快。

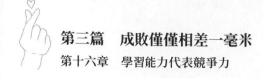

活到老學到老

　　很多人離開學校後，就把書本一扔，以為從此再也不必讀書學習了。其實則不然，學習是一輩子的事情。誰忽視了學習，誰就會在激烈競爭的社會中被淘汰。

　　活到老，學到老。傑出的人，都是終身孜孜不倦追求知識的人，在漫長的人生經歷中，即使再忙再苦再累，他們也不放棄對知識的追求，學習既是他們獲取知識的途徑，又是他們的精神支柱。在他們看來，知識是沒有止境的，學習也應該是沒有止境的，學習使他們的思想、心理和精神永遠年輕，也使他們的事業日新月異。

　　有人問愛因斯坦（Albert Einstein）：「您可謂是物理學界空前絕後的人才了，何必還要孜孜不倦地學習？何不舒舒服服地休息呢？」愛因斯坦並沒有立即回答他這個問題，而是找來一枝筆、一張紙，在紙上畫上一個大圓和一個小圓，說：「目前情況下，在物理學這個領域裡可能是我比你懂得略多一些。正如你所知的是這個小圓，我所知的是這個大圓。然而整個物理學知識是無邊無際的，對於小圓，它的周長小，即與未知領域的接觸面小，它感受到自己的未知少；而大圓與外界接觸的這一周長大，所以更感到自己的未知東西多，會更加努力去探索。」這是多麼好的一個比喻，多麼深刻的一番闡述啊！

　　在知識面前，沒有一個人能夠有驕傲的資本，因為任何人，即使在某一方面的造詣很深，也不能夠說他已經徹底精通、徹底研究完整了。「生命有限，知識無窮」，任何一門學問都是無窮無盡的海洋，都是無邊無際的天空……所以，誰也不能認為自己已經達到了最高境界而停步不前、趾高氣揚。如果是那樣的話，則必將很快被同行趕上，很快被後人超過。

學習能力就是要求一個人不僅要學習寬泛博學的知識，還要學會學習的方法，樹立終身學習的理念，與時俱進。一個人的學習能力往往決定了一個人競爭力的高低，也正因為如此，無論對於個人還是對於公司，未來唯一持久的優勢就是有能力比你的競爭對手學習得更多、更快。一個人如果想要在激烈的競爭中立於不敗之地，就必須在生活工作中不斷地有所創新，而創新來自於知識，知識則來源於一個人的學習能力。

管理大師彼得‧杜拉克說：「真正持久的優勢就是怎樣去學習，就是怎樣使自己能夠學習得比對手更快。」是呀，學習是一種生存能力的表現，不斷地學習，專業能力就會不斷提升。所以，一個人不論處於人生的哪個階段，都不應該停止學習。

別盲目崇拜學歷

在現實中，我們經常發現：很多沒讀過幾年書的人成了大老闆，那些高學歷者反倒在給他們打工。有的人由此憤憤不平，但是你有沒有想過，這種情況並不是偶然的，一個人能夠成功，除了有機遇等各種外在因素外，跟他們自身的學習能力也是分不開的。也許他沒讀過幾年書，但是卻從未放棄過學習，而且他們接受新知識的能力都很強，這不但彌補了他們知識的不足，還激勵他們比別人更努力向上。

有一個連鎖集團的老闆就是這樣一個人。他只有高職學歷，卻從未放棄過學習，每天都學習到深夜，有時還會花大價錢去有名的大學參加培訓。現在，他的生意做得有聲有色，卻沒有人會再提起他的學歷。比爾蓋茲有句經典的格言：「你只是高中畢業，通常不會成為 CEO，直到你把 CEO 職位拿到手為止。直到此時，人們才不會介意你只是高中畢業。」不管你

過去是什麼，只要有快速接受新知識的能力，就一定能有一番大作為。

社會在不斷發展，人類也步入了一個高智慧的時代，這個時代最主要的特徵就是需要人們有更強的學習能力和運用知識的能力來適應社會。也就是要求人們的大腦有更高的思維效率和思維能力。如果還抱著唯學歷獨尊的狀態，只會鬧出更多笑話。

有一個博士畢業後到一家研究所，成為研究所裡學歷最高的人。

有一天，他到研究所後面的小池塘去釣魚，正好所長、副所長也在那裡釣魚。

他只是微微地點了點頭，心裡想著：「這兩個大學畢業生，有什麼好聊的呢？」

不一會，所長放下釣竿，伸伸懶腰，蹭蹭蹭從水面上如飛地走到對面上廁所。

博士眼睛瞪得都快掉下來了。水上飄？不會吧？這是一個池塘啊。

所長上完廁所回來的時候，同樣也是蹭蹭蹭地從水上飄了回來。

怎麼回事？博士生又不好意思去問，畢竟自己是博士啊！

過一陣，副所長也站起來，走幾步，蹭蹭蹭地飄過水面上廁所。這下子博士更是差點昏倒：「不會吧，難道我到了一個江湖高手集中的地方？」

博士生也內急了。這個池塘兩邊有圍牆，要到對面廁所非得繞十分鐘的路，而回來又太遠，怎麼辦？

博士生也不願意去問他們，憋了半天後，也起身往水裡跨，「我就不信大學生能過的水面，我博士生不能過。」

只聽「咚」的一聲，博士生栽到了水裡。

所長和副所長將他拉了出來，問他為什麼要下水，他問：「為什麼你們可以走過去呢？」

　　所長、副所長相視一笑：「這池塘裡有兩排木樁子，由於這兩天下雨漲水，正好在水面下。我們都知道這木樁的位置，所以可以踩著樁子過去。你怎麼不問一聲呢？」

　　這個小故事充滿了幽默。博士守著學歷越高、知道得就越多的想法，害怕因自己的詢問會惹來別人的恥笑，憑著自己的主觀判斷就往水裡跳，結果鬧出了真正的笑話。其實大可不必，學無止境，學歷高不一定知道所有的事，同樣，學歷低也不一定知道的就少，只要自己堅持努力學習，情況就會得到改善。

　　如今，學習力強的人越來越有發展潛力，做同樣一件事，學習能力強的人就可能先領悟，從而搶占先機。所以說學習力就是競爭力一點不為過。企業發展也宣導建設學習型的團隊。可見，在學習能力方面將掀起新一輪的競爭。

　　可以說，在 21 世紀的今天，學習具有全新的內涵，學習的內容和範圍大大拓展，和以往不可同日而語。科學研究證明，人類在最近 30 年所獲得的知識約等於過去 2000 年之總和，而未來若干年內科技和知識還會在許多領域出現更為驚人的突破。預計到 2050 年左右，人類現今所掌握的知識屆時將僅為知識總量的 1%。由此可見，在人的一生中，最重要的是要不斷地學習，因為一個人只有主動獲取新知識，才能適應「知識爆炸」的形勢。

　　「學歷代表過去，能力代表現在，學習能力代表將來。」學歷固然重要，可學習能力更重要。

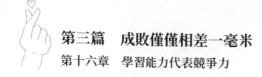
處處留心皆學問

兩千年前，有一位很有名的大學者，他便是亞里斯多德（Aristotle）。

崇拜他的人特別多，其中有個青年不遠萬里來向他求教。亞里斯多德知道來意後，拿來一條魚，要這個青年看一看，觀察觀察。該青年心想，魚天天吃，有什麼好看的？因此，他漫不經心地看了一眼，結果什麼也沒有發現，就是一條常見的、普通的魚。亞里斯多德則再次要求他仔細、反覆地看魚。皇天不負苦心人，那位青年終於發現了以前沒有發現的一個特徵，這條魚是沒有眼皮的。

這個故事告訴我們：只要留心觀察，生活處處有學問。

創造來源於生活，靈感來源於生活，知識也來源於生活。「處處留心皆學問」，善於觀察生活，生活就會回饋你各種想要的和意想不到的喜悅。

著名的科學家牛頓（Isaac Newton）之所以能發現地心引力，正是因為他對生活處處留心，觀察仔細。眾所周知，牛頓發現地心引力，是由於一個落下的蘋果，可是，一年年從樹上落下的蘋果無從計數，為什麼只有牛頓能注意到它並且發現地心引力呢？這是因為他善於觀察、勤於思考。對於舉世聞名的都江堰，相信大家並不陌生。可是，戰國時代秦國水利工程專家李冰在建造它時，卻有著一個不大不小的故事。當時，李冰決心變岷江水害為水利，於是就築堰。可是，築堰的方法實驗了多次，都失敗了。有一天，他看到山溪裡有一些竹簍，裡面放著要洗的衣服，於是從中得到了啟發。他讓人編好大竹簍，裝進鵝卵石，再把竹簍連起來，一層一層放到江中，在江中堆起了一道大堰，兩側再用大卵石加固，一道牢固的分水堰終於築成了。這就是著名的水利工程 —— 都江堰。李冰正是因為

仔細觀察生活，利用生活經驗，找到了建築分水堰的辦法，取得了成功。被譽為「蒸汽機之父」的瓦特（James Watt），也是一個善於從生活中發現的人，8歲的瓦特對「燒水時壺蓋為什麼會被頂起來」這一現象提出了質疑，正是這個疑問，使瓦特開始研究它，並最終發明了蒸汽機，推動了人類社會的進步。總之，古今像這樣的例子還有很多，他們的成功無不是因為善於觀察生活、留心生活的結果。

然而，縱觀我們的周圍，你會發現，很多人並不懂得「處處留心皆學問」的道理，他們對生活缺乏觀察與感悟，以至於自己知識面越來越狹窄，越來越不能適應社會發展的要求。這種現象，在家庭教育中表現得十分突出。

君不見，現在有些家長埋怨自己的孩子「笨」，什麼都不會，只會茶來伸手、飯來張口。其實仔細想想，家長何嘗不負有責任呢？孩子小的時候，總有一雙好奇的眼睛，對周圍的一切事情都很感興趣，看到水龍頭「嘩嘩」流水就想自己開關一次，看到遙控器能控制家裡的電器也想按一按，看到呼呼轉的電風扇如獲至寶……出於對孩子的愛，家長總是教育孩子不要動這個、不要碰那個，所有的解釋都是「危險」、「不能動」。久而久之，孩子就什麼也不做了，養成了凡事請教家長，凡事依靠家長的壞習慣，甚至長大了也改不了。

如此做法顯然不妥。相反，家長應該讓孩子參與到生活中來。這樣，孩子就會學到很多課本裡學不到的知識，比如：帶孩子去超市，要告訴他，超市裡的東西不能隨便拆，不能隨便吃；帶孩子去書店，要鼓勵他自己找喜愛的書；帶孩子去藥局，要教他自己和店員交流；晾衣服的時候，讓孩子拿衣架；整理家裡的雜物，要告訴孩子鞋子應放在鞋櫃、書本有專門的書櫃。

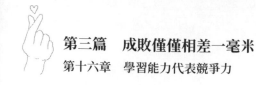

生活可以簡單，但絕不可以粗糙，養成留心的習慣，一個人的生活才會異彩紛呈。

在奔騰的人生之河中，我們永遠是學生，我們的老師是自然，是社會，是他人，是我們身邊的一切，作為學生，我們不能讓「視而不見」、「熟視無睹」遮蔽了自己探求知識的眼睛，麻痺了自己積極進取的一面。

在平凡的每一個瞬間，總會有我們的老師出現，它們不隨四季的變化而變更，也不隨太陽的起落而波動。一絲空氣、一片白雲就已傳授我們自然的奧祕；一隻動物、一株花草就教導我們身體的意義。我們身邊的知識有很多，只要你用心觀察，用心尋找，你就會發現，生命的音符、色彩都存在著它無窮的知識。

「紙上得來終覺淺。」「三人行，必有我師焉。」課本上的內容只能解釋我們生活中很少的問題，而更大的發現、更多的知識是需要我們去挖掘、去開闢的。

做生活的有心人吧，這樣你不但能學到很多知識，還能領悟到人生包含的豐富道理。

技多不壓身

有句古語，叫「技多不壓身」。這雖然是一句古語，但是它並沒有隨著時間的流逝而過時，直至今天仍然有著相當強烈的現實意義。

所以，在「千軍萬馬搶過獨木橋」的同時，一個人應該著重培養自己的一技之長，以利於在將來能更好地獨立。

事實上，許多人都能應付工作中的一般問題而不感到困難，卻很少在工作上做到精益求精，這樣，也就很難在事業上取得多大的成就。所以

說，無論如何，至少要掌握一項專長，這也是社會對我們每個人提出的要求。

在草原上，白馬奮起四蹄，揚起尾巴，不一會就把毛驢甩到了後面。白馬轉過頭來看了看毛驢，見牠搖著兩隻大耳朵，不緊不慢地走著，非常著急，便朝毛驢大叫起來：「喂，怎麼不把腳步邁開一點？看你那慢吞吞的樣子，我們什麼時候才能到達目的地呢？你這毛驢，真是個庸才！」

毛驢聽了白馬的訓斥，一不生氣，二不洩氣，仍然一步緊一步地向前走著。

毛驢和白馬進入山區後，那山路變得又陡又窄，崎嶇不平，白馬的速度不知不覺地慢了下來，身上的汗水像剛洗過澡似的。毛驢卻加快了步伐，噔噔噔地趕到了前面。

白馬看毛驢走起羊腸小路來是這樣的輕鬆，不解地問：「黑毛驢，你為什麼走起山路來比我快呢？」

毛驢回答說：「因為術有專攻，各有所用。在不利條件下落後的，並不都是庸才啊！」

白馬聽了毛驢的話，再看看毛驢那坦然的樣子，對自己剛才的失言感到十分羞愧。

人無完人，但也無廢人。白馬在草原上速度比驢快得多，但在羊腸小徑上卻不如驢子跑得快，是由於環境的變化，個體技能的發揮也隨之變化。而一個人只要擁有一技之長，就不用擔心沒有立足之地。

第十七章
做什麼事比如何做更重要

　　向左走？向右走？人生的地圖上，處處是十字路口。你做出每一
個選擇都是在為自己種下一顆命運的種子。一步走對了，又一步走對
了，無數大大小小的選擇走對了，你才能夠品嘗到成功與喜悅的甘甜
果實。在美國歷史上享有極高聲譽的林肯總統，非常重視選擇在人生
中的重要性。他曾說：「所謂聰明人，就在於他懂得如何去選擇。」
林肯就是一個懂得如何選擇的人，在南北戰爭中一度處於劣勢的時候，
他仍堅定地選擇了「為爭取自由和廢除奴隸制而鬥爭」的道路，終於
成就了一番豐功偉業。

　　做出正確的選擇的確需要智力、眼光與勇氣，人在選擇時，常常
要面對很大的變數、超強的誘惑、艱苦的困難，然而正是因為做正確
選擇之難，才會有強者與庸夫之分。

過好人生六個「坎」

死海裡釣不到魚，不管你的餌料多香；沙漠裡挖不出蚯蚓，除非你挖穿地球。很多人一生平庸，並非不夠努力，而是方向不對。

選擇不對，努力白費。因此，在埋頭趕路的同時，我們還應該抬頭認路，去選擇道路、尋找捷徑。你的每一個選擇，都是在為自己種下一顆命運的種子。眾多大大小小的選擇，構成了我們的生命軌跡。

人生有著許許多多的選擇，在我們選擇之前，應該先學會放棄。因為只有學會放棄，才能正確地選擇。一隻倒楣的狐狸被獵人用捕獸夾咬住了小腿，牠毫不遲疑地咬斷了那隻小腿，然後逃命。放棄一條腿而保全生命，這是狐狸生存的哲學。所以在魚與熊掌不能兼得的選擇面前，我們應該學會去權衡，學會放棄，雖然放棄意味著痛苦，但痛苦換來的卻是生命。

能夠放棄是一種跨越，當你能夠放棄一切，做到簡單從容地活著的時候，你的人生中的那道「坎」也就過去了。

人從出生、成熟、衰老到死，那就是幾十個春秋，眨眼的功夫就過去了。

二十歲之前談夢。人自母體分離出來，初諳世事至少要十四五年，而初諳世事並不意味著成熟，很多想法都很浪漫，有些近似童話。所以，這個季節經常做夢，夢見自己會飛，夢見自己成為偶像。同學之間，朋友之間談論的話題也往往與現實離題萬里。在這段花季年華裡，一切都是浮動的，一切都是彩色的。

二十歲以後談理想。二十歲是邁入大人行列的第一道門檻，以前的彩色夢幻漸漸淡化，在現實面前，開始走向成熟，也開始有了人生的目標。

但二十歲的抱負卻又氣吞山河，有些不切實際。所以，我們說人到二十歲已經長大了，但絕對不意味著已經成熟。總之，二十歲時，已經有了向前跋涉的目標，少了很多夢幻色彩。

三十歲談責任。三十而立於今人來說也許為時尚早，以現代平均壽命計，人生尚未過半，少年得志畢竟不是這個世界的多數。但三十歲的人已是成熟的人了，至少已經確立了自己的人生座標和基點。在這個階段，世界會把許多重擔壓在你的肩頭，你無可逃遁也別無選擇地要背著這些重擔往前走。人生由此便多了一種沉甸甸的東西 —— 責任，因之人生的內涵也豐富起來。結婚了需要有個愛巢棲息愛情，兒女出世了要努力哺育，父母老了要盡贍養之責，工作的擔子也加重了……這一切責任，都得三十歲的你一個一個地去履行，沒人能代替你。這個時候，一切言談行為都變得那麼實際。

四十歲談事業，邁過四十歲的坎坷，人已如日中天了，此刻，有志者已經事業有成，即使平凡之輩，積蓄也開始殷實。人的心理也已成熟，萬事都有主張。一切責任也因時光流淌而減少負荷了，兒女也快自立，這個時候，人通常會像爬上一道高坡一樣，長長地舒口氣。然而當回頭看時，才發覺前些年為自己活得太少。於是，發展自己便成了這個階段的主旋律。

五十歲開始談經驗。孔夫子說「五十而知天命」，此刻對於人來說應該是塵埃落定的時候了。優勝者已經勝出，淘汰者已經出局。那麼，優勝者便領受尊敬的風光，淘汰者也只好獨嘗出局的悲哀。無論優或劣，都會明白成敗的原因。而大局已定已難更改，優勝與淘汰的總結成了寶貴的經驗，化作了後人財富。

六十歲以後談往昔。衰老是人類不可抗拒的自然法則。人老了就力不

從心了，即使想大展宏圖也難以展翅了。此刻的成功者可以享受他自己創造的成果，失敗者也只好獨飲自釀的苦酒了。好漢不提當年勇也好，蹉跎一生不堪回首也罷，歲月刻在自己身上和心上的痕跡是無法抹殺的。夕陽苦短，來日無多，不再思想前景的輝煌，但回首昔日風光或坎坷，多少能啟動生命的潛力，保持旺盛的活力。

　　一輩子就這樣走過來了，不管輝煌還是平凡，都得一個一個坎地邁過。當然，怎樣邁過，邁得成功與否，都由你自己來完成，而圍繞著人生的一切都離不開選擇與放棄。

修剪選擇才能走得遠

　　小美家門口種了一株葡萄，每年開春，母親都跟小美說，要學著去修剪葡萄的枝節，這樣長出來的葡萄才會大而甜。所以等春天一到，小美便嘗試著去修剪葡萄的藤枝，待小美修剪完後，就高興地向母親展示著自己的藝術才華，因為小美不僅僅把枝節修剪了很多，而且把整個藤剪成一串葡萄似的。

　　母親看了搖了搖頭，但是她卻沒有多做修改。小美問母親為什麼搖頭，她說，這固然好看，但卻不是完美的。母親還問小美是否需要她多做修剪，小美點了點頭，母親便將所有多餘的枝節全部剪掉，只剩下幾條主幹。小美對母親說，今年我們可能採收不了多少葡萄了，枝節都被你剪完了。母親說，那邊還有一株是去年種的，你按照你的想法去修剪那株，到了盛夏的時候，我們看看誰採收的比較多。

　　轉眼到了盛夏，小美修剪的葡萄，因為枝節太多，果實過於密集，以致很多果實沒有成熟就一串串地枯萎了，而母親的那株，果實卻豐碩得

很。母親跟小美說：「其實，葡萄、花跟人一樣，在成熟和綻放的時候需要大量的營養，營養不足，就會漸漸枯萎、敗謝，剪去多餘的枝節，就能提供足夠的營養，一朵花的美麗綻放在於修剪枝節，而一個完美的人生在於修剪選擇。」

小美聽後恍然大悟。

是啊，你是否曾修剪過自己的選擇呢？這時，或許你會問，為什麼要去修剪選擇？

生活的道路上，始終有著許多的枝蔓延伸，如果我們沒有修剪枝蔓的話，主幹就會被枝蔓所誤導，從而讓我們走向成功的路有所偏離，變得更為崎嶇。修剪枝蔓，可以讓我們更容易辨清方向，選擇得更準確，更快走上幸福之路。

一位父親帶著三個兒子到草原上獵兔。在到達目的地，一切準備妥當，開始行動之前，父親向三個兒子提出一個問題：「你們看到了什麼呢？」

老大回答道：「我看到了我們手裡的獵槍、在草原上奔跑的野兔、還有一望無際的草原。」父親搖搖頭說：「不對。」

老二的回答是：「我看到了爸爸、大哥、弟弟、獵槍、野兔，還有茫茫無際的草原。」父親又搖搖頭說：「不對。」

而老三的回答只有一句話：「我只看到了野兔。」這時父親說：「你答對了，你打到的野兔一定會比哥哥多。」

結果真的如此！

老三將所有的「枝蔓」都修剪掉了，把精力放在野兔上，所以在他射擊的時候，當然射得比老大老二精準。漫無目標或目標過多，都會阻礙我們前進，要實現自己心中所願，得學會修剪目標、修剪選擇。到底該怎樣修剪自己的選擇呢？

在澳洲的一所大學裡曾經發生過這樣一個故事：

在快下課時，教授對學生們說：「我和大家做個遊戲，誰願意配合我一下。」一個女生走上臺來。

教授說：「請在黑板上寫下你難以割捨的二十個人的名字。」女生照做了，有她的鄰居、朋友、親人等。

教授說：「請你劃掉一個這裡面你認為最不重要的人。」女生劃掉了一個她鄰居的名字。

教授又說：「請你再劃掉一個。」女生又劃掉了一個她的同事。

教授再說：「請你再劃掉一個。」女生又劃掉了一個。

最後，黑板上只剩下了她的父母、丈夫和孩子。教室非常安靜，同學們靜靜地看著教授，感到這似乎已不再是一個遊戲了。教授平靜地說：「請再劃掉一個。」女生遲疑著，艱難地做著選擇……她舉起粉筆，劃掉了父母的名字。「請再劃掉一個。」身邊又傳來了教授的聲音。她驚呆了，顫抖地舉起粉筆緩慢而堅決地劃掉了兒子的名字。緊接著，她「哇」的一聲哭了，樣子非常痛苦。

教授等她平靜了一下，問道：「和你最親的人應該是你的父母和你的孩子，因為父母是養育你的人，孩子是你親生的，而丈夫是可以重新再尋找的，為什麼丈夫反倒是你最難割捨的人呢？」

同學們靜靜地看著她，等待著她的回答。

女生平靜而又緩慢地說道：「隨著時間的推移，父母會先我而去，孩子長大成人後肯定也會另築新巢，真正陪伴我度過一生的只有我的丈夫。」

當我們面對這樣的選擇時，答案又會是怎樣的呢？顯然，每個人都會有不同的答案，因為我們每個人價值觀都是不一樣的，但有一點絕對值得肯定，那就是要選擇「我所思」的。生活就像洋蔥，一片一片地剝開，總

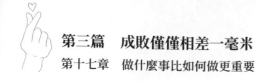
有一片會讓我們流淚，不要害怕被別人誤會，生命不是用來更正別人的錯或證明自己的對——生命是用來生活的，要活出自己的本色，活出自己的價值。

帶著自己的主見去選擇

　　一隻掉進深井的狐狸，因為想不出逃脫的方法，所以就像囚犯般地被拘禁在井底。

　　此時，有一隻山羊因為禁不住口渴而走到井邊。當牠看到井裡的狐狸，於是就問狐狸井水的味道是否良好。狐狸以歡欣的態度掩飾悲慘的處境，極力誇讚水質之優美並鼓勵山羊下到井底，山羊只顧及口渴，而不假思索地往井裡跳。

　　等到山羊解渴後，狐狸告訴牠目前牠們所共同面臨的困境，並提議脫困的方法。狐狸說：「你把前腳放在牆上，頭部低俯。我跳到你的背上，便可爬出這口井，然後我再幫助你脫困。」

　　山羊接納狐狸的這個建議，狐狸立刻躍登山羊的背上，抓住山羊的兩隻角，穩步地爬到井口，然後拔腿就跑。山羊痛罵狐狸毀約，狐狸則轉身大叫：「大笨蛋！假如你的頭腦能像你的鬍子那樣多，你將不會在摸清出路之前，就縱身往井裡跳，也不會讓自己置於無法逃脫的困境中！」

　　生活中，像山羊這樣沒有主見的人比比皆是，雖然他們似乎在每個方面都做得很好，人緣也很好，但最後勝利的果實卻輪不到他們品嘗，還陷入埋怨的痛苦中。

　　小軒是某公司的一名職員，她認真負責，反應迅速，有毅力，有思路，可以說具備了職業女性必備的要素，她的工作成績突出，業績傲人，

是主管和同事有目共睹的。然而，她最大的弱點，就是太看重別人的看法和反應，在考慮問題時不夠理智客觀，顧慮太多，考慮別人太多。看到別人臉色不好看時，無論是主管還是下屬，她都能夠迅速做出反應，解釋為什麼要這樣做，把自己清清楚楚地暴露給別人。其實，有些事情是無須解釋的。這樣，反將本來挺簡單的事情辦複雜化了。後來，公司調整了幾次幹部，提拔了幾名職員，也都沒有小軒。理由是她太看重別人的看法，缺乏主見，一個連自己性格都管理不好的人，如何去管理下屬呢？一個不懂得獨立思考、凡事按照別人的意見去做的人，怎麼會去領導別人呢？所以她只能安分守己地做著一個小職員。

工作中，不要埋怨得不到主管的賞識，應該問問自己，是否一味去聽從主管的話、兢兢業業地做著自己該做的事而從來就沒有想過把自己的想法上報主管。

做事不能沒有主見，處事不能沒有決斷。拿主見難，堅持主見更難，盲目自信是固執，道聽塗說是糊塗。

正確的主見都是事物本質的反應，堅持主見就是堅持真理，就是堅持勝利，而真理總是被少數人發現而被多數人所認同的。

做事情如果需要別人都點頭，那你的事情就肯定平凡得像沙漠的一粒沙子，像大海的一滴水。此時，如果我們還強調別人去尋找你的特質，是否有點強人所難了呢？

亞歷山大・伊萬諾維奇・赫爾岑（Aleksandr Ivanovich Herzen）是俄羅斯著名的思想家和文學家。有一次，他的一位朋友請他去參加一個音樂會。音樂會開始沒多長時間，赫爾岑就用雙手堵住耳朵，低著頭，滿是厭倦之色。不久，他竟打起瞌睡來。

他的朋友看赫爾岑竟然打起了瞌睡，很是奇怪，就問他為什麼。

赫爾岑搖了搖頭，說：「這種怪異、低級的樂曲有什麼好聽？」

「你說什麼？」朋友大叫起來，「你說這音樂低級？你知不知道，這是現在社會上最流行的音樂。」

赫爾岑心平氣和地問：「難道流行的一定好嗎？」

「那當然，不好的東西怎麼會流行呢？」朋友反問。

「那按你的意思，流行性感冒也是好的！」赫爾岑微笑著回答。

朋友頓時啞口無言。

有時候，我們常常會被一種習慣思維所左右。其實，對一件事情的不同解釋，往往可以帶來完全不同的兩種選擇。

有一個寓意深刻的民間笑話：一場多邊國際貿易洽談會正在一艘遊船上進行，突然發生了意外事故，遊船開始下沉。船長命令大副緊急安排各國談判代表穿上救生衣離船。可是大副的勸說失敗，船長只得親自出馬，他很快就讓各國的商人都棄船而去。大副驚詫不已。船長解釋說：「勸說其實很簡單，我告訴英國人說，跳水是有益健康的運動；告訴義大利人說，那樣做是被禁止的；告訴德國人說，那是命令；告訴法國人說，那樣做很時髦；告訴俄羅斯人說，那是革命；告訴美國人，我已經幫他保險了；告訴華人，你看大家都跳水了。」

這則笑話令我們捧腹之餘，不難引發有關各國文化差異的思索，從中可以看出，在大家印象裡，有一些華人行事比較沒有主見、喜歡盲從。這個笑話可能有些誇張，但華人喜歡跟風的特點在現實生活中卻不乏實例。

總之，持自己的主見去選擇，選擇出來的必定是你獨特的人生之路，而只有獨特的路，背後才會有一群追隨者。

分清主次，善抓重點

　　一個楚國人有一顆漂亮的珍珠，他打算把這顆珍珠賣出去。為了賣個好價錢，他便動腦筋要將珍珠好好包裝一下，他覺得有了高貴的包裝，那麼珍珠的價值就自然會提高。

　　這個楚國人找來名貴的木蘭，又請來手藝高超的匠人，為珍珠做了一個盒子（即櫝），用桂椒香料把盒子熏得香氣撲鼻。然後，在盒子的外面精雕細刻了許多好看的花紋，還鑲上漂亮的金屬花邊，看上去閃閃發亮，實在是一件精緻美觀的工藝品。這樣，楚國人將珍珠小心翼翼地放進盒子裡，拿到市場上去賣。

　　到市場後不久，很多人都圍上來欣賞楚人的盒子。一個鄭國人將盒子拿在手裡看了半天，愛不釋手，終於出高價將楚人的盒子買了下來。鄭國人交過錢後，便拿著盒子往回走，可是，沒走幾步他又回來了。楚國人以為鄭國人後悔了要退貨，還沒等楚國人回過神來，鄭國人就已走到楚國人跟前，他打開的盒子，取出裡面的珍珠並交給楚國人，說道：「先生，您將一顆珍珠忘記放在了盒子裡了，我特意回來還珠子的。」然後，鄭國人低著頭一邊欣賞著木盒子，一邊往回走去。

　　楚國人拿著被退回的珍珠，尷尬地站在那裡。他原本以為別人會欣賞他的珍珠，可是沒想到精美的外包裝超過了包裝盒內的價值，以致「喧賓奪主」，真令他哭笑不得。

　　鄭國人只重外表而不顧實質，使他做出了捨本求末的不當取捨；而楚國人的「過度包裝」也著實可笑。人的眼睛只盯著那個精美的盒子，結果卻丟掉了真正有價值的珍珠。可見，做什麼事情都要分清主次，否則就會像這位「買櫝還珠」的鄭國人那樣做出捨本逐末、取捨不當的傻事來。

相信大家對小猴子撿了芝麻、丟西瓜的故事很熟悉，都會覺得小猴子很傻氣。可是，當西瓜和芝麻真的出現在生活當中的時候，身陷迷局的我們，真的就能果斷地判斷哪是芝麻？哪是西瓜？在現實中，漏掉西瓜撿芝麻的人到處都是。有的人為了眼前利益，不惜得罪多年的好朋友；有的人為了追求成功，不惜以犧牲身體健康為代價；有的人為了一時的享樂，不惜挪用公款……總之，他們認不清所處的位置，本末倒置，主次不分。

　　從前，有一對夫婦，家裡有 3 個餅。夫婦倆一起分著吃，你一個，我一個，最後還剩下一個。他倆相約說：「從現在起，如果誰先開口說話，就不能吃這個餅了。」這樣，為得到那個餅，兩人誰也不願先開口說話。這天晚上，一個盜賊溜進屋裡，偷了他們家的財物，可是，夫婦倆因為先前有約，眼睜睜看著財物丟光，誰也不願首先開口講話。盜賊看到沒人說話，便當著丈夫的面侮辱他的妻子，可是丈夫瞪著兩眼還是不肯講話。妻子急了，高聲叫喊有賊，並惱怒地對丈夫說：「你怎麼這樣傻啊！為了一個餅，眼看著盜賊也不管。」丈夫高興地跳了起來，拍著手笑道：「啊，蠢貨！你最先開口講的話，這個餅是我的了。」

　　這雖然是個荒誕笑話，卻耐人尋味。夫婦二人之所以落得財失家破的結果，是因為夫婦倆沒有正確處理主要和次要的關係。當兩人打賭爭餅時，誰遵守賭約、閉口無言是雙方的主要，自然應著力解決。可是，當盜賊進屋盜竊財物時，如何聯手趕走盜賊、保護家中財產就成了主要，賭餅約定就成為次要。此時此刻，夫婦二人就應該抓住主要，齊心協力，抓住盜賊，保護財產。然而，夫婦二人因為牢記賭約，對盜賊不予理睬，讓盜賊有了可乘之機，將財物盜走，從而喪失了抓賊的大好時機，落得家破財丟。因此，想問題、做事情，應該牢牢抓住矛盾的主要方面，不能主次不分，因小失大。

　　卡爾森有著敏銳的思維，做事情往往能夠分辨輕重、主次。他 1968 年加入溫雷索爾旅遊公司從事市場調查工作，3 年以後，北歐航聯出資買下了這家公司，卡爾森先後擔任了市場調研部主管和公司部經理。他由於熟悉業務，並且善於解決經營中的主要問題，使得這家旅遊機構發展成瑞典第一流的旅遊公司。

　　卡爾森的經營才能得到了北歐航聯的高度重視，他們決定對卡爾森進一步委以重任。航聯下屬的瑞典國內民航公司購置了一批噴氣式客機，由於經營不善，連年虧損，到最後就連購機款也償還不起了。1978 年，卡爾森調任該公司的總經理。擔任新職的卡爾森充分發揮了擅長重點思維的才能，他上任不久，就抓住了公司經營中的問題癥結：國內民航公司所訂的收費標準不合理 —— 早晚高峰時間的票價和中午閒置時間的票價一樣。於是，卡爾森將正午班機的票價削減一半以上，以吸引去瑞典湖區、山區的滑雪者和登山野營者。此舉一出，很快就吸引了大批旅客，載客量猛增。卡爾森任主管後的第一年，國內民航公司即轉虧為盈，並獲得了豐厚利潤。

　　可以說，卡爾森是善於抓主要問題的典範。他啟迪我們：遇到重要的事情時，一定要仔細地考慮，應該把精力集中在最關鍵的方面，重點考慮使我們的人格、精力與體力不受到損害，又能獲得最大效益的問題？

第十八章
不把生活變成一灘死水

　　你是不是在每天清晨醒來，一想到要去工作就會煩躁？你是不是覺得工作索然無味，稍不如意就忍不住發火？你是否曾經效率極高，但現在工作績效明顯降低，而且對於工作充滿了厭倦情緒……如果你對以上的描述頗有同感，很不幸，你或許已經把生活變成了一灘死水。

　　緊張的工作節奏讓你喘不過氣來，重複的工作內容消磨了你的熱情與創造力。不，你要告訴自己，你一定不能這樣過。你必須馬上找到解決的辦法，讓你的日子重新生龍活虎起來。

人生有時需要下賭注

人生之路，從來就不是一條鋪好了的鐵軌，你不必小心翼翼、循規蹈矩地前行。必要的時候，冒一冒險，下一下賭注，你將獲得意想不到的饋贈。

作為一個雙目失明的盲人，他為自己的人生設定了一個在絕大多數正常人眼裡都是高不可攀、無法企及的目標，並以不懈的努力最終將夢想變成了現實。他就是埃里克‧維亨邁爾（Erik Weihenmayer）—— 世界上第一位登上珠穆朗瑪峰（或稱聖母峰）的盲人。

登山運動是人類意志和勇氣的展現，是人類與自然、與自身較量的過程，這樣一項運動在很多人眼裡是和盲人無緣的。2001 年，埃里克‧維亨邁爾改變了人們的看法，成為世界上首個登上珠穆朗瑪峰的盲人，從而在登山這個「挑戰極限、超越自我」的勇敢者的運動中，又一次刷新了人類的記錄。

征服「世界第一峰」，這對於經歷過失明的絕望和沮喪的埃里克‧維亨邁爾來說，其意義絕非常人所能相比，這再一次證明了他生活的信念：即使作為一個盲人，只要選對了方式，同樣也能做很多被常人認為不可能做的事情。

埃里克‧維亨邁爾生於 1968 年，自小就患有一種罕見的視網膜剝離的眼疾。對他來說，這種疾病就像是一個伺機行動的惡魔，隨時隨地都可能摧毀他的生活，這使他童年的生活蒙受了巨大的陰影。在後來的幾年中，儘管全家人付出了許多努力，病魔還是奪去了維亨邁爾的視力，13 歲時，他完全失明了。

最初，埃里克‧維亨邁爾無法承受這個事實。他不想進入黑暗的世界，

他對光明仍滿懷著希望，然而無情的命運還是將他拋到了絕望的深淵。

俗話說禍不單行，失明之後，更為悲慘的災難降落在了年幼的埃里克·維亨邁爾身上：他的母親在一場車禍中不幸喪生，這使他生活中又少了一個可依靠的堅強支柱。這個打擊曾使埃里克·維亨邁爾一蹶不振。事隔多年以後，每當提起這段往事，埃里克·維亨邁爾仍是一臉的哀慟之情：「母親的去世比我的失明更令我痛苦，就好像是一扇門狠狠地砸在我的臉上，我有一種痛不欲生的感覺。」

為了撫平孩子的精神創傷，讓他重新鼓起生活的勇氣，父親艾德每年夏天都會帶他外出旅行，登山也成為他們選擇最多的活動專案。

從 16 歲開始，埃里克·維亨邁爾便迷上了登山運動。起先登山對他來說有著很多的困難，由於看不見山路，他只能靠父親從背後按著他的肩膀促使他改變方向。有時他也拿著棍子探路前進，稍不小心，就有失足的危險，好幾次都差點沒了命。但他並沒有因此而放棄這一愛好，而是不斷地衝擊自己的記錄。

成年之後，埃里克·維亨邁爾開始挑戰美洲、非洲等許多地區的高峰：1996 年他登上了埃爾卡皮坦山，1997 年他登上了海拔 5,860 米高的吉力馬札羅山，同年又登上了海拔 6,900 米高的阿空加瓜山。接下來他的目標就是世界最高峰 —— 珠穆朗瑪峰。

珠穆朗瑪峰是世界上最高也是最危險的山，即使是經驗豐富的登山專家，也有許多人喪命於冰溝與雪崩之中。對於埃里克·維亨邁爾這樣需要依靠嚮導引路的盲人而言，想攀登珠穆朗瑪峰簡直難於登天。

幾乎周圍的人都警告他不要去冒如此大的風險，然而埃里克·維亨邁爾沒有理會他們的警告。他上路了。

一個人如果不去嘗試，就不能知道他能夠做什麼。一旦去做了，就會

發現一切都可能變成現實。

2001 年 3 月初，埃里克·維亨邁爾開始了他攀登珠穆朗瑪峰的歷程，以往多年的登山經驗告訴他應該如何實現他的目標。登山嚮導在前面用鈴鐺為他帶路，如果想讓他向右就向右搖鈴，想讓他向左就往左搖鈴。埃里克·維亨邁爾就盡量沿著他們的腳印向上爬。

在這樣危險的地方，在哪裡落腳極為關鍵。這時嚮導們會把他的棍子點在落腳點上，並告訴他確切的位置：往左邊走 2 步，往右邊走 2 步，在右邊落腳……遇到特別危險的地段，嚮導們又會及時提醒他注意，比如「停在那裡別動！你後面一步遠處有個裂縫。」「小心石頭！」

經過兩個半月的攀爬及登山組成員的共同幫助，終於，在 2001 年 5 月 25 日清晨，埃里克·維亨邁爾迎來了他的勝利，完成了他的夢想，登上了珠穆朗瑪峰的峰頂，成了第一個登上珠穆朗瑪峰的盲人。

可以說，冒險是一種超越。人生最有魅力的行動，就是讓命運安排在最有風險的絕壁之上，勇敢無畏。只有那些不怕孤獨、不畏艱難的先驅者，才敢闖進他人未到之地，做別人未做之事。

一個人只要勇於下賭注，生活就不會平淡，人生就不會平庸。

居安思危，未雨綢繆

美國康乃爾大學做過一個有名的實驗。經過精心企劃安排，他們把一隻青蛙冷不防丟進的熱水鍋裡，這隻反應靈敏的青蛙在千鈞一髮的生死關頭，用盡全力躍出了那勢必使牠葬身的熱水鍋，跳到地面安然逃生。

隔半小時，他們使用一個同樣大小的鐵鍋，這一回在鍋裡放滿冷水，然後把那隻死裡逃生的青蛙放在鍋裡。這隻青蛙在水裡不時地來回游動。

接著，實驗人員偷偷在鍋底下用小火慢慢加熱。

青蛙不知究竟，仍然在微溫的水中享受「溫暖」，等牠開始察覺到鍋中的水溫已經使牠經受不住，必須奮力跳出才能活命時，一切為時太晚。牠欲試乏力，全身癱瘓，呆呆地躺在水裡，終致葬身在鐵鍋裡面。

這個實驗，揭示了一個殘酷無情的事實 —— 一個人太過安逸，就會不思上進，從而失去抵抗挫折的本能，當面臨危險威脅的時候，毫無辦法，只有乖乖屈服。

美國富翁比爾蓋茲從微軟退休之時，一項計畫正在轟轟烈烈地實施，那就是捐掉他全部 580 億美元的個人財產。在接受英國 BBC 電視節目「Newsnight」採訪時，比爾蓋茲表示，這是他和妻子共同的決定：「我們希望以最能夠產生正面影響的方法回饋社會」。

所謂「最能夠產生正面影響的方法」，就是向社會捐獻他的全部財產，一分都不留給孩子。而此前，比爾蓋茲也曾公開過他的遺囑：其個人財產的 98% 將捐獻給他和妻子名下的基金會。事實上，比爾蓋茲在慈善方面已經做得夠多了，他之前的捐款就有數百億美元之巨，即使只捐很少的錢，也無損其個人形象，他為何不給自己的子女留一分錢呢？他難道忍心讓孩子們白手起家，根本不考慮以防萬一？其實，比爾蓋茲為我們樹立了良好的榜樣，他雖然沒有留給孩子金錢，但是他留給了孩子如何做人的道理，留給了孩子自力更生、靠自己的勞動來創造自己的生活的能力。試想，如果他的孩子獲得了那麼多的金錢，是否就會止足不前、安於現狀呢？

顯然，比爾蓋茲是明白這個道理的：只有那些不滿足現狀、渴望不斷改進自己、時刻希望攀登上更高層次的人生境界，並願意為此挖掘自身全部能力的充滿熱情的人，才有希望達到生活的巔峰。

美國心理學家研究發現，居安思危、適度快樂的人往往比滿足於現狀、高度快樂的人學歷更高、更富有，甚至更健康。古人就曾說過：「居安思危，思則有備，有備無患。」意思是，即使現在處境安全也應考慮到可能出現的危險，只要有了這種意識就相當於有了準備，而有了準備就可以保證在危險發生時不造成損害。

人無遠慮，必有近憂。在生活中，一定要有「居安思危」的危機意識，因為，它不僅能夠幫我們化險為夷，更能夠為我們的成功保駕護航。比如日本著名企業家松下幸之助在總結其企業成功的經驗時就特別強調：長久不懈的危機意識是使企業立於不敗之地的基礎。因為，危機意識是成功的保險。有了危機意識，就會激勵人們，防微杜漸，想方設法防患於未然，使危機不發生，即使危機發生了，也會挽狂瀾於既倒，轉危為安。

如何保持高昂的鬥志

◆ **離開舒適區，不斷尋求挑戰激勵自己**：提防自己，不要躺倒在舒適區。舒適區只是避風港，不是安樂窩。它只是你心中準備迎接下次挑戰之前刻意放鬆自己和恢復元氣的地方。

◆ **掌握好情緒**：人開心的時候，體內就會產生奇妙的變化，從而獲得陣陣新的動力和力量。但是，不要總想在自身之外尋開心。令你開心的事不在別處，就在你身上。因此，找出自身的情緒高漲期，用來不斷激勵自己。

◆ **調高目標**：許多人驚奇地發現，他們之所以達不到自己孜孜以求的目標，是因為他們的主要目標太小，而且太模糊不清，使自己失去動力。如果你的主要目標不能激發你的想像力，目標的實現就會遙遙無

期。因此，真正能激勵你奮發向上的，是確立一個既宏偉又具體的遠大目標。

◆ **加強緊迫感**：美國作者阿內絲‧尼恩（Anais Nin）曾寫道：「沉溺生活的人沒有死的恐懼，自以為長命百歲無益於你享受人生。」然而，大多數人對此視而不見，假裝自己的生命會綿延無絕。唯有心血來潮的那天，我們才會籌劃大事業，將我們的目標和夢想寄託在 Denis Waitley 稱之為「虛幻島」的汪洋大海之中。其實，面對死亡未必要等到生命耗盡時的臨終一刻。事實上，如果能逼真地想像我們的彌留之際，會物極必反產生一種再生的感覺，這是塑造自我的第一步。

◆ **撇開朋友**：對於那些不支援你目標的「朋友」，要敬而遠之。你所交往的人會改變你的生活。與憤世嫉俗的人為伍，他們會拉你沉淪。結交那些希望你快樂和成功的人，你就能在追求快樂和成功的路上邁出最重要的一步，對生活的熱情具有感染力。因此，同樂觀的人為伴能讓我們看到更多的人生希望。

◆ **迎接恐懼**：戰勝恐懼後迎來的是某種安全有益的東西。哪怕克服的是小小的恐懼，也會增強你對創造自己生活能力的信心。如果一味想避開恐懼，它們會像瘋狗一樣對我們窮追不捨。此時，最可怕的莫過於雙眼一閉，當它們不存在。

◆ **做好調整計畫**：實現目標的道路絕不是坦途。它總是呈現出一條波浪線，有起也有落。但你可以安排自己的休整點。事先看看你的時間表，框出你放鬆、調整、恢復元氣的時間。即使你現在感覺不錯，也要做好調整計畫。這才是明智之舉。在自己的事業波峰時，要給自己安排休整點，安排出一大段時間讓自己隱退一下，即使是離開自己愛的工作也要如此。只有這樣，在你重新投入工作時才能更富精力。

- **面對困難**：每一個解決方案都是針對一個問題的，困難對於腦力運動者來說，不過是一場場艱辛的比賽，真正的運動者總是盼望比賽。如果把困難看作對自己的詛咒，就很難在生活中找到動力，如果學會了掌握困難帶來的機遇，你自然會動力陡生。

- **首先要感覺好**：多數人認為，一旦達到某個目標，人們就會感到身心舒暢，但問題是你可能永遠達不到目標，把快樂建立在還不曾擁有的事情上，無異於剝奪自己創造快樂的權力。記住，快樂是天賦權利，它使自己在塑造自我的整個旅途中充滿快樂，不要等到成功的最後一刻才去感受屬於自己的歡樂。

- **加強排練**：先「排演」一場你要面對的更重要、更複雜的戰鬥。如果手上有棘手活而自己又猶豫不決，不妨挑件更難的事先做。生活挑戰你的事情，你也可以用來挑戰自己。這樣，你就可以自己開闢一條成功之路。成功的真諦是：你對自己越苛刻，生活對你就越寬容；你對自己越寬容，生活對你越苛刻。

- **立足現在**：鍛鍊自己即刻行動的能力，充分利用對現時的認知力，不要沉浸在過去，也不要沉溺於未來，要著眼於今天。當然要有夢想、籌畫和制訂、創造目標的時間，不過，這一切就緒後，一定要學會腳踏實地、注重眼前的行動，要把整個生命凝聚在此時此刻。

- **勇於競爭**：競爭給了我們寶貴的經驗，無論你多麼出色，總會人外有人。所以，你需要學會謙虛。努力勝過別人，能使自己更深地了解自己；努力勝過別人，便在生活中加入了競爭「遊戲」。不管在哪裡，都要參與競爭，而且總要滿懷快樂的心情。要明白，最終超越別人遠沒有超越自己更重要。

- **內省**：大多數人透過別人對自己的印象和看法來看自己。獲得別人對

自己的反映很不錯，尤其正面回饋。但是，僅憑別人的一面之詞，把自己的個人形象建立在別人身上，就會面臨嚴重的危險。因此，只把這些溢美之詞當做自己生活中的點綴。人生的棋局該由自己來走。不要從別人身上找尋自己，應該經常自省並塑造自我。

- **走向危機**：危機能激發我們竭盡全力。無視這種現象，我們往往會愚蠢地創造一種追求舒適的生活，努力設計各種越來越輕鬆的生活方式，使自己生活得風平浪靜。當然，我們不必坐等危機或悲劇的到來，從內心挑戰自我是我們生命力量的源泉。聖女貞德（Joan of Arc）說過：「所有戰鬥的勝負首先在自我的心裡見分曉。」

- **精工細筆**：創造自我，如繪製巨幅畫面一樣，不要怕精工細筆。如果把自己當做一幅正在描繪中的傑作，你就會樂於從細微處做改變。一件小事做得與眾不同，也會令你興奮不已。總之，無論你有多麼小的變化，於你都很重要。

- **勇於犯錯**：有時候我們不敢做這件事，是因為我們沒有把握做好。我們感到自己狀態不佳或精力不足時，往往會把必須做的事放在一邊，或靜等靈感的降臨。你可不要這樣，如果有些事你知道需要做卻又提不起勁，儘管去做，不要怕犯錯，給自己一點自嘲式幽默，抱一種打趣的心情來對待自己做不好的事情，一旦做起來，盡量樂在其中。

- **不要害怕拒絕**：不要消極接受別人的拒絕，而要積極面對。如果你的要求落空時，把這種拒絕當做一個問題：「自己能不能更多一點創意呢？」總之，不要輕易打退堂鼓，應該讓這種拒絕激勵你更大的創造力。

- **盡量放鬆**：接受挑戰後，要盡量放鬆。在腦電波開始平和你的中樞神經系統時，你可感受到自己的內在動力不斷增加，你很快會知道自己有何收穫，自己能做的事，不必祈求上天賜予你勇氣，放鬆可以產生

迎接挑戰的勇氣。

第三篇　成敗僅僅相差一毫米

第十八章　不把生活變成一灘死水

第四篇　完美人生離不開陽光心態

心態若改變，態度跟著改變；態度改變，習慣跟著改變；習慣改變，性格跟著改變；性格改變，人生就跟著改變。

—— 馬斯洛（Abraham Harold Maslow）

要麼你去駕馭生命，要麼是生命駕馭你。你的心態決定誰是坐騎，誰是騎師。

—— 佚名

生活中的所有事物都有其好的一面，也有其不利的一面，需要我們正確看待。

—— 拉宸爾斯

不要把生活看得太嚴肅，否則你永遠也享受不到它的樂趣。

—— 哈巴德

　　心理學家認為：一個人要想取得成功，必須首先培養自己健全的心態。心態是我們唯一能完全掌握的東西，所以，學會控制自己的心態，並且利用積極因素來導引它、激勵它很重要。

　　大多數人失敗並非由於才智平庸，也不是因為時運不濟，而是由於在人生長跑中沒有保持一種健康的心態，以致自己最終無法觸及成功的終點線。與其說他們是在與別人的競爭中失利，不如說他們輸給了自己不成熟的心態。塑造自己的陽光心態，才能到達成功的彼岸，否則，你將一事無成。

第十九章
要做就做獨一無二的自己

很多人常因為自己尋常的外貌、普通的資質、平凡的工作、一般的業績而悲傷和嘆息。其實，我們大可不必這樣，只要你留神一點，你就可以看到自己身上有著不少美好素養 —— 也許你很善良，也許你很誠實，也許你很正直。不管怎麼說，我們永遠是自己生活舞臺上唯一主角。

有時候，我們也許不是最完美的，但是我們是這個世界上獨一無二的。盧梭（Jean-Jacques Rousseau）曾說過：「我不是卓越的，但我是與眾不同的。」這就夠了！

悅納真實的自己

　　曾看到過這樣一則報導，說的是有個妙齡女孩因自己是單眼皮、長得不夠漂亮而跳樓自殺了。對於這樣的事情聽起來似乎是天方夜譚，卻實在是可悲的事實。其實，我們每個人都有自己獨具的魅力，雙眼皮有雙眼皮的美麗，單眼皮有單眼皮的韻味。你不必為此苦惱，也沒必要改變自己，你所需要的，是真誠地悅納自己。

　　在這個世界上，根本就沒有兩片完全相同的樹葉，生活中的每個人都是獨一無二的。你是牽牛花，就不要強求自己成為玫瑰；你是麻雀，就不要強求自己成為鳳凰。保持自我，不盲目仿效，是人生成功的前提條件。別人的人生與自己的人生，自然是不同的，自己的人生掌握在自己的手中，是「成功的傳奇」還是「人生的悲劇」全在於你自己，而任何委曲求全或者是裝模作樣，都會讓我們不能真正觸及事情的本質，或者只能流於俗套而失敗。

　　看過許多模仿秀的節目，模仿者唯妙唯肖地模仿著他們所喜愛的明星，就連說話、走路、吃飯的神態、表情和動作都不放過。很多粉絲都為之驚嘆，都說他們是某某明星，卻唯獨說不出他們的真實身分。這也難怪，那些模仿者只不過是用了幾件漂亮、時尚點的外包裝，外加別人的髮型和幾個毫無創新的動作拼湊而成的軀殼而已，他們最大的不足就是喪失了真實的自我。

　　很多人在模仿比爾蓋茲，可又有誰能以他的方式站在世界的巔峰呢？很多人在模仿卓別林，可又有誰能以他的方式為眾人皆知呢？很多人在模仿麥可‧傑克森，可又有誰能上演他那經典的太空舞步呢……沒有，這些都沒有！每個人都可以用自己獨特的方式去成就獨一無二的自己。如果你

總是想去模仿別人的成功模式，那你注定會成為模仿的犧牲品。

女作家三毛曾說過這麼一句話：「一個不會悅納自己的人，是難以快樂的。」細細品來，這話確有深刻的哲理，每個人都有其獨特性，都是唯一的，同時也都是尊貴的。不論它是什麼，都得接納它，因為那畢竟是你自己。人只有悅納自己，才會有尊嚴，才會有快樂。當我們懂得悅納自己的時候，才會真正喜歡、珍惜自己的生命。

這是一位作家的生活劄記——

2009 年，我隨家人在德國慕尼黑生活了一年，此間我參加了一個德語學習班，班上 12 位同學來自不同的國家，老師為了讓大家彼此熟悉便於交流，每次上課都會留出時間讓每個人做自我介紹。這天，一個女人一開口就吸引了大家，她說：「我叫瑪莉亞，來自塞爾維亞。1999 年科索沃戰爭，我的父母雙雙被炸彈擊中身亡。在我婚後的第十個年頭，我的丈夫對我說，『瑪莉亞，你煮的咖啡很難喝。』他和一個法國女人走了。塞爾維亞經濟不景氣，我失業了。上帝啊，這個女人變得一無所有。上帝卻說，悲觀的女人才會變得一無所有！於是，我來到慕尼黑，在一家咖啡店找到了工作，沒想到我煮的咖啡棒極了。我愛死我自己了！」

瑪莉亞的話讓回國的我至今難忘，悅納自己，善待自己，哪怕生活平淡、哪怕處境艱難，心裡也會淌過清澈的河流，撒滿溫暖的陽光。

有一次，我和我的同事尋訪了身邊的 8 位女性，她們「愛自己、愛家人，愛生活、愛工作」的生活理念，更是讓我心頭為之一震。快樂與希望，不只在於努力的人，更在於那些勇於悅納自己的人。

人生之旅對我們每一個人來說，都不一定是那麼寬闊、平坦、絢麗多彩的，它不僅坎坷崎嶇，而且荊棘叢生，甚至還有難以排除的紛爭、改變不了的世俗、無法逾越的障礙。因此，你必須學會悅納自己。當你悅納了

你自己，你自然就看到了希望，也就獲得了救助的機會。

當然，悅納自己絕不是孤芳自賞，亦不是無原則地原諒自己的過錯。孤芳自賞往往會釀造清高自傲的苦酒，成為醉生夢死沉淪於世的行屍走肉，遠離群體的孤雁，飄離港灣的孤舟，不但不能取一「悅」，反而平添千般愁；而無原則地原諒自己的過錯等於放縱自我、毀滅自我，是對自己的一種犯罪。所以說，「悅納自己」的含義其實就是尊重自我、欣賞獨一無二的自己。

學會欣賞你自己忌妒

很多人總是習慣於欣賞周圍的人和事，卻很少懂得欣賞自己，以致時常陷入望洋興嘆的無奈之中，或消極地自慚形穢，或盲目地東施效顰⋯⋯

一個人在內心怎樣看待自己，在外界就能感受到怎樣的眼光。有一句西方格言說：「別人以你看待自己的方式看待你。」可以說，有什麼樣的內心世界，就有什麼樣的外界眼光。

所以，我們不必羨慕、嫉妒別人的「好」，我們要學會欣賞自己，你用欣賞的眼光看待自己時，別人也才會用同樣的眼光欣賞你！那麼，你就是那個最棒的人了。

臺南出生的黃美廉是一位自小就患腦性麻痺的病人，腦性麻痺奪去了她肢體的平衡感，也奪走了她發聲講話的能力。從小她就活在諸多肢體不便及眾多異樣的眼光中，她的成長充滿了血淚。

然而，她沒有讓這些外在的痛苦擊敗內在的奮鬥精神，她經過自己的一步步艱苦努力，終於獲得加州州立大學洛杉磯分校的藝術博士學位。她以手當筆，以色彩告訴人「寰宇之力與美」，燦爛地活出生命的色彩。

在一次演講會上，一個學生小聲地問：「你從小就長成這個樣子，請問你怎麼看自己？你都沒有怨恨嗎？」

「我怎麼看自己？」黃美廉用粉筆在黑板上重重寫下這幾個字。寫完之後，她停下筆來，歪著頭，看看發問的同學，然後嫣然一笑，回過頭去，在黑板上龍飛鳳舞地寫了起來：

- 　我好可愛！
- 　我的腿很長很美！
- 　爸爸媽媽很愛我！
- 　上帝很愛我！
- 　我會畫畫！我會寫書！
- 　我有隻可愛的貓！
- 　還有……

教室內鴉雀無聲，她回過頭來堅定地看著大家，最後鄭重地在黑板上寫下了她的結論：我很優秀，我欣賞我自己。

黃美廉傾斜著身子站在講臺，滿足的笑容從她的嘴角蕩漾開來，有一種永遠也不被擊敗的傲然寫在她的臉上。同學們的眼睛溼潤了，黃美廉的這句話和她那不屈的形象鮮活地印刻在他們的心上。

懂得欣賞自己，是一種生存技巧和智慧。學會欣賞自己，你就會渾身散發出自信的魅力。欣賞自己並不是孤芳自賞，也不是盲目樂觀，更不是妄自尊大。即便是一棵小草，也要用滿懷的綠意裝點整個春天；即便是一滴小水珠，也要反射太陽的光芒。不是每一個人都能取得令人驚嘆的成就，但我們也同樣要學會欣賞自己，一點點地累積，一點點地進步。

其實，欣賞自己是一種心理暗示。如此，你就會高昂起頭，精神煥發

地迎接一切挑戰；反之，則會缺乏自信，失去鬥志。記得有一位老師曾說過這樣的話：「我們把自己想像成什麼樣，就真的會成為什麼樣。」如果你想像自己「我很棒」，那麼你將成為一個出色的人，無論做哪一行都將會有所建樹；如果你覺得自己「很差」，那麼你將永遠做一個小角色，在人生的舞臺上跑跑龍套而已。

學會欣賞自己，即便處於人生的低谷，也不會輕易失去信心，總是相信漫長的黑夜終將過去，黎明的曙光即將照耀著你；學會欣賞自己，即便無人喝采的時候，也能為自己鼓勵加油，在人生的舞臺上優雅地謝幕；學會欣賞自己，即使陷入困境也不會輕易哭泣，總能為自己找到一個解決辦法，最終走出泥濘，雲開日出；學會欣賞自己，才能在一個人獨自療傷的時候，為自己找到一絲安慰，增添一份勇氣，然後抖落滿身的征塵，輕裝走在坎坷的人生路上。

對自己保持信心

美國的拿破崙·希爾博士說：「有方向感的信心，令我們每一個意念都充滿力量。當你有強大的自信心推動你的人生巨輪，你可以平步青雲，無止境地攀上成功之山。」法國的拿破崙甚至講出了更為豪氣的話：「在我的字典裡，沒有『不可能』這個詞。」正是這個詞，帶著他南征北戰，橫掃歐洲大陸。

當前，我們生活在競爭異常激烈的社會裡，如果沒有充分的自信是很難取得成功的。可以說，自信是開啟成功的「金鑰匙」，有了它，就算身處絕境，亦能柳暗花明。

小澤征爾是世界著名的交響樂指揮家。在一次世界優秀指揮家大賽的

決賽中，他按照評委會給的樂譜指揮演奏，敏銳地發現了不和諧的聲音。起初，他以為是樂隊演奏出了錯誤，就停下來重新演奏，但還是不對。他覺得是樂譜有問題。這時，在場的作曲家和評委會的權威人士堅持說樂譜絕對沒有問題，是他錯了。面對一大批音樂大師和權威人士，他思考再三，最後斬釘截鐵地大聲說：「不！一定是樂譜錯了！」話音剛落，評委席上的評委們立即站起來抱以熱烈的掌聲，祝賀他大賽奪魁。

原來，這是評委們精心設計的「圈套」，以此來檢驗指揮家在發現樂譜錯誤並遭到權威人士「否定」的情況下，能否堅持自己的正確主張。前兩位參加決賽的指揮家雖然也發現了錯誤，但終因隨聲附和權威們的意見而被淘汰。小澤征爾卻因充滿自信而摘取了世界指揮家大賽的桂冠。

我們要學會欣賞自己，把自己的優點、長處統統找出來，在心中「炫耀」一番，反覆刺激和暗示自己「我可以」、「我可以」，就能逐步擺脫「事事不如人，處處難為己」的困擾。「天生我材必有用」，自己給自己鼓掌，自己給自己加油，自己給自己戴朵花，便能撞擊出生命的火花。

自信是一個人重要的精神支柱；自信是相信自己有能力實現自己既定目標的心理傾向；自信是建立在正確的認知基礎上、對自己實力的正確估計和積極肯定，是心理健康的表現。戰國時期毛遂因為有自信，才說服平原君，打動楚王，使得趙楚達成聯盟；愛迪生因為自信，他堅持不懈，成就了他「發明大王」的美譽；哥白尼因為自信，勇於挑戰「地心說」，成就了他的《天體運行論》（De revolutionibus orbium coelestium）；阿基米德因為自信，發出了「給我一個支點，我就能撬動地球」的豪言壯語。

自信不是夜郎自大、得意忘形，更不是毫無根據的自以為是和盲目樂觀，而是激勵自己奮發進取的一種心態，是以高昂的鬥志，充沛的幹勁迎接挑戰的一種樂觀情緒。自信，並非意味著不費吹灰之力就能獲得成功，

而是說策略上藐視困難，從一次次勝利和成功的喜悅中肯定自己，不斷地突破自卑的羈絆，從而創造生命的亮點，成就事業的輝煌。

自信、自卑、自負是人的三種截然不同的心理狀態。自信、自卑、自負三者之間沒有絕對的界限，自信不足，則是自卑；自信有餘，則是自負。自信是對自我價值的認可與堅守。自信是成功的基石，自卑和自負則是失敗的滑梯。自卑是這樣一種心態：對自己沒有信心，看不到自己的優點，總拿自己的缺點與別人的優點相比，不能充分地了解自己，對自己過度貶低。自負則是這樣的心態：對自己太過自信，看不到自己的缺點，優點是優點，缺點還是優點，並對自己盲目樂觀。自卑和自負者不會成功，楚霸王自負而垓下慘敗，關羽自負而痛失荊州。

可以說，自信是個古老的話題。千百年來，人們出於創造美好生活的目的，都對信心抱有崇高的期望。19 世紀的思想家愛默生說：「相信自己『能』，便攻無不克。」《聖經》裡則說：「如果你有一點信心，你即會對此山說，由此處往彼處移，而它就真的會移動。因而沒有一件事對你而言是不可能的。」總之，無論你現在有多麼艱難，請都不要氣餒。其實，自信從來未曾離開過我們，只是被我們遺忘了。

別人並不比你強

在面對生活中某些困難與競爭的時候，很多人總是感覺很難逾越，從而選擇了半途而廢。實際情況又是怎樣的呢？其實，他們不是被對方嚇倒，而是被自己嚇倒了。

1951 年，英國一位叫法蘭克林的人從自己拍攝的 X 光照片上發現了 DNA 的螺旋結構，但他僅為此發現做了一次演講。因為他生性自卑，常

213

常懷疑自己的能力，所以，他放棄了自己的發現。1953 年，科學家詹姆斯·華生（James Watson）和弗朗西斯·克里克（Francis Harry Compton Crick）從照片上發現了 DNA 的分子結構，提出了螺旋結構假說，二人因此獲得了 1962 年諾貝爾醫學獎。最早發現 DNA 螺旋結構的法蘭克林卻最終與諾貝爾醫學獎無緣。

如果法蘭克林不自卑，而堅信自己的假說，進一步進行深入研究，這個偉大的發現肯定會以他的名字載入史冊。從能力上來看，他不比任何一個偉大的科學家遜色，但他一旦做了自卑情緒的俘虜，就很難有所作為了。

再來看下面的故事：

阿強是個推銷員，他從小就膽怯自卑，每當站在陌生人面前時，他都會變得局促不安，結結巴巴地說不出話來。剛開始做推銷工作那時，他站在別人的家門口不敢敲門，覺得自己的腦子一片空白，自己原先練習過的推銷技巧都忘得一乾二淨。阿強總是感覺自己非常渺小，覺得別人會看不起他這個推銷員，害怕客戶會將他從家裡趕出來。但這種現象並沒有持續下去，阿強制止了它的蔓延。因為他覺得如果不扭轉局勢，自己就失去生活保障了。既然都快沒有飯吃了，被人趕出來算什麼？

從此，阿強開始嘗試這樣想著去做自己的推銷工作，沒想到效果很好。在他真正放開了和客戶談的時候，發現其實他們都像朋友一樣，說起話來非常自然、流暢。

自從能站在平等的立場上和他的客戶講話後，阿強的心情就變得輕鬆自然多了。從此之後，他的觀念有了突破性的改變，自卑感也不見了。其實，做任何事都像做推銷一樣。一旦你將自己的對手看成和你一樣，你會

發現，你做事情的時候能夠非常輕鬆地達到成功的目的。如果你將他們看得很高，你會在他們面前發抖。

在話語中否定自己是自卑的一種非常典型的症狀。當你不停地否定自己的價值、貶低自己人格的時候，你的價值真的會受損。成功者即使自嘲，也是有限度的，絕對不會貶低自我的價值。而自卑的人喜歡用非常籠統而負面的詞彙來描述自己。這樣做的後果是自卑得以一次次加深，因為你不斷把負面的觀念塞進你關於自我的潛意識中，這樣你就真的相信自己是一個失敗者了。而你強化的自卑觀念，反過來提升你再次重複這些自我貶損言語的概率，使得你的自卑又一次加深。

如果一個人有隨波逐流、附和別人的習慣，也說明對自己不夠自信。這些人做事情喜歡跟在別人後面，喜歡等別人做完後才開始自己的事業。看到別人開餐廳賺錢了，他也開餐廳；看到別人投資股票賺錢了，他也投資股票；看到別人買比特幣發財了，他也開始了對比特幣有興趣。他們以為這樣可以萬無一失，因為有別人的經驗。殊不知，在所有人都進入的行業或者投資活動是沒有利潤的，這也是他們失敗的真正原因。

貶低、否定自己和抬高、附和別人都是沒有必要的，因為別人並不比你強。你想到別人其實和你一樣時，就會鼓起自己的勇氣，去做自己想做的事情，達到成功的目的。很多人覺得自己不如別人，這是沒自信的表現。「我沒有創業資金，但是他卻有，我怎麼和他競爭呢？」「像我這樣的人，怎麼可能成為百萬富翁呢？」當然，還有很多類似的話。難道你沒有想過，其實別人也和你一樣，也有各種劣勢啊。

別人並不比你強，真的！當你能夠這樣思考的時候，證明你已經比別人強了！

第二十章
了解自己後才能開發自己

一個人了解別人很容易，而了解自己恰恰是最難的。老子曾說過：「知人者智，自知者明。」可以說，從古至今，人們對於自我的了解始終處於無盡的探索之中。

沒有哪一個了解到自己天賦的人會成為一個無用之輩，也沒有哪一個出色的人在錯誤地判斷自己的天賦時能夠逃脫平庸的命運。由此可見，只有先了解了自己，才能最大限度地開發自己的潛能。

人貴在有自知之明

人貴在有自知之明！

所謂「自知之明」，通俗地說，就是一個人總得知道自己能吃幾碗飯。而之所以說「貴」，意思是「珍貴」與「難得」。

當年孔子問子貢：「你和顏回哪一個強？」子貢是這樣回答的：「我怎麼敢和顏回相比？他能夠以一知十；我聽到一件事，只能知道兩件事。」子貢的自知是明智，子貢的從容更是胸懷博大。他雖不及顏回聞一知十，但卻以其獨特的人格魅力傳之千古。

由於先天的遺傳，成就了每個人的高矮胖瘦，後天教育與環境的差異更是造就了不同的志趣、性格和風采。其中既有迷人之處，又有遺憾之點。一味要求自己出眾優秀，活得太累不要緊，還會招來訕笑與恥辱。

有這樣一句話曾廣為流傳：「沒有哪一個了解到自己天賦的人會成為一個無用之輩，也沒有哪一個出色的人在錯誤地判斷自己的天賦時能夠逃脫平庸的命運。」世界上不知道有多少人從事著與自己的天賦格格不入的職業，做著自己天賦所不擅長的事情。這樣多半是徒勞無益的，於是失敗的例子數不勝數。可見，一個人必須要認清自己，擁有自知之明，這才是他走向成功的第一步。

微風能夠隨意地吹散陰雲，小鳥可以輕盈地在藍天的舞臺上跳舞，微風做到的我做不到，小鳥做到的我也做不到。每一個人都有自己的優勢，各顯其能才會將壞事變好、好事更好。

戰國時期，齊威王的相國鄒忌長得相貌堂堂，身高 8 尺，體格魁梧，十分俊美。與鄒忌同住一城的徐公也長得一表人才，是齊國有名的美男子。一天早晨，鄒忌起床後，穿好衣服、戴好帽子，信步走到鏡子面前，

仔細端詳全身的裝束和自己的模樣。他覺得自己長得的確與眾不同、高人一等，於是隨口問妻子說：「你看，我跟城北的徐公比起來，誰更俊美？」

他的妻子走上前去，一邊幫他整理衣襟，一邊回答說：「您長得多俊美啊，那徐先生怎麼能跟您比呢？」

鄒忌心裡不大相信，因為住在城北的徐公是大家公認的美男子，自己恐怕還比不上他，所以他又問他的妾，說：「我和城北徐公相比，誰俊美些呢？」

他的妾連忙說：「大人您比徐先生俊美多了，他哪能和大人相比呢？」

第二天，有位客人來訪，鄒忌陪他坐著聊天，想起昨天的事，就順便又問客人說：「您看我和城北徐公相比，誰俊美？」客人毫不猶豫地說：「徐先生比不上您，您比他俊美多了。」

鄒忌如此作了三次調查，大家一致認為他比徐公俊美。可是鄒忌是個有頭腦的人，並沒有就此沾沾自喜，認為自己真的比徐公俊美。

恰巧過了一天，城北徐公到鄒忌家登門拜訪。鄒忌第一眼就被徐公那氣宇軒昂、光彩照人的形象震住了。兩人交談的時候，鄒忌不住地打量著徐公。他自覺自己長得不如徐公。為了證實這一結論，他偷偷從鏡子裡面看看自己，再調過頭來瞧瞧徐公，結果更覺得自己長得比徐公差。

晚上，鄒忌躺在床上，反覆地思考著這件事。既然自己長得不如徐公，為什麼妻、妾和那個客人卻都說自己比徐公俊美呢？想到最後，他總算找到了原因。鄒忌自言自語地說：「原來這些人都是在恭維我啊！妻子說我美，是因為偏愛我；妾說我美，是因為害怕我；客人說我美，是因為有求於我。看起來，我是受了身邊人的恭維讚揚而認不清真正的自我了。」

這則故事告訴我們，無論在什麼時候，一個人一定要保持清醒的頭腦，知道自己幾斤幾兩，才不至於迷失方向。

人貴有自知之明，人要了解自己，認識自己，自知是做人的最起碼要求。有了自知，一個人才能對自己所處的環境有一個準確的掌握，才能知道自己的工作能力、學識水準、社會關係、家庭、社會背景等處在一個什麼樣的狀況下。然後，面對自己的現實情況來掌握自己的人生旅途，這樣，人才能獲得自信，才能充分發揮自己的聰明才智。

最難了解的是自己

一個人了解別人很容易，而了解自己恰恰是最難的。老子曾說過，「知人者智，自知者明。」作為大軍事家的孫子則有「知己知彼，百戰不殆」的名言傳世。可以說，從古至今，人們對於自我的了解始終處於一種無盡的探索之中。

古剎裡來了個小和尚，他積極主動地去見方丈。殷勤誠懇地說：「我初來乍到，先做些什麼呢？請師傅請教。」方丈微微一笑，對小和尚說：「你先認識一下寺裡的眾僧吧！」第二天，小和尚又來見方丈，殷勤誠懇地說：「寺裡的眾僧我都認識了，下面該做些什麼事了吧？」方丈微微一笑說：「肯定還有遺漏，接著去認識吧。」三天過去了，小和尚再次來見方丈，滿有把握地說：「寺裡的所有僧侶我都認識了，我想應給我安排一些事做了。」方丈微微一笑，因勢利導地說：「還有一個人，你沒認識，而且這個人對你特別重要。」小和尚滿腹狐疑地走出方丈的禪房。「還有誰沒有認識呢？」他一個人一個人地詢問，一間屋一間屋地尋找，在陽光裡、在月光下，他一遍遍地思索、一遍遍地尋思著。一頭霧水的小和尚，在一口水井裡忽然看到自己的身影。他豁然頓悟了，趕快跑去見方丈……

讓我們再來看以下的故事：

泰國曼谷的市區有一些頗負盛名的廟宇，不過那些大大小小的廟宇，多數除了給遊客留下一個金碧輝煌的印象之外，不久之後就會從人們的記憶中淡去。然而，有一座叫做金佛寺的廟宇，卻給無數的遊客留下無法磨滅的深刻印象。

　　這座廟宇占地不大，面積大約只有 30 尺見方。你一進入廟內，眼前便會赫然出現一座 10 尺半高，全身由黃金打造的實心佛像。它重達 2.5 噸，價值約為 1.96 億美元。這尊慈祥中帶著尊嚴的黃金佛像，能夠給人一種莫名的震撼。

　　佛像旁邊的玻璃展示櫃中，有一片 8 寸厚、20 寸見方的土塊。土塊一旁的文字說明，道出了這尊佛像背後那一段感人的歷史。

　　1957 年，由於泰國政府決定在曼谷市內興建高速公路，位於路段上的某間寺廟因此被迫遷移。寺內的和尚只好將廟中的土造佛像放置到其他的地方去。然而這座佛像體積龐大，重量驚人，所以在搬運的過程中現出了裂縫。更糟的是，那時又下起了滂沱大雨。寺內的老和尚為了不讓神聖的佛像再受到損害，便決定先將佛像放回原地，然後用帆布覆蓋，以免遭受雨水的侵襲。

　　那天傍晚，老和尚拿著手電筒，掀開帆布檢查，看看佛像有沒有被雨水淋溼。燈光照到裂縫處時，他發現那裡反射回一道奇異的光芒。老和尚趨前仔細檢查後，懷疑這層土塊裡藏有別的東西。他返回廟中取來了鑿子和榔頭，小心翼翼地開始敲打佛像表面。當他敲掉第一片土塊時，驚異地發現裡面金光閃閃。老和尚加快了動作，幾個小時後，這座純金打造的佛像重見天日。

　　根據歷史學家的說法，幾百年前，緬甸軍隊曾出兵攻打當時稱為暹羅的泰國。當時的暹羅和尚知道敵軍即將來襲之後，便在珍貴的黃金佛像表

面上覆蓋了一層泥土，以免當時的寶物被緬甸軍隊掠奪。據說這些和尚後來全都被入侵者殺害了，然而幸運的是，這座價值連城的佛像被完整地保存了下來，直到 1957 年才被後人發掘出來。

其實，我們每個人都像那座被泥土包裹的佛像，為了生存而給自己裹上一層厚厚的殼。然而每個人的內心中都存在著金光閃閃的自我，這種純金的本質，才是真的自我。從小開始，我們就學會了將內心中那個如黃金般純真的自我隱藏起來，總是戴著各種各樣的面具出現在人前人後。這樣，我們難免苦惱、難免疲憊不堪。

當現實生活中各種不幸一齊襲來的時候，你戴著那層面具，難於呼吸視聽，幾乎要被巨大的逆境所壓垮。你感到自己無比脆弱，感到已經完全迷失了自我，你不知道你要的是什麼，你不知道你為什麼要承受這樣的苦難。這個時候，你必須摘掉你的面具，重新認識你自己。你應該做的，就是像老和尚一樣，拿起鑿子和榔頭，敲掉層層的防衛面具，重新展現你純真的本質。

美國華盛頓的國會圖書館天花板上寫有這樣一行字：「秩序，是天國的第一條法則。」秩序是什麼？秩序無非就是人或事物在現實生活中所處的位置。而這種位置的判定，是基於每一個人對自身的清醒認知和正確定位。《詩經》中說：「賓之初筵，左右秩秩」。意思是說來賓在筵席上按照左左右右的順序就座，每個人各得其所，規規矩矩對號入座，筵席就顯得有秩序。如果沒有秩序，筵席就會混亂。而要做到有秩序，很重要的一條，就是每個人要明白自己的身分，知道自己應該坐在哪個位置上。不然的話，筵席就不能開始，更不能進行下去。

「認識你自己！」當你身處逆境，承受巨大的苦難時，你更需要靜下心來，向自己的內心開掘，認識你自己。

我是個什麼樣的人？我有什麼樣的個性？我有什麼樣的優缺點？我有什麼價值？我有沒有巨大的潛能？我期望自己成為什麼樣的人？我希望達到什麼樣的目標？——你必須這樣「拷問」自己，這樣你才能夠獲取關於人生、關於價值和意義的各種真實答案，你才不會在苦難中迷失了自己，不會在逆境中喪失了自己。

塑造積極的自我形象

我們知道，當一個人站在鏡子前面觀看那個鏡子中的自己時，那個關於他自己的自我形象也隨之產生了。這時，在他和那個鏡子中的自己之間，他面臨著兩個選擇，接受還是不接受。如果他能滿意地接受那個鏡子中的自己，他就會感到自信。欣賞他不能接受那個鏡子中的自己，他就會感到自卑。信仰和接受可能就是那個架在他自己和那個鏡子中「自我形象」之間的橋梁，只有透過這座橋梁，才能順利地到達自信的彼岸。他在這一刻選擇那個自我形象的方式可能將會最終變成一種命運般的力量，決定他以後的生活。

20 世紀最重要的心理學發現之一就是「自我形象」。這種自我形象就是「我屬於哪種人」的自我觀念，它建立在我們對自身認知和評價的基礎上。一般而言，個體的自我信念都是根據自己過去的成功或失敗、他人對自己的反應、自己根據環境的比較意識，特別是童年經驗自然形成的。根據這些判斷，人們心裡便形成了「自我形象」。就我們自身而言，一旦某種與自身有關的思想或信念進入這幅「肖像」，它就會變成真實的東西。我們很少去懷疑其可靠性，只會根據它去活動。

自我形象，就是我們對自己的認知，對自己的畫像。不管我們是否能

夠意識到，我們都存在非常詳細的自我形象。它決定了一個人在生活舞臺中的角色形象。

我們在做任何事情的時候，都受到自我形象的影響，因為它在時時刻刻提醒我們：「你是一個……的人」。我們的意識收到這個資訊後，就會去判斷這樣做可以、那樣做不可以，從而做出各種決策。

自我形象是一個前提、一個根據、一個基礎，由此而產生了我們每個人的個性、行為甚至社會大環境。如果你的自我形象就是一個能力低下、依賴別人的形象，那麼你在做每件事情的時候都會對自己說「這件事我做不來」，把本來可以完成的事情推給別人，一次次地喪失成功的機遇。相反，如果你認為自己是一個精力充沛有能力的人，你就會主動去挑戰危機。

為了成功，首先要在思想上打擊自己退卻和懈怠的想法，把自己想像成為一個成功者。想像成為一個成功者，你才有成功的勇氣。因為失敗是不需要避免和爭取的，它就在面前，而成功是要靠努力才能夠獲得的。

我們的心靈創造著周遭的世界，即使兩個人肩並肩地徜徉在同一塊草原上，一個人的眼睛看到的情景永遠不同於另一個人所看到的情景。心理學家瑪律慈說，人的潛意識就是一種「服務機制」，即一個有目標的電腦系統。而人的自我形象，就如同電腦程式，直接影響著這一機制運作的結果。

如果你的自我形象是一個失敗的人，你就會不斷地在自己內心的「螢光幕」上看到一個垂頭喪氣、難當大任的自我，聽到「我是沒出息、沒有長進」之類負面的資訊，然後感到沮喪、自卑、無奈與無能，那麼你在現實生活中便會注定失敗。

另一方面，如果你的自我形象是一個成功人士，你會不斷地在自己內

心的「螢光幕」上見到一個不斷進取、勇於經受挫折和承受巨大壓力的自我；聽到「我做得很好，而我以後還會做得更好」之類的鼓舞資訊，然後感受到喜悅、自尊、快慰與卓越，那麼你在現實生活中便會自然而然地成功。

我們個人一切的個性、行為和言語方式都是建立在自我形象這個基礎之上的。如果一個人從心理上逃避成功、害怕成功，在面對機會或挑戰時，他就可能畏畏縮縮。這樣，即使不成為一個失敗者，也是一個平庸之輩。

要想獲得成功，就必須有一個適當、現實的自我形象伴隨著自己，使自己能接受自己，擁有健全的自尊心。成功者應該不斷地認知自己，不斷地強化和肯定自我價值，真實地表現自我，而不是把自我隱藏或遮掩起來。

當這個自我形象完整而穩固的時候，「我」會有良好的感覺，並且會感到自信，會作為「我自己」而存在，自由地表現自己。如果它成為逃避、否定的對象，個體就會把它隱藏起來，不讓它有所表現，創造性的表現也就因此受到阻礙。

塑造積極的自我形象、改變鬱鬱寡歡的失敗型個性不能依靠純粹的意志力，必須要有充足理由和足夠的證據確認舊的自我形象是錯誤的。不能僅僅憑空想像出一個新的自我形象，除非你覺得它是有事實依據的。正如愛默生所說過的：「人無所謂偉大或者渺小。」人的世界就是自己的世界，我們的價值就是我們心中認定的價值。

找到適合自己的位置

　　人與人之間是有差異的，能力不同，成就自然也就不同。只有找到適合自己的位置，努力做到最好，才會獲得生活的快樂與幸福。

　　讓我們來看這樣一則寓言故事：

　　小兔子到了上學的年齡，被父母送到動物學校。在學校裡，小兔子最喜歡上的課是跑步，幾乎每堂課都得第一名，小兔子為此感到很高興；小兔子最不願意上的課是游泳，不管小兔子怎麼努力，總是無法取得好成績，小兔子為此感到非常苦惱。小兔子想放棄游泳，但父母不同意。當老師看到小兔子為上游泳課苦惱時，表示願意給小兔子提供幫助。老師對小兔子說：「跑步是你的強項，是你的優勢，往後你就不用再練習跑步了；只要你專心練習游泳，就一定能取得好成績！」從此，小兔子專心致志地開始練游泳。但結果是：一段時間的訓練下來，小兔子游泳能力不但沒有多大進步，就連小兔子的優勢 —— 跑步的成績也下降了許多。

　　寓言故事包含著一個道理，人有所長則必有所短，每個人都有自己的優點和長處，但同時每個人都不可避免地存在著各式各樣的缺點和不足。如果一個人不了解其中的利害關係，過於看重自己的缺點和不足，並試圖讓自己克服所有缺點、彌補所有不足，結果只會適得其反。這也就是說，有缺點和不足固然需要克服和彌補，但如果把主要精力都用在克服缺點和彌補不足上，那麼就可能因此喪失自己的優勢。

　　瑪里·居禮有兩個女兒：伊雷娜·約里奧-居禮（Irene Joliot-Curie）和伊芙·居禮（Eve Curie）。她們都很優秀，都在各自的領域取得了巨大的成功。她們的成功應首先歸功於她們的母親，因為正是瑪里·居禮第一個發現了她們的各自的「天賦」。

瑪里・居禮的家教觀是，發現女兒某種天賦領域的創造力，而不是死記硬背只會讓孩子考滿分的教條。

　　早在女兒們牙牙學語時，瑪里・居禮就開始對她倆的某種天賦進行了發現，她在筆記本上寫道：「伊蕾娜在數學上聰穎，伊芙在音樂上早慧。」當女兒剛上小學時，她就讓她倆每天放學後在家裡再參加 1 小時的智力活動，以便進一步發現其天賦才能。當她倆進入塞維尼埃中學後，瑪里・居禮讓女兒每天補習一節「特殊教育課」：或由讓・佩韓教她倆化學，或由保羅・郎之萬教數學，或由沙瓦納夫教文學和歷史，或由雕刻家馬柯魯教雕塑和繪畫，或由穆勒教授教外語和自然科學。每星期四下午，由瑪里・居禮親自教兩個女兒物理學。

　　經過兩年的特殊教育後，瑪里・居禮覺得，伊蕾娜性格文靜、專注，迷戀化學並立志要當科學家研究鐳，這些正是科學家所具備的素養。而伊芙生性活潑，充滿夢想。瑪里・居禮便先讓她學醫，然後再引導她研究鐳，又激勵她從事自然科學，可伊芙對科學不感興趣。經多次觀察，瑪里・居禮才發現伊芙的天賦是文藝。這種不斷發現孩子天賦的家教觀念，指導著瑪里・居禮透過成功的家教使女兒伊蕾娜・居禮因「新放射性元素的合成」而獲 1939 年諾貝爾化學獎，也使伊芙・居禮成為一位優秀的音樂教育家和傳記文學作家。

　　「橘生淮南為橘，橘生淮北為枳。」晏子告訴我們，不同地方的柑橘會有不同的味道，而只有生長在淮南的柑橘才會味道甘甜。有些乾燥地區的葡萄之所以聞名，正是因為當地晝夜溫差的變化才使其儲存了大量的糖分。世間萬物只有找到適合自己生長繁衍的地方，才能充分展現生命的力量，活出應有的價值。「安能摧眉折腰事權貴，使我不得開心顏。」李白灑脫地走出宮廷，去追求自由和無拘無束的生活；「採菊東籬下，悠然見

南山。」陶淵明掙脫黑暗政治的束縛，與閒雲野鶴為伴，做一個悠然的山水田園詩人。倘若他們在官場阿諛逢迎，恐怕就不會出現《蜀道難》、《歸園田居》等千古名篇了。正是因為他們找對了自己的位置，將情感融入詩歌創作的天賦之中，才能修成正果、名垂青史。

又如，班超投筆從戎，在西域都護府中勤懇履行職責，獲得了無數榮耀……所有的成功人士，都是在適合自己的發展道路上，創造了一片輝煌。

了解自己，掌握自己，漫漫的人生之旅中，總有一個位置是適合你的。

第二十一章
每日堅持自我解析與反省

習慣於自省的人，能在自省中找到解開人生謎團的鑰匙，錘煉自我的完美品德。

學會自省，猶如在大漠中聽到駝鈴，在大海中看見燈塔，使我們看清方向，不再迷茫；學會自省，才能自己解析自己，把身上的灰塵抖落在地；學會自省，才能超越自我，完善自我；學會自省，才能去偽存真，使自己思想昇華，情操淨化。

有一種智慧叫自省

自省是在心靈深處的自我檢討，是一次思想的調整。自省首先是自我解析，這樣才會對自己有一個徹底的、深刻的認識，才能在生活中不斷完善自己的人格。

然而在現實中，很少有人能真正做到經常性的自我反省，就更不用說時時反省了，因為我們大多數人都喜歡抱著這樣的一種心理：

◆ 我先動手打他，是因為他惹我生氣了。（不肯承認自己脾氣不好的缺點。）

◆ 這個計畫是絕對完美的，在老闆那裡沒有通過，是他偏心。（不肯靜下心來，反思自己的不足。）

◆ 我遲到了，是因為我家離公司太遠。（不肯承認自己貪睡，晚起。）

其實，當你感到整個世界都在辜負你的時候，當你感到不快樂的時候，當你感到世界都錯了的時候，你不妨先問一問自己是否是對的。如果整個世界都在辜負你，那麼錯的肯定是你，而不是這個世界。你要想改變這個局面，唯一的辦法就是改變自己。當你以一種正確的態度去對待這個世界時，世界也會以一種正確的態度對待你。

一隻小狗老是埋怨有人踩牠的尾巴，卻從來沒有反省過自己睡的位置不對：牠總喜歡睡在人行道上。平庸的人總是喜歡尋找外界的種種不足，卻不願意審視自己的錯誤。他們看得見別人臉上的灰塵，卻看不見自己鼻子上的汙點。強者們總是在調整自己、提升自己，努力地將自己打造成一個與外界和諧的人，他們更加注重自我反省與調整，深知只要自己對了，世界就對了。「現代戲劇之父」易卜生（Henrik Johan Ibsen）曾經告誡他人：「你的最大責任就是把你這塊材料鑄造成器。」說的其實也就是這個道理。

一個人是否善於自我反省，對於一個人的成功非常重要。李嘉誠先生在談到自己的成功祕訣時，也不止一次地強調自我管理的重要性。他說：「自我管理是一種靜態管理。人生不同的階段中，要經常反思自問，我有什麼心願？我有宏偉的夢想，但我懂不懂什麼是有節制的熱情？我有與命運奮鬥的決心，但我有沒有面對恐懼的勇敢？我有信心、有機會，但有沒有智慧？我自信能力過人，但有沒有面對順境、逆境都可以恰如其分行事的心力？」

　　每個人，不管是天賦異稟還是資質平平，不管是出身高貴還是出身貧賤，都應該學會自我解析與反省。

　　在儒家的主張中，自省的內容是十分豐富、又是十分具體的，大致有如下一些方面：仁、義、禮、智、信、忠、恕、善和學識。如果對其進行概括，可以分為德性和學識兩方面。在辨察自己是否有違背德性和學識的言行時，應以「聖賢所言」為依據和標準。

　　曾子認為，自省的主要內容是「忠」、「信」、「習」（為人謀而不忠乎？與朋友交而不信乎？傳不習乎？）。孟子認為，「君子」不同於一般人的地方，就在於居心不同。「君子」居心在仁，居心在禮。他說，假定這裡有個人，他對我蠻橫無理，那「君子」一定會反躬自問，我一定不仁，一定無禮，不然，他怎麼會有這種態度呢？反躬自問以後，我不存在非禮非仁的言行，那人仍然如此蠻橫無理，「君子」一定又反躬自問：難道是我不忠？反躬自問以後，我也實在是忠心耿耿，那人仍然蠻橫無理，「君子」就會說：這個人不過是一個狂人罷了，既然這樣，那和禽獸有什麼區別呢？對於禽獸又該責備什麼呢？於是，我仍然不必為此動氣。在這裡，孟子認為，反省的內容應是「仁」和「禮」。

　　孟子還說：「萬物皆備於我矣。反身而誠，樂莫大焉。強恕而行，求

仁莫近焉。」他認為，反躬自問，自己是忠誠的，便引以為最大的快樂。不懈地按推己及人的恕道去做，達到仁德的途徑沒有比這更近便的了。可見，孟子認為反省的內容還應有「忠」和「恕」。

而荀子則說：「見善，修然必自存也；見不善，愀然必以自省也；善在身，介然必以自好也；不善在身，菑然必以自惡也。」荀子則認為，自省、修身應以善為主。

由於時代的變遷，作為今人，我們在自省的內容上或許與古人稍有不同。但不管怎樣，善於自省、勇於自省的精神與習慣是一樣的。「吾日三省吾身。」古人尚且如此，更何況我們今人呢？

吃一塹，長一智

「吃一塹，長一智。」出自明代王陽明《與薛尚謙書》：「經一蹶者長一智，今日之失，未必不為後日之得。」意為：吃一次虧，長一分智慧。指受了挫敗，記取教訓，以後就變得聰明起來。

有人認為「吃一塹」與「長一智」之間存在必然性，其實未必。不是說吃一塹就一定能長一智，而是吃一塹有可能長一智。這種可能性要轉變為必然性，就要有一個條件，那就是要從失誤中總結教訓，累積經驗，這樣才能長智。如果錯後不思量，那麼同樣的錯誤還會不斷重複出現。

從前，有個農夫牽了一隻山羊，騎著一頭驢進城去趕集。

有三個騙子知道了，想去騙他。

第一個騙子趁農夫騎在驢背上打瞌睡之際，把山羊脖子上的鈴鐺解下來繫在驢尾巴上，把山羊牽走了。

不久，農夫偶一回頭，發現山羊不見了，忙著尋找。這時第二個騙子

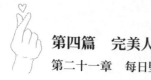

走過來，熱心地問他找什麼。

農夫說山羊被人偷走了，問他看見沒有。騙子隨便一指，說看見一個人牽著一隻山羊從林子中剛走過去，大概是那個人，快去追吧！

農夫急著去追山羊，把驢子交給這位「好心人」看管。等他兩手空空地回來時，驢子與「好心人」自然都沒了蹤影。

農夫傷心極了，一邊走一邊哭。當他來到一個水池邊時，卻發現一個人也坐在水池邊，哭得比他還傷心。農夫挺奇怪：還有比我更倒楣的人嗎？就問那個人哭什麼，那人告訴農夫，他帶著兩袋金幣去城裡買東西，在水邊歇歇腳、洗把臉，卻不小心把袋子掉水裡了。農夫說，那你趕快下去撈呀！那人說自己不會游泳，如果農夫幫他撈上來，願意送給他 20 個金幣。

農夫一聽喜出望外，心想：這下子可好了，羊和驢子雖然丟了，可如果獲得 20 個金幣，損失完全彌補回來還有剩啊！他連忙脫光衣服跳下水撈金碧。當他空著手從水裡爬上來時，乾糧、衣服、錢包都不見了。

這個故事告訴我們，農夫沒出事時粗心大意，出現意外後驚惶失措而造成損失，造成損失後又急於彌補因此又釀成大錯，三個騙子正是抓住人的性格弱點，輕而易舉地全部得手。

事實上，我們看到很多人一直如農夫般原地「摔倒」，而且很多時候是以同一種方式。這種人並非傻子、弱智，而是太過固執和自信。在他們的眼裡，從來就不認為自己之所以「摔倒」是因為這方面出了什麼問題：要麼這條「路」本身就走不通，要麼就是自己的方法不正確！他們總覺得沒有什麼過不去的難關，還是照樣堅持原來的走法，而這又怎麼不摔得鼻青臉腫呢？

要吃一塹，長一智，就必須在吃一塹之後，好好地進行一番反思，並且在反思中，認真地吸取經驗教訓，絕不能再重蹈覆轍。事實也正如此，

只有在認真吸取教訓後才能夠保證今後不再犯同樣的錯誤，不再以同樣的方式「摔倒」。特別是對於那些在迷途中深陷的人來說，更應該好好地反省：自己為何老是在原地「摔倒」而無法走出迷途呢？

當然，我們也不必因為吃了一塹之後，就喪失了繼續前行的勇氣，從此坐以待斃。只要你勇於面對失敗，勇於從失敗中去反思，去尋找教訓，並且修正自己的思維方式，豐富自己的經驗，我們又何愁無法走出生命的低谷呢？

要勇於承認錯誤

這是一則有趣的寓言：河裡有一條豚魚，游到一座橋下，撞到橋柱上。牠不責怪自己不小心，也不打算繞過橋柱游過去，反而生氣，惱怒橋柱撞了牠。牠氣得張開兩鰓，脹起肚子，漂浮在水面，很長時間一動不動。後來，一隻老鷹發現了牠，一把抓起來，轉眼間，這條河豚就成了老鷹的一餐。

這條河豚，自己不小心撞上了橋柱，卻不知道反省自己，不去改正自己的錯誤，反而惱怒橋柱，一錯再錯，結果丟了自己的性命，實在是自尋死路。「人非聖賢，孰能無過；知過能改，善莫大焉。」對人來說，勇於認錯，此乃智者之舉；不肯認錯者，終將失去進步的機會，殊為可惜。

人的一生不可能永不犯錯，有時候錯誤只是自己的一時疏忽所造成，並不構成太大的得失；但如果不認錯，則可能會犯下「戒禁取見」，後果可就不可收拾。所以，一個人的際遇安危、成敗得失，往往和自己能否「認錯」有著十分密切的關係。

戰國時候，有七個大國，它們是秦、楚、燕、齊、韓、趙、魏，歷史

上稱為「戰國七雄」。這七國當中秦國最強大。秦國常常欺侮趙國。有一次，趙王派一個大臣的手下人藺相如到秦國去交涉。藺相如見了秦王，憑著機智和勇敢，為趙國爭得了不少面子。秦王見趙國有這樣的人才，就不敢再小看趙國了。趙王看藺相如這麼能幹。就先封他為大夫，後封為上卿。

趙王這麼看重藺相如，氣壞了趙國的大將軍廉頗。他想：我為趙國拚命打仗，功勞難道不如藺相如嗎？藺相如光憑一張嘴，有什麼了不起的本領，地位倒比我還高！他越想越不服氣，怒氣沖沖地說：「我要是碰到藺相如，要當面給他難堪，看他能把我怎麼樣！」

廉頗的這些話傳到了藺相如耳朵裡。藺相如立刻吩咐自己手下的人，叫他們以後碰到廉頗手下的人，千萬要讓著點，不要和他們爭吵。以後，他自己坐車出門，只要聽說廉頗從前面來了，就叫馬車夫把車子趕到小巷子裡，等廉頗過去了再走。

廉頗手下的人，看見上卿這麼讓著自己的主人，更加得意忘形了，見了藺相如手下的人，就嘲笑他們。藺相如手下的人受不了這個氣，就跟藺相如說：「您的地位比廉將軍高，他罵您，您反而躲著他，讓著他，他越不把您放在眼裡啦！這麼下去，我們可受不了。」

藺相如心平氣和地問他們：「廉將軍跟秦王相比，哪一個厲害呢？」大夥兒說：「那當然是秦王厲害。」藺相如說：「對呀！我見了秦王都不怕，難道還怕廉將軍嗎？要知道，秦國現在不敢來打趙國，就是因為文官武將一條心。我們兩人好比是兩隻老虎，兩隻老虎要是打起架來，不免有一隻要受傷，甚至死掉，這就替秦國製造了進攻趙國的好機會。你們想想，國家的事情要緊，還是私人的事要緊？」

藺相如手下的人聽了這一番話，非常感動，以後看見廉頗手下的人，

都小心謹慎，總是讓著他們。

藺相如的這番話後來傳到了廉頗的耳朵裡。廉頗慚愧極了。他脫掉一隻袖子，露著肩膀，背了一根荊條，直奔藺相如家。藺相如連忙出來迎接廉頗。廉頗對著藺相如跪了下來，雙手捧著荊條，請藺相如鞭打自己。藺相如把荊條扔在地上，急忙用雙手扶起廉頗，幫他穿好衣服，拉著他的手請他坐下。

藺相如和廉頗從此成了很要好的朋友。這兩個人一文一武，同心協力為國家做事，秦國因此更不敢欺侮趙國了。這也就正是成語「負荊請罪」的出處。

可見，勇於承認自己的錯誤是一種大智慧。在生活中，一個人能坦誠地面對自己的錯誤，再拿出足夠的勇氣去承認它、面對它，不僅能彌補錯誤所帶來的不良後果、提醒今後更加謹慎行事，而且別人也會痛快地原諒你的錯誤。

成功對我們來說十分珍貴，但有時錯誤同樣珍貴。錯誤的珍貴，在於錯誤可以給我們許多經驗，可以給我們許多教訓，可以給我們許多有益的借鑑。這次的錯誤，可能成為下次走向成功的可貴指南。不怕你犯錯，怕的是不能從錯誤中吸取經驗，那才是最大的錯誤。對於每個人來說，只要能從錯誤中悟到有益的經驗，那麼錯誤也同樣珍貴。有些人認為錯誤有失自尊，面子上過不去，便害怕承擔責任，害怕懲罰。與這些想法恰恰相反，勇於承認錯誤，你給人的印象不但不會受到損失，反而會使人尊敬你、信任你，你在別人心目中的形象反而會高大起來。

第二十二章
別給自己設置人為的障礙

　　我們常常在毫無思索的情況下，得出否定自己的結論。同時用這種消極的假設去推論我們的行動目標，從而造成了自我的限定和障礙。積極的心態是理性的心態，而消極的心態往往是非理性的。

　　在你使用了一些諸如「畢竟」、「不可能」、「不行」等否定消極並且是針對自己的詞彙時，你需要思考一下，這種觀點理性嗎？其實，有很多觀點經不起推敲，如果你稍稍分析，就會發現，它完全是荒謬的。

當心先入為主的觀念

許多偉大卓絕的人物憑藉信念的力量和積極的行動承受了巨大的苦難，跨越了難以克服的障礙。同樣也有很多人，他們被自己先入為主的狹隘觀念所左右，只局限在自己有限的思維和勇氣範圍之內，廣闊的生命畫卷遠遠沒有展開。

「先入為主」這個成語出自《漢書·息大躬傳》：「唯陛下觀覽古今，反覆參考，無以先入之語為主。」指先聽進去的話或先獲得的印象往往在頭腦中占有主導地位，以後再遇到不同的意見時，就不容易接受。簡單地說，就是人們認為自己先見到或聽到的東西是正確的，而不願意接受後來的新事物。先入為主的危害是很大的，小到一個人因此做錯一件事，大到守舊的力量阻撓歷史發展的進程。

有個笑話：一個品行端正的男人拿四把傘去修理。中午，他在一家餐館用餐，臨走時，他心不在焉地把掛在他帽子旁邊的一把傘也拿了下來。「那傘是我的，先生。」旁邊一個婦人說道。他道過歉就走了。第二天，當他取回四把傘搭車回家時，剛巧碰見昨天在餐館見過面的婦人，她也上了車。她看了他一眼，又瞧了瞧他的傘，說：「看來，你今天運氣很好。」顯然，婦人對這個男人有所誤會，又想起他想「偷」她的傘，有了這種「先入為主」的想法，看到他居然拿了四把傘，自然認為他是偷來的。

笑話中的婦人所犯的錯誤在日常生活中屢見不鮮。特別是在病人身上展現得最為明顯。不管這個病人是聰明還是愚蠢，如果權威人士預測了他的死期，病人很可能會不多不少正好在預計的時候死去。如果醫生告訴病人「你可能還有六個月的生命」，這很有可能就是死亡判決書。如果病人相信醫生的話，他可能正好應驗醫生的預言。

同樣也有很多病人，他們沒有因為醫生已經下了「死刑判決書」就放棄自己的努力。恰恰相反，他們憑著自己的頑強信念戰勝疾病活了下來。妮羅·馬可夫在她的著作《怎樣戰勝愛滋病》一書中描述了她怎樣改變自己的心態和觀念，樹立新的生活態度，最終實現了很多人認為「不可能」的結果——她的 HIV 試驗結果由陽性轉成了陰性。很多研究證明，在生存的願望與身體的免疫系統之間存在著某種連繫。這些「了不起的病人」沒有被先入為主的診斷嚇倒，走向了奇蹟般的康復，讓人對他們的生命力讚嘆不已。著名的外科醫生伯尼·齊格爾醫生在《愛，醫療和奇蹟》一書中寫道：「這些人拒絕聽任疾病的擺布，他們成功地『保持』了一種信仰，堅信自己身上存在一種能使病痛消除的力量，結果他們果然戰勝了病魔。」

一旦我們有了某種心態和想法，它就好像在我們身上扎下根一樣。除非我們有意識地向它提出挑戰，否則這種觀念會終身陪伴著我們。

一個婦女從小生活在脾氣暴躁的母親的淫威下，童年的記憶使她對這個世界疑慮重重。在她心裡，這個世界是個可怕的地方。童年時代她生活的天地確實是個充滿威脅的可怕世界，然而成年以後如果還保持著這種看法，雖然可以理解，卻也未免太幼稚了——她完全可以從別處獲得溫情和安全感。這種偏激的心態對她的生活品質造成了舉足輕重的影響。當過度敏感的神經受到強大的先入為主的觀念推動時，她會在頭腦中誇大來自他人的「威脅」訊號，把一句無傷大雅的話誤解為憤怒，把一個無關緊要的臉部表情當做威脅的表示。於是，她變得好鬥而莽撞，結果就真會引發別人的怒火。就這樣，她一步一步地在先入為主的觀念的基礎上造成了自己的可悲現狀。她堅持認為世界是可怕的，因此常常感到無比恐懼：因為她感到恐懼，所以她相信這個世界是可怕的。

同樣，打橋牌時也會經常遇到先入為主的情況。比賽中一旦遇到強勁的對手，有的牌手就會產生肯定打不過對方的先入為主的想法，在這種思想支配下，實戰時就會出現技術變形，或者特別保守，或者猛衝猛打，很容易敗下陣來。具體到一副牌，叫牌、坐莊和防守時，都會出現先入為主的問題。相當數量的牌手一旦有了初步的判斷後，就很難改變，哪怕是外部條件已經發生了很大的變化。可以這樣說，能否克服先入為主的思想，按照牌情的變化而調整自己的思路，是衡量一個牌手水準高低的重要標誌。

先入為主的觀念常常以一種習慣的力量來影響我們的生活。面對那些帶有局限性、弱化生活品質的先入為主的觀念，則應該加以質疑並予以改變。

如何走出封閉的心境

改變行為可以改變心態，自信的行為可以幫助你走出封閉的心境。據專家介紹，下面這些行為是非常有效的——

第一，挑前面的位子坐，準備被關心和發言。你是否注意到，無論在會場或教室的各種活動中，後面的座位是怎麼先被坐滿的嗎？大部分占據後排座位的人，都希望自己不會「太顯眼」。而他們怕受人注目的原因就是缺乏信心。坐在前面能建立信心。把它當做一個規則試試看，從現在開始就盡量往前坐。當然，坐前面會比較顯眼，但要記住，成功的過程和成功的結果都是顯眼的：懼怕顯眼就是懼怕成功。要不懼怕成功，首先要不懼怕顯眼。

第二，練習正視別人。一個人的眼神可以透露出許多有關他的資訊。某人不正視你的時候，你會直覺地問自己：「他想要隱藏什麼呢？他怕什麼呢？他會對我不利嗎？」不正視別人通常意味著：在你旁邊我感到很自

卑，我感到不如你，我怕你。躲避別人的眼神意味著：我有罪惡感；我做了或想到了什麼我不希望你知道的事；我怕一接觸你的眼神，你就會看穿我。這都是一些不好的資訊。正視別人等於告訴他：我很誠實，而且光明正大。要讓你的眼睛為你工作，就是要讓你的眼神專注於別人。這不但能給你信心，也能為你贏得別人的信任。

第三，加快步伐 25%。許多心理學家將懶散的姿勢、緩慢的步伐跟對自己、對工作以及對別人不愉快的感受連繫在一起。同時，心理學家也告訴我們，借著改變姿勢與速度，可以改變心理狀態。你若仔細觀察就會發現，身體的動作是心靈活動的結果。那些遭受打擊、被排斥的人，走路都是拖拖拉拉，完全沒有自信心。另一種人則表現出超凡的信心，走起路來比一般人快。他們的步伐告訴整個世界：「我要去做很重要的事情，更重要的是，我會在 15 分鐘內成功。」使用這種「走快 25%」的方法，抬頭挺胸走快一點，你就會感到自信心在滋長。

第四，練習當眾發言。一定要這樣去做，因為這不僅是訓練自信的必經之路，而且是成功必須的素養。許多人就是靠傑出的演講技能走上成功之路的。所以，從技能上講，無論怎樣強調當眾發言都不過分。拿破崙‧希爾指出，有很多思路敏銳、天資高的人，卻無法發揮他們的長處參與討論。並不是他們不想參與，而是因為他們缺少信心。在會議中沉默寡言的人都認為：「我的意見可能沒有價值，如果說出來，別人可能會覺得很愚蠢，我最好什麼也不說。而且，其他人可能都比我懂得多，我並不想讓他們知道我這麼無知。」這些人常常會對自己許下很渺茫的諾言：「等下一次再發言。」可是他們很清楚自己是無法實現這個諾言的。每次這些沉默寡言的人不發言時，他就又一次被缺乏信心所毒害了，他會越來越不自信。良性的循環是這樣一種強化模式：盡量發言，就會增加信心，同時下

次也更容易發言。所以，要多發言，這是信心的推進劑。不論是參加什麼性質的會議，每次都要主動發言，或者參與評論，或者提建議，或者提出問題。而且，不要最後才發言。要做破冰船，第一個打破沉默。也不要擔心你會顯得很愚蠢。因為總會有人同意你的見解。所以不要再對自己說：「我懷疑我是否敢說出來。」用心獲得會議主席的注意，好讓你有機會發言。

第五，開懷大笑。大部分人都知道笑能給自己很實際的推動力，它是醫治信心不足的良藥。但是仍有許多人不相信這一套，因為他們在恐懼時從不試著笑一下。真正的笑不但能治癒自己的不良情緒，還能馬上化解別人的敵對情緒。如果你真誠地向一個人展顏而笑，他實在無法再對你生氣。要記住，笑聲、樂觀、自信，這些詞彙總是連繫在一起的。我們常聽到：「是的，但是當我害怕或憤怒時，就是不想笑。」當然，看一部豆豆先生的影片，誰都笑得出來。笑的技巧是，遇到挫折的時候，釋然一笑。這是重要的成功祕訣。

第六，不做「別人怎麼看」的奴隸。你已經是一個成年人，你的決策是你自己的事情，只要不侵犯他人的權益，誰都沒有權力控制你。做事情的時候，你盡可能去傾聽智者的建議，但作決定的還是你自己。

藉口是典型的作繭自縛

一個人要從局限性的想法中解脫出來，進行積極的思考，存在的最大障礙是種種藉口。一旦把自己看做是周圍環境的受害者，我們就會悲觀沮喪，信心盡失，內心深處的動力也會沉寂下去。最後，人變得慵懶消沉，不再有雄心壯志，最終完全放棄了改變現實的信念和勇氣。事實上，當你試圖尋找藉口進行自我安慰的時候，你已經開始了作繭自縛。

藉口思維是人性的一個不良基因，在人類出現時就注入他們的思想，經過千百年的傳承，「藉口基因」進化得越來越巧妙，人們運用藉口的能力也越出神入化，藉口的「作用」也被發揮得淋漓盡致。

其實，人的一生就是一個處理遺憾的過程，從錯誤中尋找正確，從失敗中尋找成功，從黑暗中尋找光明，從不完美中尋找完美。但是，有很多人無法接受失敗，他們認為失敗是一種很不光彩的事，每當失敗時，他們總會為自己的失敗找藉口、找理由。當他們做事不順心時，當他們學習情況不好時，當他們參加了各種比賽沒有獲獎時，就會怪罪於他人，就在為自己的失敗找藉口、找理由，這也是所有不成功的人的共同特徵。為自己的失敗找理由，而且抓著這些他們相信是萬無一失的藉口不放，以便於解釋他們為何成就有限。

正因為他們將所有的精力與時間都花在尋找一個更好的藉口上，因此，即使下一次重新開始，失敗仍是必然的。相反，那些成功人士在遇到困難時，總是在想辦法解決，而不是為自己找一堆無用的藉口，以借其掩飾自己的過錯和失敗。他們知道藉口是事業成功的最大障礙，凡事都要從自己的身上找原因，而不是怨天尤人。

著名的美國西點軍校有一個久遠的傳統，遇到學長或軍官問話，新生只能有四種回答：

「報告長官，是。」

「報告長官，不是。」

「報告長官，沒有任何藉口。」

「報告長官，我不知道。」

除此之外，不能多說一個字。

新生可能會覺得這個制度不公平，例如軍官問你：「你的腰帶這樣算

擦亮了嗎？」你當然希望為自己辯解。但是，你只能有以上四種回答，別無其他選擇。

在這種情況下，你也許只能說：「報告長官，不是。」

如果軍官再問為什麼，唯一的適當回答只有：「報告長官，沒有任何藉口。」

這既是要新生學習如何忍受不公平 —— 人生並不是永遠公平的，同時也是讓新生們學習必須承擔責任的道理：現在他們只是軍校學生，恪盡職責可能只要做到服裝儀容的要求，但是日後他們肩負的卻是其他人的生死存亡。因此，「沒有任何藉口！」

從西點軍校出來的學生許多人後來都成為傑出將領或商界奇才，這是「沒有任何藉口」的功勞。

真誠地對待自己和他人是明智和理智的行為，有些時候，為了尋找藉口而絞盡腦汁，不如對自己或他人說「我不知道。」這是誠實的表現，也是對自己和他人負責的表現。

轉變思路才能找到出路

「不以規矩，不成方圓」，這是古代的一句名言，是告訴我們規矩的重要性。但如何一個人過於規矩，認為規矩只能立而不能改變，那就是一種盲點。蕭伯納說：「明智的人使自己適應世界，而不明智的人只會堅持要世界適應自己。」事實證明，當環境或者形勢發生變化時，我們的思路也應該隨之改變，否則就要吃大虧。

從前，有一個國王，只有一隻眼睛，一條腿，另一隻眼睛是瞎眼，另一條腿是瘸腿。有一天，他召來 3 個畫家，命令他們為他畫像。國王說：

畫得好的有賞，如果畫得不好就要殺頭。

第一個畫家把國王畫得很像：國王有一隻瞎眼、一條瘸腿。但國王一看，氣得直叫，說是有意出他的醜。於是叫衛士把這個畫家的頭砍了。

第二個畫家把國王畫得很美，好手好腳，很有精神，像一個美男子，但國王一看，氣得更厲害，說是畫家是個善於逢迎的傢伙。結果把第二個畫家也殺掉了。

第三個畫家見前面兩個畫家都被殺掉了，急得直冒冷汗，但他不愧是聰明人，畫的畫讓國王十分滿意，國王賞給他很多錢。你知道這個畫家是怎樣畫的嗎？

原來，這個畫家把國王畫成在山上打獵的姿態，國王把獵槍擱在一塊大石頭上，一隻瞎眼閉著，一隻好眼瞄準，一條瘸腿跪在地上，一條好腿弓在前面。畫家畫了國王，卻沒暴露國王的缺陷，所以國王很高興。

如實逼真不行，善於逢迎也不行，有沒有第三條路？當然有，那就是：在原則允許的範圍內巧妙變通。

正所謂，有什麼樣的思路，就會有什麼樣的出路 —— 思路決定出路。

1939 年 10 月 11 日，美國白宮裡正在進行一次具有歷史意義的交談。薩克斯受愛因斯坦等科學家的委託，正在說服羅斯福總統重視原子彈的研究，搶在納粹德國之前製造原子彈。

薩克斯一直等了兩個多月，才得到了這次面見總統的機會，自然十分珍惜。他先向總統面呈了愛因斯坦的長信，接著讀了科學家們關於核分裂的備忘錄，一心想說服羅斯福總統。可是羅斯福聽不懂那艱深的科學論述，反應十分冷淡。直到薩克斯說得口乾舌燥，總統才說：「這些都很有趣，不過政府若在現階段干預此事，看來還為時過早。」

薩克斯心灰意冷地向總統辭別。這時，羅斯福為了表示歉意，邀請他

第二天來共進早餐。這無疑又給了薩克斯一次機會。薩克斯心事重重，深知問題的嚴重性和緊迫性。納粹德國在 1939 年春夏之間，連續多次召開了原子科學家會議，研究製造「鈾設備」的問題，不久，又突然禁止從它的占領國捷克斯洛伐克出口鈾礦石。如果數百萬人的德國鋼鐵軍團，再裝備上在當時還絕無僅有的原子彈，歐洲戰局將難以設想。然而，美國政府對這潛在的威脅還一無所知。為此，薩克斯整夜在公園躑躅，苦苦思索著說服總統的辦法。

第二天早上 7 點鐘，薩克斯與羅斯福共進早餐。他還未開口，羅斯福就對薩克斯說：「今天不許再談愛因斯坦的信，一句也不許談，明白嗎？」

可是薩克斯用了一個辦法，居然說服了羅斯福。

他想的是什麼辦法呢？

「我想講一點歷史。」薩克斯看了總統一眼，見總統正含笑望著自己，他說：「英法戰爭時期，在歐洲大陸上不可一世的拿破崙，在海上卻屢戰屢敗。這時，一位年輕的美國發明家富爾頓來到了這位法國皇帝面前，建議把法國戰艦的桅杆砍斷，撤去風帆，裝上蒸汽機，把木板換成鋼板。可是拿破崙認為，船沒有帆就不能走，木板換成鋼板就會沉沒。於是，他把富爾頓轟了出去。歷史學家們在評述這段歷史時認為，如果當時拿破崙採納了富爾頓的建議，19 世紀的歷史就得重寫。」

薩克斯說完後，目光深沉地注視著總統。

羅斯福沉思了幾分鐘，然後取出一瓶拿破崙時代的法國白蘭地，斟滿了酒，把酒杯遞給薩克斯，說道：「你勝利了！」

薩克斯熱淚盈眶。他說，總統的這句話，揭開了美國製造原子彈歷史的第一頁。

這是一個有名的打破思維定式的例子。如果薩克斯仍是照老辦法去說

服羅斯福，那肯定不可行。現在他打破思維定式，另想辦法，用歷史的故事來說服羅斯福，結果是一舉成功。

　　由此可見，讓思路轉個彎，讓思路變個道，一念之差，一步之遙，就能化解不少問題，解決很多困難。

第二十三章
跟誰也不要跟自己過不去

　　人的苦惱，不在於獲得多少，擁有多少，而是想得到更多。靜下心來仔細想想，生活中的許多不如意，並不是你的能力不強，恰恰是因為你的願望不切實際。任何事都有一個度，超過這個度，很多事就可能變得極其荒謬。所以，我們要讓內心保存一份悠然自得。這樣，我們就不會自己跟自己過不去。

　　凡事別跟自己過不去，永遠保持對生活的美好認知和執著追求，學會享受生活，才能做到更加珍惜生活、積極創造生活。

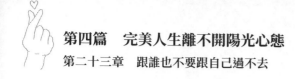
忘卻無謂的煩惱

　　很多時候，我們能勇敢地面對生活中那些大的危機，卻經常被一些毫不起眼的小事搞得垂頭喪氣、焦慮萬分。幾個年輕的大學生找到心理學教授，訴說他們對大學畢業之後何去何從感到徬徨。他們向教授傾訴各自的諸多煩惱：沒有考上研究所，不知道自己未來的發展；女朋友將去一個俊傑雲集的大公司，很可能會移情別戀……教授讓他們把煩惱一個個寫在紙上，判斷其是否真實，一併將結果也記在旁邊。

　　經過實際分析，這些年輕人發現自己真正的困擾其實很少。他們看看自己那張困擾記錄，不禁說：「無病呻吟！」教授注視著這一切，微微對他們點頭。於是，教授說：「你們曾看過章魚吧？」

　　「有一隻章魚，在大海中，本來可以自由自在地游動，尋找食物，欣賞海底世界的景緻。享受生命的豐富情趣。但牠卻誤入了珊瑚礁，然後動彈不得，吶喊著說自己陷入絕境，你們覺得如何？」教授用故事的方式引導學生們思考。沉默了一會兒，一名學生說：「您是說我像那隻章魚？」旋即，這個學生自己接著說：「真的很像，我發現多數煩惱都是自己找的。」

　　教授提醒他的學生們：「當你們陷入壞心情的習慣性反應時，記住你們就好比那隻章魚。要鬆開你的八隻手，讓手自由游動。繫住章魚的是自己的手臂，而不是珊瑚礁。」

　　這些學生若有所悟，但還是沒有完全開竅。其中一個就向心理學教授請教：能不能用身邊的事例對「煩惱多是自己找來的」這一結論給予具體的說明？

　　教授笑而不語，從房間裡拿出了十多個水杯擺在茶几上。這些杯子各

式各樣，材料也不相同，有玻璃的，有塑膠的，有陶瓷的，有紙的；有的杯子看起來高貴典雅，有的杯子看起來粗糙低廉……

教授說：「你們要是渴了，就自己倒水喝吧。」

正值天氣悶熱，大家口乾舌燥，便紛紛拿了自己中意的杯子倒水喝。等學生們杯子裡都倒滿水時，教授講話了。他指著茶几上剩下的杯子說：「大家有沒有發現，你們挑選出的杯子都是比較好看、比較別緻的，像這些塑膠杯和紙杯，被選中的就比較少。這也是人之常情，誰都希望手裡拿著的是一個好看一些的杯子。但是，現在我們需要的是水，而不是水杯。杯子的好壞，並不影響水的品質。想一想，如果我們有意無意地把心思用在選好的杯子上，用在雞毛蒜皮的瑣事上，甚至用在互相比較上，自然就難免自尋煩惱。這就是：野花不種年年開，煩惱無根日日生。」

學生們頓時領悟了一切。

是啊，「人生不如意事十八九」，煩惱無處不在，無時不有，就看你如何面對了，是緊抓著不放還是坦然一笑？緊抓不放，只會把問題擴大化，而坦然笑之，煩惱則自會煙消雲散。

下面是一位美國青年羅勃‧摩爾講述的故事：

1945 年 3 月，我在中南半島附近約 84 公尺深的海下潛水艇裡，學到了一生中最重要的一課。

當時我們從雷達上發現了一支日本軍艦隊朝我們開來，我們發射了幾枚魚雷，但沒有擊中其中任何一艘軍艦。這個時候，日軍發現了我們，一艘布雷艇直向我們開來。3 分鐘後，天崩地裂，6 枚深水炸彈不停地投下，整整持續了 1 個小時。其中，有十幾枚炸彈就在離我們 15 公尺左右的地方爆炸。真危險呀！倘若再近一點的話，潛艇就會被炸出一個洞來。

我們奉命靜躺在自己的床上，保持鎮定。我嚇得不知如何呼吸，我不

停地對自己說：「這下死定了……」潛水艇內的溫度高達攝氏 40 度，可是我卻怕得全身發冷，一陣陣冒虛汗。15 個小時後，攻擊停止了，顯然是那艘布雷艇用光了所有的炸彈後開走了。

這 1 個小時，我感覺好像有 1,500 萬年。我過去的生活一一浮現在眼前，那些曾經讓我煩擾過的無聊小事更是記得特別清晰 —— 沒錢買房子，沒錢買汽車，沒錢為妻子買好衣服，還有為了點芝麻小事和妻子吵架，還為額頭上一個小傷疤煩惱……

可是，這些令人煩惱的事，在深水炸彈威脅生命時，顯得那麼荒謬、渺小。我對自己發誓，如果我還有機會再看到太陽和星星的話，我永遠不會再為這些小事憂愁了！

這真是經過大災大難才悟出的人生箴言！英國一位著名的作家精闢地指出，「為小事而抓狂的人，生命是短促的。」的確，如果讓微不足道的小事時常吞噬我們的心靈，這種不愉快的感覺會讓人像可憐蟲一樣度過一生。

朋友，讓我們忘卻無謂的煩惱吧！天天都是豔陽天！

凡事都要想得開

三伏天。禪院的草地枯黃了一大片。

「快撒點草籽吧！好難看哪！」小和尚說。

「等天涼了。」師父揮揮手，「隨時！」

中秋，師父買了一包草籽，叫小和尚去播種。

秋風起，草籽邊撒邊飄。

「不好了！好多種子都被風吹飛了。」小和尚喊。

「沒關係，吹走的多半是空的，撒下去也發不了芽。」師父說，「隨性！」

撒完種子，跟著就飛來幾隻小鳥啄食。

「要命了！種子都被鳥吃了！」小和尚急得直跳腳。

「沒關係！種子多，吃不完！」師父說，「隨遇！」

半夜一陣驟雨。小和尚早晨衝進禪房：「師父！這下完了！好多草籽被雨沖走了！」

「沖到哪裡，就在哪裡發芽！」師父說，「隨緣！」

一個星期過去了。原本光禿禿的地面，居然長出許多青翠的草苗。一些原來沒播種的角落，也泛出了綠意。

小和尚高興得直拍手。

師父點頭：「隨喜！」

太過執著，猶如握得僵硬頑固的拳頭，失去了鬆懈的自在和超脫。

誠然，生命是一種緣，是一種必然與偶然互為表裡的機緣。有時候命運偏偏喜歡與人作對，你越是挖空心思想去追逐一種東西，它越是想方設法不讓你如願以償。這時候，痴愚的人往往不能自拔，好像腦子裡纏了一團毛線，越想越亂，他們陷在了自己挖的陷阱裡。而明智的人總能明白事理，他們會順其自然，不去強求不屬於自己的東西。

兩個水手因為船隻失事而流落到一個荒島上。

甲水手一上岸就愁眉苦臉，擔心荒島上有沒有充飢之物落腳之處。乙水手一上岸就為自己將要開始一段新的生活而歡呼。

兩個人在荒島上找到一個洞口，乙水手為今晚可以睡一個好覺而慶幸，甲水手擔心洞裡面是否有怪獸。乙水手安然入睡，甲水手輾轉難眠，不知道明天怎麼度過。

上帝可憐兩個水手，竟然讓他們在荒島上意外地發現一袋糧食。乙水手高興得手舞足蹈，而甲水手擔心怎麼把生米煮成熟飯，煮出來的飯是否咽得下。

　　島上沒有淡水喝，他們不得不喝海水。乙說：「喝淡水喝慣了，喝喝海水換換口味。」而甲水手極不情願地把海水嚥下，怨聲載道。

　　每吃完一頓飯，乙水手總是很滿足地說：「又過了一天。」而甲水手總是嘆氣：「唉，假如糧食吃完了該怎麼辦呢？」

　　糧食一天一天減少，終於被他們吃完了。荒島上還有些野果，他們把野果採摘回來。乙水手說：「運氣真好。竟然還有野果吃。」甲水手哭喪著臉說：「從來沒有這麼倒楣過。上帝不要我活了，竟然要吃這樣的野果。」

　　終於野果也吃完了，他們再也找不到其他可以吃的東西了，只好挨餓。為了保持力氣，他們只好躺在洞裡休息。乙水手說：「想不到我竟然什麼也不要做還可以睡覺。」甲水手絕望地說：「死亡離我們越來越近了。」最後一刻，他們都堅持不住了。乙水手說：「終於可以拋開一切煩惱，投奔天國了。」甲水手說：「我還不想下地獄。」

　　乙水手死了，臉上掛著微笑。

　　甲水手死了，臉上充滿悲傷。

　　同樣的結局，不一樣的人生。並不是乙水手不尊重生命，乙水手充分享受到了人生最後過程的樂趣，雖然結果仍免不了死亡，但一切對他來說不是那麼重要了，他死的時候都是快樂的，他沒有留下什麼遺憾了。而甲水手與乙水手截然相反，明知道不可能的事情還是處處在乎，明知道得不到的東西仍然想得到，自己為難自己，自己勉強自己，時時刻刻處於憂慮惶恐之中，最終還不是一樣沒有擺脫死亡。但他最後的人生歷程與乙比起來要差遠了，沒有得到任何的快樂，死的時候也無法瞑目。

事物都有一體兩面。當我們失去某一件東西的時候，必然會得到另外一件東西，雖然我們失去東西的很珍貴，但誰知道你得到的東西不比你失去的東西更珍貴呢？但我們大多數人都意識不到這一點，失去的已經證明它很珍貴了，得到的還需要一段時間證明它是否珍貴。所以，我們應該耐心等待。

凡事想開一點，這應是我們的處世哲學。既然已經發生了，我們就坦然地接受。俗話說，是福不是禍，是禍躲不過。當不可預料的打擊降臨的時候，當我們無法改變悲劇的時候，那麼我們就好好欣賞悲劇吧。我們無法改變世界，但至少可以改變自己。

凡事想開一點，保持樂觀豁達的心胸是我們前進的動力。

微笑著面對生活

微笑是世界上最有效的通行證，它能指引著我們通向快樂、通向幸福，甚至還可以給人以生存的希望 ——

西班牙內戰時，哈諾．麥卡錫參加了國際縱隊，到西班牙參戰。在一次激烈的戰鬥中，他不幸被俘虜，被投進了單間監牢。審訊他的人輕蔑的眼神和惡劣的態度，使他感到自己像是一隻將被宰殺的羔羊。他從獄卒口中得知自己第二天即將被處死。他的精神立刻垮了下來，恐懼占據了他全部身心。他雙手不停地顫抖著伸向上衣口袋，想極力摸出一支香菸來掩飾自己的這種心神不寧。這個衣袋被搜查過，竟然還留下一支皺皺巴巴的香菸。因為手抖不止，他幾次才把菸送到幾乎沒有知覺的嘴上。接著，他又去摸火柴，但是沒有，被搜走了。透過牢房的鐵窗，藉著昏暗的光線，他看見了一個士兵。對方沒有看見他。當然，也用不著看他。他當時無望地想，自己不過是一件無足輕重的東西，而且馬上就會成為一具讓人噁心的

屍體。但他顧不得獄卒會怎麼想他了，他用平靜的、沙啞的聲音一字一頓地對他說：「對不起，有火柴嗎？」對方慢慢扭過頭來，用冷冰冰的、不屑一顧的眼神掃了他一眼，深吸了一口氣，慢吞吞地踱了過來。對方臉上毫無表情，但還是掏出火柴劃著火送到了麥卡錫嘴邊。

　　那一刻，在黑暗的牢房中，在那微弱又明亮的火柴光下，獄卒的目光和麥卡錫的目光撞到了一起。麥卡錫不由自主地咧開了嘴，對他微笑了一下。連他自己也不知道為什麼會對他微笑，也許是因為兩個人離得太近了，一般在如此面對面的情景中，人不大可能微笑。但是，如同在兩個冰冷的心，在兩個靈魂間撞出了火花，麥卡錫的微笑對他產生了影響。在愣了幾秒鐘後，獄卒的嘴角開始不大自然地往上翹。點著菸後，獄卒並未走開，他直直地注視著麥卡錫的眼睛，臉上露出了自然的微笑。而麥卡錫也一直保持著這種難得的微笑，此時他意識到對方不是一個士兵、一個敵人，而是一個人。這時，對方也好像完全醒悟一樣，開始從另一個角度來審視麥卡錫，他的眼中流露出人性的光彩，探過頭來輕聲問：「您有孩子嗎？」「有，有，在這裡呢！」說著麥卡錫用顫抖的雙手從衣裳袋裡掏出皮夾，拿出他與妻子、孩子的合照給對方看，這時對方也趕緊掏出他和家人的照片給麥卡錫看，並說：「出來當兵一年多了，想孩子想得要命，要再熬幾個月，才能回一趟家。」麥卡錫聽著，淚水不住地往外湧，他對獄卒說：「你的命可真好，願上帝保佑你平安回家，可是我再也不能見到我的家人，再也不能親吻我的孩子了……」他邊說邊用髒兮兮的衣袖擦眼淚、鼻涕。獄卒的眼中也充滿了同情的淚水。忽然，他的眼睛亮起來，把食指貼在嘴唇上，示意麥卡錫不要出聲。他機警地、輕輕地在過道上巡視了一圈，又踮著腳尖跑過來。他掏出鑰匙打開了麥卡錫的牢門。此時麥卡錫的心情萬分緊張，緊緊地跟著獄卒貼著牆走，一直走出監獄的後門，又

走出了城。之後，獄卒一句話也沒說，轉身往回去了。麥卡錫的生命就這樣被一個微笑挽救了。

微笑討人喜愛且富有魅力。英國詩人雪萊（Percy Bysshe Shelley）說：「微笑，實在是仁愛的象徵，快樂的源泉，親近別人的媒介。有了笑，人類的感情就溝通了。」確實，微笑是溝通彼此心靈的管道。當你向別人微笑時，實際上就是以巧妙、含蓄的方式告訴他，你喜歡他，你尊重他，這樣，你也就容易博得別人的尊重和喜愛，贏得別人的信任。生活中多一些微笑，也就多了一些安詳、融洽、和諧與快樂。

微笑跟貧富、地位、處境沒有必然的連繫。一個富翁可能整天憂心忡忡，而一個窮人可能心情舒暢；一個處境順利的人可能會愁眉不展，一個身處逆境的人可能會面帶微笑。一個人的情緒受環境的影響，這是很正常的，但你經常苦著臉，一副苦大仇深的樣子，處境並不會有任何的改變；相反，如果微笑著去生活，那就會增加親和力，別人更樂於跟你交往，你得到的機會也會更多。人生大部分時候都在等待，在等待開往下個站的巴士，在等待屬於自己的天空，而在等待機會中，何不微笑一下，也許，你的下一站就會更精彩。

讓幽默無處不在

無論身處何種境遇，幽默和笑聲對於生活都是必不可少的。生活中時時刻刻都要求我們必須是一個心態上的強者，否則我們就會缺乏繼續前進的勇氣。在不利的人生境遇中，更需要幽默和達觀的笑聲。夏姆費特說過：「完全虛度的時光，就是我們從來不曾笑過的歲月。」

有一天，古希臘哲學家蘇格拉底正在和一群學生談論學術問題，他脾

氣暴躁的妻子突然衝了進來，不由分說地大罵一通，接著又提起裝滿水的木桶猛地澆了過來，把蘇格拉底全身都弄溼了。學生們以為老師一定會大怒，然而出乎意料，他只是笑了笑，風趣地說：「我知道，雷聲過後，一定會下雨的。」大家聽了，不禁哈哈大笑，蘇格拉底的妻子也不好意思地退了出去。在日常生活中，絕大多數人都難免會與家人或同事發生不愉快的事，在這種時候倘若能像蘇格拉底那樣，就往往能化緊張為寬鬆，保持互助友愛、平等協調的人際關係。

幽默是有知識、有修養的表現，是一種高雅的風度。幽默人人喜歡，因為它會給人帶來歡樂和幸福；幽默人人嚮往，因為它能使人氣質非凡、魅力獨具。幽默來自良好的心態和樂觀的個性，一個具有幽默感的人在與別人的交往過程中更容易獲得信任和喜愛。德國作家哈帕·布拉爾（Harpal Brar）說：「使人發笑的，是滑稽；使人想一想才發笑的，是幽默。」一個具有幽默感的人能從自己不順心的境遇中發現某些「戲劇性因素」，從而使自己達到心理平衡。

幽默是健康生活的營養品，是人際關係中心靈與心靈間快樂的天使。擁有幽默，就擁有了愛和友誼，凡具有幽默感的人所到之處，皆是一片歡樂和融洽氣氛，他們偶爾說一句幽默的話，做一個滑稽的動作，往往都能引起人們會心的笑聲，這種笑除了給人以哲理的啟迪外，還能促進腎上腺素的分泌，加快全身血液循環，使新陳代謝更加旺盛，有延年益壽之功效，「笑一笑，十年少」正是這個道理。

幽默是一種修養、氣度和胸懷。這同時是一個社會對人才高素養的要求，是現代文明的呼喚。在日常生活中，人們之所以常常對幽默的人刮目相看，就是因為幽默的人常常為人們撐起一片風和日麗的天空，散發著幽雅的文明氣息，給人以平和安寧之感。

幽默是智慧的產物。如果把幽默比擬成一個美人，她應該是內涵豐富、豔若桃花、氣質如蘭的，她應該能給人帶來愉悅的享受。她比滑稽更有氣質，也更加耐人尋味。幽默者不僅是為了擺脫困境，保護自己。更是為了塑造自我、完善自我。好多事情只要多用一點幽默的方法去處理，便能變被動為主動，變嚴肅為歡快。幽默本身就是一門學問、一門藝術、一種智慧。

美國學者特魯說過：「幽默是一種能力，一種了解並表達幽默的能力；幽默力量是一種藝術，一種運用幽默和幽默感來增進你與他人的關係，並改善你對自己作真誠評價的一種藝術。」

幽默對於每一個人來說都是一種才能、一種財富、一種靈氣、一種生命力、一種境界、一種風度，幽默需要有豐富的知識，高尚的思想修養。知識是幽默的源泉，知識豐富了，幽默就會如泉水一般湧出。有人說：「幽默者的心是熱的。」德國詩人歌德說：「幽默只適用於有教養的人，因此並非每個人都能懂得每件幽默作品。」可見，幽默不是人人都適用的，知識淺浮、心胸狹窄、行為粗俗、人格低下者運用幽默，雖然有時也能引人發笑，但那是屬淺薄無知的表白或是庸俗低級的玩笑，絕非詼諧高雅的幽默。

生活中不能沒有幽默，沒有幽默的人就像沒有抗震彈簧的馬車，路上每一塊石頭都會對他造成顛簸，幽默這人生之車的彈簧會幫我們在人生之路上太緊張時放鬆一下，太放鬆時緊張一下，保佑我們一路平安。有幽默感可以說是有了一份生活的安全保險。

幽默的素養既是天生的，又是可以在學習運用中逐漸培養的。要培養自己的幽默感，首先應加強自身的思想學識修養，要與人為善，注意培養自己的機智、敏銳和樂觀主義精神，其次還要多學習詼諧風趣的開玩笑方

法，注意領會幽默的神質並加以吸收，使幽默細胞不斷增加。總之，不斷實踐，坦率、豁達地與朋友交往，幽默感就會漸漸增強。

快樂就是這麼簡單

　　德國哲學家康德認為：「快樂就是我們的需求得到了滿足」。快樂是人精神上的一種愉悅，是一種心靈上的滿足，它會使一個人變得開心。它是抽象的，亦是具象的；它是無形的，亦是有形的。無可置疑，我們每個人都渴求快樂的元素。那麼，快樂在哪裡呢？

　　第一，主動尋覓、用心追求才能得到。追求快樂之道有一個大前提，那就是要了解快樂不是唾手可得的。它既非一份禮物，也不是一項權利；你得主動尋覓、努力追求才能得到。當你領悟出自己不能呆坐在那裡等候快樂降臨的時候，你就已經在追求快樂的路途上跨出了一大步了。怎麼樣？感覺不壞吧？先別樂，等你走完其他九步之後，你就必能到達快樂的真正境界。

　　第二，擴大生活領域、嘗試新的事物。當你肯嘗試新的活動，接受新的挑戰時，你會因為發現多了一個新的生活層面而驚喜不已。學習新的技術、開拓新的途徑，都可以使人獲得新的滿足。可惜許多人忽略了這一點，平白喪失了使自己發揮潛能、獲取快樂的良機。許多人以為自己應該等待一個適當的時機，以穩當的方法去開拓前程。這種想法未免過於保守，因為那個適當的時機可能永遠不會到來。任何人的生命都不是精心設計、毫無差錯的，所以應該有準備迎接挑戰的勇氣。

　　第三，天下所有的事情並非只有一個答案。追求快樂的途徑很多，不光是只有你死心眼認定的那一個。一般人往往認為自己這一生只能成功地擔任一種工作，扮演一個角色，甚至以為如果不能得到或辦到這一點，自

己就永遠不會快樂，這種想法未免太狹窄了。不能達到目標固然痛苦，可是這並不表示你從此就與快樂絕緣，除非你自己要這樣想。對事物應採取彈性的態度，不要冥頑不靈，記住任何最好的事都不一定只有一個。當然這並不是要你放棄實際、可行、夢寐以求的目標，而是鼓勵你全力以赴，使夢想實現。

第四，勇於追求夢想與希望。蕭伯納有一句名言：「一般人只看到已經發生的事情而說『為什麼如此呢』，我卻夢想從未有過的事物，並問自己『為什麼不能呢』。」年輕人尤其應該有夢想、有希望，因為奮鬥的過程和達到目標一樣，都能使人產生無比的快樂。你要有勇氣夢想自己能成為一位名醫、明星、傑出的科學家或作家等，而且要全力以赴，奔向理想。當然，你的夢想要合理和具體可行，不要好高騖遠，空做摘星美夢。比如你天生一副烏鴉嗓子，就別夢想變成畫眉鳥！還有，你要記住，就算你無法達到這個目標也並非世界末日。白朗寧（Robert Browning）曾說：「如果凡人所夢想的都唾手可得，那還要有天堂幹麼？」

第五，只跟自己比，不和別人比。從我們懂事以後，就感受到「成就」的壓力，這種壓力隨著年齡的增長越來越強烈。因此年輕人處處想表現優異，以為自己非得十全十美，別人才會接納自己、喜歡自己。一旦發覺自己處處不如人時，就開始傷心、自卑，結果當然毫無快樂可言。所以你應該用自己當衡量的標準，想想當初起步錯在哪裡，如今有無進展。如果你真的已經盡了力，相信今天一定會比昨天好，明天一定比今天更好。

第六，關心周圍的人、事、物。假如你對某些人、事、物很關心的話，你對生命的看法一定會大大改觀。如果你只為自己活，你的生命就會變得很狹隘，處處受到局限。以自我中心的人也許會不斷地進步，但是卻永遠不會感到滿足。那麼，你應該關心什麼？關心誰呢？張開眼睛想一

想，我們雖然平凡，至少可以幫忙學童上下學，為病人念念書，到老人院打打雜，甚至把四周環境打掃乾淨……只要付出一點點，你就會快樂些。心理學家艾力遜曾經說過：「只顧自己的人結果會變成自己的奴隸！」關懷別人的人，不但能對社會有所貢獻，更可以避免只顧自己，而過著枯燥乏味、毫無情趣的生活。

第七，不要太自信，也不能無信心。過度樂觀的人總以為自己一定能達成所有的目標，因忽略了沿途的險惡，極端悲觀的人老是認為成功的希望非常渺茫，不敢邁步向前。這兩種人都因此失去了許多機會。選定目標時，態度要客觀，判斷要實際，不要太有掌握而掉以輕心，也不可缺少信心而畏首畏尾。

第八，步調太急時要放慢一點。你可能從早到晚忙這忙那，像個時鐘似的團團轉。可是當你停下來思索片刻時，會不會覺得不太舒服，不夠滿意呢？許多人因為害怕面對空虛，就用很多瑣事把時間填滿，結果使生活的步調繃得太緊，反而得不到真正的快樂。把你所做的事全列出來，看看那些是可以刪除的，如此你才能挪出一點空閒的時間，好好輕鬆一下。閒暇也像一種奢侈品，可以使你感到滿足。

第九，臉皮可以厚一點。根據專家調查研究，使人覺得滿足的特點之一就是不要太在乎別人的批評，換句話說就是臉皮要厚一點。不要因外來的逆流而屈服。不要因為別人的冷言冷語就傷心氣憤，以為自我受了莫大的傷害。倒是應該心平氣和地反省一下，如果別人的批評是正確的，你就該改進向上。如果批評是不公正的，何不一笑置之呢？也許剛開始你不太能掌握住應付批評的技巧，因為你也許會很敏感，難免會有情緒上的反應，可是你要練習控制自己，這種技巧是終生受用不盡的。

瞧，快樂就是這麼簡單！你還猶豫什麼？就按照上面的方法實踐吧！

第二十四章
不要讓欲望致使生活失衡

人生之苦，主要是苦在心靈。想得到的得不到，痛苦；得到了發現不過如此，痛苦；得到後失去了，痛苦。人啊，得不到時痛苦，得到了也痛苦，得到後失去了還是痛苦。

欲望如同一把燃燒的火，我們在受其召喚前行時，一不小心也會被它灼傷。一個人不要貪婪、不要太累了，要懂得有失才會有得的道理，適當調節自己的心態，少些欲望、少些貪念，人生才能奏出悠揚美麗的曲調。

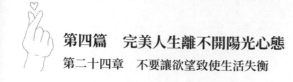

貪婪只會自吞苦果

　　我們都知道：飯不宜吃得過多，最好是吃八分飽。其實，我們在生活中也應該遵循八分飽的尺度。十分、十二分會撐，一分、二分餓著了，八分飽正好。北宋哲學家邵雍就曾說：「知行知止唯賢哲，能屈能伸是丈夫。」行於其所當行，止於其所當止；屈於其所當屈，伸於其所當伸。對自己不放縱、不任意，對別人不挑剔、不苛求，對外物不貪戀、不沉淪。該享受則享受，當勞累便勞累，依理而行，循序而動。如果必須，做得天下，若非合理，毫末不取。

　　然而，在我們的身邊，真正能做到八分飽的人實在不多。在當今社會的各個角落，被「撐死」或被「撐壞」的人處處可見。破產的企業家，入獄的官員，這些所謂的「菁英」在名、利、色的誘惑之下，貪婪地索取著，直到「撐死」。菁英尚且如此，平常人又豈會高明到哪裡去？

　　樂不可極，樂極生悲；欲不可縱，縱欲成災。酒飲微醉處，花看半開時。貪婪者往往被物所役而利令智昏，而深味八分飽者卻能役物。一個人只有役物，才能在物欲橫流的滄海中冷靜進取、保持一種高蹈輕揚的人生態度。

　　天使看到一個貧窮的農夫居無片瓦、食不果腹、衣不遮風的樣子，動了惻隱之心，決定幫幫這個可憐的人。於是在一個清晨，天使對農夫說，只要他跑一圈，並在日落前跑回來，那麼他所跑過的土地就全部歸其所有。

　　農夫聽了天使的話，高興得趕緊朝前跑去。他跑啊跑啊，累了想停下來休息一會兒時，想到家裡的妻子兒女們都需要更多的土地來保障優越的生活，又打起精神拚命地往前跑……有人告訴他，你到了該往回跑的時候了，不然，你就無法在天黑之前回到起點。農夫根本聽不進去，他只想得到更多

的土地，更多的金錢，更多的享受。直到太陽快要下山，他才拚命地往回跑。然而那麼遠的距離，要怎樣的速度才能趕在太陽下山前跑回去呢？最後，又累又急又渴又餓的農夫，終因心衰力竭，倒在太陽的餘暉下。生命沒有了，土地沒有了，一切都沒有了，過度的貪婪使他失去了一切。

縱觀社會，總能夠找到不少農夫的身影。不可否認，人的欲望有很多，口腹之欲只不過是其中的一種而已。除此以外，還有對金錢的占有欲，對權力的獲得欲，對美色的擁有欲……欲望沒有止境，而我們的心中應該有一個度。多少人因為放縱了自己的欲望，十分甚至十二分地去滿足自己，結果或是竹籃打水一場空或是身陷囹圄空餘恨。

欲望如同一把燃燒的火，我們在受其召喚前行時，一不小心就會被它灼傷。明末清初有一本書叫《解人頤》，其中的有一首詩把貪婪者的心態刻畫得入木三分：「終日奔波只不飢，方才一飽便思衣；衣食兩般皆供足，又想嬌容美貌妻；娶得美妻生下子，恨無田地少根基；買得田園多廣闊，出入無船少馬騎；槽頭拴了騾和馬，嘆無官職被人欺；縣丞主簿還嫌小，又要朝中掛紫衣；做了皇帝求仙術，更想升天把鶴騎；若要世人心裡足，除非南柯一夢兮。」當然，這是誇張的寫法，卻形象地反映了一些人的貪婪心態。

兩千多年前，老子就在《道德經》裡說：「知足者富。」但就這麼四個字的道理，至今還是有很多人沒有領悟。貪婪者往往被物所役，而知足者卻能役物。一個人只有知足，才能保持一種高蹈輕揚的人生態度。因此，在我們辛苦工作、奔波勞累的空當，不妨靜下心來問自己一句：我是否吃得太飽，是否要得太多？

有欲望並不是一件壞事。每一個正常人都有欲望，有欲望乃是人之常情。就是一心向佛的人，也有「了生死，出輪迴」或「度眾生」的欲望。

問題是，面對欲望，我們應有一個度的掌握，裝填過少則行動力不足，裝填過多又會造成翻車等嚴重後果。

總之，一個人不要貪婪、不要太累了，要懂得有失才會有得的道理，適當調節自己的心態，只有這樣，才有可能保持平衡，以待走得更遠。

一個人要懂得滿足

很多時候，我們根本不知道滿足，甚至為了「了卻君王天下事」，對生前身後的功名也期待頗多。對於前世，我們會埋怨父母沒有把我們生養在富貴之家，對於後世，總是抱怨子孫們不能個個如龍似鳳。對於我們所有的這些不滿足，其實還是來自於我們自身。

有人認為：現代社會不應該提倡知足常樂。這是因為知足就是對現狀滿足，而滿足又往往導致思想不進取，提倡知足常樂會給現代社會帶來種種弊端，不利於現代社會的健康發展。乍看之下沒錯，其實不然，他們錯誤地理解了「知足」的真正含義。所謂「知足」者，是知道「足」與「不足」矣。他們簡單地把「知足」理解成「滿足」，然後順理成章地得出了一個錯誤的結論。

當一個人不知足時，他在實現了一個願望後，必定還要有第二個願望，而且將來還會接著有更多、更大的願望。沒有一個人認為他自己的生活中已經不再缺少什麼，假如一個人退居一個惡劣的生活環境中時，他總會嚮往或懷念曾經美好的生活，但在他自己置身於值得滿意或甚至值得羨慕的生活中時，他總還是覺得貧乏和不如意。

不知足的可怕之處，不僅在於摧毀有形的東西，而且還會攪亂你的內心世界。而你的自尊、你的原則都可能在不知足面前垮掉。常言道：欲壑

難填。要知道人的欲望一旦爆發，那真是不可收拾！和坤，歷史上有名的大貪官，據說他的家產富可敵國，他要那麼多錢做什麼？他想當皇帝？他個人、老婆、孩子能用多少錢？可是他就是不知足，就是要不斷地貪，以至後來被嘉慶皇帝賜三尺白練自裁。

所以，在生活中，我們要知足常樂。

在 1908 年英國倫敦的奧運會上在馬拉松的比賽中，瘦小的義大利運動員第一個跑進了賽場。途中他多次摔倒，在最後離終點還有 15 公尺時撲倒在地，兩名醫護人員將他攙扶著衝過了衝刺線，他獲得了第一名。但最後，這名運動員的獎牌被取消了，因為裁判認為他不是憑藉著自己的力量到達終點的。英國的彼得大主教在頒獎典禮上說：「參賽比金牌重要。」而這名運動員也很釋然，雖然沒有得到金牌，卻讓所有的人看到了自己的努力。這，就是知足。

許多人的生活水準提升了，工作的環境也變好了，但是幸福感卻減少了。原因是什麼呢？主觀上是因為人們的心理不平衡，許多人受市場經濟負面的影響，受「金錢萬能」、「有錢就有一切」思想的影響，比較心理、虛榮心理增強。生活上比豪華舒適，工作上比職務待遇，導致心理失衡。而在客觀上又缺少正確的心理引導。

要增強幸福感，就必須依靠自我不斷地調適。那怎麼去調適呢？具體來說，就是要有知足常樂的人生態度。用「知足常樂」平衡自己、平衡心態。要對自己所處的生活和工作有知足感，要對自己的生活與工作被人們和社會的肯定有知足感。

知足常樂，知足就是幸福的源泉，常樂就是幸福的繼續。只要我們時刻保持著一種知足常樂的心態，幸福就會隨之而來。

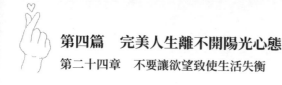
不妨把名利看淡些

　　乾隆皇帝下江南時，來到江蘇鎮江的金山寺，看到山腳下大江東去，百舸爭流，不禁興致大發，隨口問一個老和尚：「你在這裡住了幾十年，可知道每天來來往往多少船？」老和尚回答說：「我只看到兩艘船。一艘為名，一艘為利。」

　　真是一語道破天機！

　　讓我們繼續看下面的故事：

　　有個人整天煩惱纏身，患得患失，什麼事情也不想做，於是就去尋求能夠解脫煩惱的祕訣。

　　一天，他走到一座山腳下，看見生長著綠草的牧場有個牧羊人騎著馬，嘴裡吹著笛子，發出悠揚的韻調，非常逍遙自在。於是他問這個牧羊人：「你怎麼過得這麼快樂？能教會我怎麼才能像你一樣快樂，沒有苦惱嗎？」

　　牧羊人說：「沒什麼，騎騎馬，吹吹笛，什麼煩惱都忘記了。」

　　他試了試，但卻沒有什麼效果，於是，他放棄了這個方法，又去繼續尋求。不久，他來到一座廟宇，看見一個老和尚在洞裡修行，面帶微笑，看起來是個智慧的人。

　　他深深地鞠了一個躬，向老和尚說明來意。

　　老和尚說：「你想尋求解脫嗎？」

　　他說：「是。」

　　老和尚說：「有人捆住你嗎？」

　　他說：「沒有。」

　　老和尚又說：「既然沒人捆你，談什麼解脫呢？」

　　人往往是自己不能醒悟，凡事執迷不悟，豈不知做人要幾分淡泊，名和利都是羈絆，你若太執著，哪能有解脫呢？

　　古人說，「世人熙熙，都為名來；世人攘攘，都為利往。」人活在世上，無論貧富貴賤，窮達逆順，都免不了要和名利打交道。然而，煩惱和羈絆都是因為自己的不能捨棄或是看得過重引起的。尤其是名利二字，人人都離不開，誰能撇開這兩個字去為人處世呢？人生在世，君子聖賢雅士也好，小人俗人凡人也罷，誰也不會做無所謂的捨棄。俗人愛財，君子就不愛嗎？聖賢若是沒了一日三餐，也要去賺錢的。但君子愛財，取之有道。不要太過執著，要懂得放棄，這樣才能做到淡泊俗世。

　　人世間最難得的就是擁有一顆淡泊名利的平常心，不為虛榮所誘、不為權勢所惑、不為金錢所動、不為美色所迷、不為一切的浮華沉淪。所以在一些人看來，能將功名利祿看穿，將勝負輸贏看透，將榮辱得失看破，就能自我解脫，從而達到時時無礙、處處自在的境界。

　　淡泊名利其實是一種人生境界。名利本身並不是人生追求的最終目的，追求名利主要還是為了滿足欲望。因此，要淡泊名利，無私奉獻，必須從根本入手，控制住自己的物欲。俗話說，「世上莫如人欲險」。如果抵禦不了這種誘惑，總想高消費，過上等人的生活，而靠現有條件又滿足不了，那就必然會去爭，甚至有可能走上違法犯罪的道路。一個人的物欲越強，他的名利思想也就越強。如果物欲淡一些，做到寡欲，也就比較容易淡泊功名，達到「人到無求品自高」的常態。

　　當我們了解到名利不過是人生的一種常態，就該調整自己的心態，以平常心對待名與利。我們應大大方方地面對名利，真真實實地付出努力去贏得名利。即使得不到，也無須尋死覓活。因為我們心裡知道，名利只是人生的一部分，而不是全部。人生還有比名利更為重要的東西，比如愛

情、家庭和健康，這些同樣會帶給我們無比的幸福與快樂。

淡泊絕不是消極的人生態度，淡泊往往是一個人經過冬之寒冷、春之招搖、夏之熱烈之後，擁有的一種秋的沉靜。古人云：「不妄沒於勢力，不誘惑於事態，只要心有長城，能擋狂瀾萬丈。」多少人固守清儉，威武不屈，富貴不淫，貧賤不移，留得清氣滿乾坤；多少人在寧靜淡泊中展開理想的翅膀，如大雁飛過長空，經歷順境和逆境，不留任何痕跡於藍天。

對於我們現代人來說，能懷～顆平常善良之心，淡泊名利，對他人寬容，對生活不挑剔，不苛求，不怨恨，寒不改綠葉，暖不爭花紅，富不行無義，貧不起貪心，這何嘗不是一種練達的智慧呢？

放下不意味著失去

小和尚跟著老和尚下山去化緣，走到河邊時看見一女孩正煩惱沒辦法過河。老和尚就對女孩說：「我背你過去吧！」於是，就把女孩背過了河。小和尚驚得目瞪口呆，但又不敢問。走了大約二十里後，小和尚實在忍不住問到：「師父，我們是出家人，你怎麼背那個女孩過河了呢？」老和尚淡淡地說道：「我把她背過河就放下了，你怎麼走了二十里還沒放下呢？」

拿得起就要放得下，這是生活教給我們的智慧。可是，在生活中，我們中的很多人卻像小和尚一樣，時常被沉重的包袱壓得無所適從，但仍然捨不得放下。得到的越多，還想得到更多。

有一則關於佛陀的傳說：

梵志雙手持花獻佛，佛云：「放下。」

梵志放下左手之花。佛又道：「放下。」

梵志放下右手之花。佛還是說：「放下。」

梵志說：「我手中的花都已經放下了，還有什麼可再放下的呢？」

佛說：「放下你的外六塵、內六根、中六識，一時會去，捨至無可捨處，是汝放生命處。」

當你在生命的旅途中感到疲倦的時候，你有沒有想到放下？當你陷入在煩惱中無法自拔的時候，你有沒有想到過放下？

放下，其實是一種生存的智慧。

當我們放下壓力，小心翼翼地擦去心靈上的灰塵，讓心靈像白雲一樣飄浮在藍天之上時，坎坷的道路就不會再成為羈絆，我們的腳步就會輕盈。

當我們放下煩惱，學會平靜地接受現實，學會坦然地面對厄運，學會積極地看待人生時，陽光就會溜進心來，驅走黑暗，驅走所有的陰霾。

當我們放下抱怨，開始上路，我們就會看到所有偏見和不順就會走開，所有的幸福都會向你走來。

當我們放下狹隘，我們就會看到眼前的世界是多麼的寬廣 —— 寬容別人，其實也是給自己的心靈讓路，只有在寬容的世界裡，才能奏出和諧的生命之歌！

有時候如果我們不懂得放下，面臨的有可能是死路一條。

祖父用紙給孫子做過一條玩具長龍，長龍腹腔的空隙僅僅只能容納幾隻半大不小的蝗蟲慢慢地爬行過去。但祖父捉過幾隻蝗蟲，投放進去，牠們都在裡面死去了，無一倖免。祖父說：蝗蟲性子太急，除了掙扎，牠們沒想過用嘴巴去咬破長龍，也不知道一直向前可以從另一端爬出來。因此，儘管牠有鐵鉗般的嘴殼和鋸齒一般的大腿，也無濟於事。

當祖父把幾隻同樣大小的青蟲從龍頭放進去，然後再關上龍頭，奇蹟出現了：僅僅幾分鐘時間，小青蟲們就一一地從龍尾默默地爬了出來。

命運一直藏匿在我們的思想裡。許多人走不出人生各個不同階段裡或

大或小的陰影，並非因為他們天生的個人條件比別人要差多遠，而是因為他們沒有想過要將陰影的紙龍咬破，也沒有耐心慢慢地找對一個方向，一步步地向前，直到眼前出現新的洞天。

　　一位登山愛好者，在一次攀登雪峰的過程中，突然遇到了十級大風，雪花漫天飛舞，能見度僅一公尺左右。此時登山愛好者不慎失去重心，摔落懸崖，幸好他頗有經驗一把抓住了安全繩子，僅存一線生機的他死死抓住繩索，暗自哭喊著：「上帝，你救救我吧！」「可以，不過你應相信我所說的一切。」上帝憐憫道。「好，你說吧。」他驚喜萬分。上帝頓了頓說：「你放下繩索，就可得救。」好不容易抓到這根救命繩索的登山者，哪肯放下呢？第二天早晨，暴風雪停了。營救隊發現了離地面僅兩公尺的凍僵屍體。

　　放下並不意味著失去，相反，放下是為了更好地生存。

第二十五章
定時清掃自己的情感垃圾

情感垃圾，就是那些阻礙我們前進的負面情緒 —— 憤恨、自怨、自憐、嫉妒、遷怒、不信任、悔恨等，這些垃圾如果在我們心中淤積久了，就會破壞正常的生活。所以，你需要不斷地清掃這些情感垃圾，這就像需要維持自己房間的清潔一樣重要。

當你發現自己被情緒垃圾包圍的時候，那就及時行動吧，把情感垃圾打包封存，調適好內心的情緒，用愉快的心情迎接新的一天。

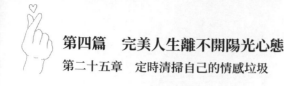
需要「情感吸塵器」

隨著社會發展越來越快速，環保的意識也被提升到前所未有的高度。然而，你是否想過，與周圍的環境一樣，我們的心靈也會被雜質汙染，這時，你也需要給自己的心靈樹起一面環保的旗幟。

只要你留心，就會發現，人們心中常有恐懼、猜疑、憤恨、自怨、自憐、嫉妒、遷怒、不信任、悔恨、不甘願等阻礙我們前進的負面情緒。負面情緒在心靈中淤積久了，就會破壞你正常的生活。你需要不斷清掃這些情感垃圾，就像需要維持自己房間的清潔一樣。我們不妨設想出一種稱為「情感吸塵器」的「清潔工具」。

要用好這件「情感吸塵器」，你首先得注意自己要說些什麼。通常，你是否喜歡談論周圍環境中的消極東西？你在講話時是否常用一些否定詞，如「不能」、「不會」、「不應該」、「不可能」？你是否還常用一些含有消極或反面意思的詞，如「糟糕」、「可怕」、「自私」、「錯誤」、「討厭」？你是否總喜歡沒完沒了地責怪別人或自己「為什麼不……」、「怎麼回事……」？

首先你要發現這些詞語，聽見它們，你才能夠注意加以改變。一旦你真誠地注意了自己的言談舉止，聽到自己口中傳出這些消極的語句，你就能夠開動吸塵器，把那些消極的東西清除乾淨。這樣，你便會有較多的餘地容納美好的事物，在情緒上更多地考慮更積極的方面。

也許你說：「嗯，不錯，我的確習慣於講許多消極的話，但從前我一直沒有注意到這一點。我已經非常習慣這樣的言談方式了，還可能改變嗎？」

絕對可以！

每次當你聽到自己在講那些消極話，馬上停止！開動你的「吸塵器」，把那些消極悲觀的垃圾打掃乾淨。現在開始實際想像下述情景：在

你的額頭上有一個玩具式的小吸塵器，正在把思想中的塵埃 —— 過去的悲傷、現時的困難、將來的災禍以及你常說的那些消極話語統統吸掉。

打掃完心靈的空間之後，空白的心靈空間馬上要去填補，因為不愉快的念頭總是在我們完全意想不到的時刻闖進頭腦裡去。所以，你不僅要用「情感吸塵器」清除這些不愉快的想法，而且，要學會把健康積極的思想情感裝進自己清空的頭腦中。

比如：在一天非常勞累的工作之後，你走進廁所，打開水龍頭、沖澡淋浴。熱騰騰的水噴灑在你的皮膚上，使你感到無比愜意。但此時，你突然想到了今天工作中，你的主管曾經對你上個月的彙報表示很不滿意。你的心情一下降到了低谷，不愉快的思想霎時間占據了你整個頭腦。

如果你是個旁觀者，你可能會理智地想，淋浴時想這些有什麼用？渾身都是沐浴乳泡沫，又不能立刻走進公司，再和主管討論業務，解釋情況。要知道，高高興興沖澡淋浴之後，你的精力會更充沛，也許明天回到公司後解決問題會更有效。但是，由於你的聯想，你不知不覺讓不愉快的東西進入了你原本可以用來休閒和恢復精力的時間。

所以，趕快使用你的「情感吸塵器」，把你有關工作的事情統統排除掉。因為你現在根本無法去解決這件事情。積極的心態是把事情一件件地做完，盡情享受此時此刻的快樂。記住，你有責任使自己的好情緒不受破壞，否則，情緒的累積會讓自卑無聲無息地進入你的心靈。

清除了腦中的煩惱之後，你可以用一些積極愉快的想法來代替。想像路上見到一個活潑的女孩，或者上次休假時一次盛大的聚會，或者僅僅是一束鮮花……當你覺察到又有消極的東西試圖侵入你的心靈時，什麼東西最能激發你積極的情緒，你就聯想什麼。或者尋找一個放鬆的辦法，如跑步、打球、和朋友閒談，或者看一部刺激的電影。

每當困難或消極的念頭占據了你的大腦時，你就應使用聯想的方法加以排除。只有你自己才能控制自己的神經系統，使它遠離消極的運轉模式。做一個環保的人，就像把自己的房間打掃得乾乾淨淨一樣，也要把自己的頭腦清掃得一塵不染，因為它是你最寶貴的東西。

適度發洩你的憤怒

人們總是被鼓勵避免憤怒，因為，據說發怒是非常有害的。事實上，憤怒是每個人心裡一種不可避免的情緒。關鍵是採取適當的方式表達自己憤怒。

憤怒是人在受到侵犯、威脅或者受到攻擊時為了保護自己而做出的自然反應。它其實是在向你警告：「小心，有危險。」這個時候你的腎上腺素出來，身體裡有一股熱流湧動，你甚至感到自己脖子後面的肌肉都緊繃了，整個身體隨時準備採取行動。憤怒經常是身體在發出訊號，告訴我們需要劃定某個界限，照顧好自己。憤怒並不意味著我們要攻擊或是責備別人，而是意味著我們清楚地知道自己的感受是什麼，從而能夠採取恰當的行動。

在這個世界上，我們需要有自己的憤怒反應系統，這樣我們才能夠感到安全。那些很容易與別人相處、人際關係非常廣泛的人，通常在孩提時代就已經養成了對外在危險進行自然反應的習慣，形成了這樣的系統。可是，如果人們形成了脅迫性的潛意識壓抑力，這種壓抑力在人們內心裡有了一絲憤怒的時候就會立刻做出反應，警告人們：危險，不要憤怒，要壓制自己的憤怒。於是，我們不表示出自己的憤怒，而是痛哭或者是生病，或是為激怒我們的人尋找藉口。

　　表達憤怒和不滿的基本方式是理清楚自己的思路，明白真正讓自己感到煩惱的是什麼。你的目標是撥開烏雲，重見天日，讓自己平靜下來，而不是責備或者是傷害某一個人。比較溫和的開始方式是承認同別人相處的重要性：「我想我們之間的關係需要有透明度，這樣我們才能夠感到親密。」

　　實際上，用適當的方式表達自己的憤怒是一個需要時間、判斷和不斷學習的過程。在你開始了解自己的憤怒並學著將它表達出來的時候，你可能覺得有些笨拙，特別沒有技巧，或者沒有了任何動力，最後的結果是小聲嘟嚷出來或者是低聲抱怨。其實，跟其他任何事物一樣，用適當的方式表達憤怒需要反覆的實踐和鍛鍊，才能夠慢慢地使用自如。

　　你知道怎樣正確發洩憤怒嗎？下面的測試或許能為你提供答案。

1. 我從沒有或極少發怒。

　　a. 同意　　b. 部分同意　　c. 不同意

2. 我避免表達憤怒，因為大多數人會誤解為仇恨。

　　a. 同意　　b. 部分同意　　c. 不同意

3. 我寧願掩蓋對朋友的憤慨也不願冒失去他的風險。

　　a. 同意　　b. 部分同意　　c. 不同意

4. 還沒有人靠大發雷霆在爭論中獲勝。

　　a. 同意　　b. 部分同意　　c. 不同意

5. 我願意自己解決怒火，不願向別人傾訴。

　　a. 同意　　b. 部分同意　　c. 不同意

6. 遇到沮喪情景時發怒，不是成熟或高尚的反應。

　　a. 同意　　b. 部分同意　　c. 不同意

7. 你對某人正發怒時，處罰他可能不是明智的行為。

a. 同意　b. 部分同意　c. 不同意

8. 發怒時越說越怒，只會把事情弄得更糟。

a. 同意　b. 部分同意　c. 不同意

9. 發怒時，我通常掩飾，因為我怕出醜。

a. 同意　b. 部分同意　c. 不同意

10. 當對親密的人感到生氣時，應該以某種方式說出來，即使這樣做很痛苦。

a. 同意　b. 部分同意　c. 不同意

得分：

選「a」的每題得 1 分，選「b」的每題得 2 分，選「c」的每題得 3 分，然後計算總分。

得分在 24 ～ 30 分：你承認憤怒情緒的存在，並了解到應該怎樣表達憤怒才能更好地維護人際關係。

得分在 17 ～ 23 分：你對應該怎樣表達憤怒才能煙消雲散及其這樣做的理由有一般性的掌握，但還有改進空間。

得分在 10 ～ 16 分：你不懂得如何處理憤怒情緒以便改善與他人的關係。或許感覺憤怒會讓你內疚，特別是親密的人惹你生氣時。記住：最好在當時就表達你的憤怒，勝於事後幻想報復。

在此，我們需要作進一步解釋：

正確表達你的憤怒有兩個充足的理由。第一，可以發洩不愉快的情緒，這種沮喪感如果蓄而不發，可能導致不公正的報復行為。第二，這是敦促對方改正行為的方法。

但只是和對手或某個中間人把衝突說個明白，可能只是列舉抱怨，不會減少憤怒。發洩憤怒時，一定要達到相互諒解，否則對雙方都沒好處。如果把憤怒（一種情緒）與攻擊行為（暴力行為）混淆，會影響我們表達自己的感受。

卡羅爾·塔佛瑞斯（Carol Tavris）指出，說出憤怒對雙方來說都可以是一種正性體驗，但要選擇成熟的表達方式 —— 憤怒的表達不是為了讓某一方狼狽不堪。憤怒可以轉變為口頭表達煩惱、不快或委屈。談論某次錯誤行為，其首要目的是消除任何受傷情緒，並確保下不為例。如果未能談論自己的憤怒，就不會修正過錯方行為，那麼我們討厭的行為或言語還會重演。

加州心理學家和婚姻諮詢師喬治·巴哈博士（Dr. George Baja）曾接待過幾對以消極方式表達憤怒的夫婦，他們採用非身體性攻擊手段發洩憤怒。巴哈博士得出結論，不會正確表達憤怒並因此不公正地還擊的夫婦，通常關係很差。巴哈及其他專家認為，憤怒一類的消極情緒可以透過正確管道排泄出去。他們呼籲人們學習「創造性爭吵」，表達憤怒但不貶損對方或傷害對方的自尊。這個方法要求雙方在不損害雙方關係的基礎上，坦誠表達各自的情緒。如果「創造性爭吵」不合你的口味，你採用其他方法，一定要確保對方明白你的用意。

總之，我們需要建立這樣一種自我形象：既強硬又不失禮貌；既能夠在適當時候表達不滿，又不失溫柔；既和藹又不失尊嚴。

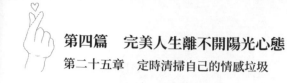
別讓虛榮毀了你

你虛榮嗎？相信多數人都不肯承認。但事實上，虛榮心多數人都有。

在生活中，人們的虛榮展現在很多地方。比如：在我們身邊經常有這樣的人，樣樣要和別人比，比官位，比車子，比住房，比穿衣打扮，比婚喪喜事的排場等。有的人並不富裕，卻硬要打腫臉充胖子，看到別人買車，自己借錢也要買；看到別人結婚搞得排場，自己借債也要弄得更豪華氣派，結果債臺高築，苦不堪言。

還有的人得到一點榮耀，取得一點成就，就自以為了不起，趾高氣揚。常耍小聰明，看誰都是豆腐渣，只有自己是朵花。更有甚者，本事沒有多大，卻傲氣沖天，經常將自己的短處隱藏起來，用自己的長處比別人的短處，並竭力排斥、挖苦、打擊、疏遠、為難比自己強的人，以顯示自己是多麼與眾不同。

莫泊桑（Guy de Maupassant）有一篇名作叫《項鍊》，講述了這樣一個故事：漂亮的瑪蒂爾德因出身卑微不能嫁給有錢人，為了能在一次晚宴上豔驚四座、壓倒群芳，特意從朋友那裡借來一根金項鍊。當她戴著項鍊在宴會上出現的時候，引起了全場人的讚嘆與奉承，她的虛榮心得到了極大的滿足。不幸的是，在回家的路上，這條項鍊遺失了。為了賠償這價值三萬六千法郎的金項鍊，她背負了債務。之後，她整整十年節衣縮食才還清了債務。而頗具諷刺意味的是這時對方告訴她遺失的項鍊是假的。

心理學上認為，虛榮心是一種被扭曲了的自尊心，是自尊心的過度表現，是一種追求虛榮的性格缺陷，是人們為了取得榮譽和引起普遍注意而表現出來的一種不正常的社會情感，是一種心理上不健康的心態，與愛美之心和榮譽感有質的區別。愛美之心和榮譽感太強，超過了一定的度，就

變成了虛榮心，虛榮心表現在行為上，主要是愛慕虛榮，盲目比較，好大喜功，過度看重別人的評價，自我表現欲太強，有強烈的嫉妒心。

虛榮心最大的危害，就是使人在追求目標時會採取不切實際的、錯誤的手段，以致使行為和目標走向偏離，鑄成大錯。法國哲學家亨利·柏格森（Henri Bergson）說過：「虛榮心很難說是一種惡行，然而一切惡行都圍繞虛榮心而生，都不過是滿足虛榮心的手段。」真是一語中的！

追求虛榮，只能得到一時的心理滿足，而非真正的幸福快樂。所以，你要學會拒絕虛榮，別讓它就此毀了你。

嫉妒是一顆毒瘤

嫉妒是一種不良的心理狀態，是由於個人在與他人比較的過程中，發現別人在某一方面或某幾方面比自己強而產生的一種羞愧、不滿、怨恨、憤怒等複雜心理，是人類的一種原始消極情感。《三國演義》中周瑜有「既生瑜，何生亮」的感慨，這雖是諸葛亮的一個計謀，卻暴露了周瑜內心充滿強烈的嫉妒心理。誠然，是人都會嫉妒，隨著當今社會變革急劇、人際競爭越來越激烈，人就更容易產生嫉妒心理了。

在一個鮮花盛開、綠草如茵的山坡下，有一條歡樂地歌唱著流向遠方的小河；山坡上，有一塊凸凹不平的石頭在花草中悲嘆著：「唉！這個世界太不公平了。你瞧那小河，它憑什麼就可以想到哪裡就到哪裡？它飽覽了世上的風光，逛遍了天下美景，它，哼！你看它得意的，不停地唱著歡歌，它憑什麼？憑什麼？論性格，它柔弱無比，哪裡比得上我的剛強？論素養，它只會曲迎善變，哪裡比得上我的剛正不阿？它嘻嘻哈哈，淺薄明白，哪裡有我沉默寡言內涵深刻？可是，我又得到了什麼？我被整日固

定在這山坡上，享受不到環遊世界的樂趣，也無人聽到我心中的悲歌……唉！唉！太不公平了！太不公平了！」

這塊石頭被心中的嫉妒之火燃燒著，它從來沒有感受過生活中的快樂。它身邊的花草勸它：「算了吧，石頭大哥。在這個世界上，各人有各人的特點，各人有各人的樂趣，你何必因為別人的快樂而痛苦呢？在我們看來，您也挺不錯嘛。您看，每天，您的身邊環繞著鮮花綠草，溫暖的陽光從早到晚照耀著您，時而還有牧羊人到這裡與您聊天。您不必為生計煩惱，不必去逢迎什麼，難道這不是您逍遙自在的生活？」

但是石頭聽不進勸告，它決心豁出命去，也要阻止小河的歡樂。

終於有一天，機會來了，一個牧羊人來到這裡，他坐在石頭旁邊休息。

「牧羊老哥，求求您，求求您了！請趕快把我抱起來，放進那條小河裡去。我要阻止它隨心所欲的生活，我不能讓它這麼快樂！哼！最起碼的，它也得帶上我，一起去過環遊世界的生活。」石頭請求著。

「可是……」牧羊人想說什麼，但是這塊妒火中燒的石頭根本不允許他說，再三懇求著。牧羊人無奈，只好把它放在了小河裡。

小河想帶上它去環遊世界，然而它太重了，石頭只隨著小河走了幾步，便一頭跌進一個深坑裡，出不來了。

這塊嫉妒的石頭只好在坑裡繼續謾罵著。現在，它既無法阻止小河的歡樂和奔跑，也無法從深坑裡出來，每時每刻還要看著快樂的小河從它身邊流過，它的痛苦更深了。

這則寓言故事不能不讓人感慨萬千。

雖然嫉妒是一種很正常的心理，可是，如果放任嫉妒心理的滋長，其危害是相當大的。嫉妒心理在某種程度上是與偏見相伴而生、相伴而長

的。嫉妒有多深，偏見也就有多大。有嫉妒心理者容易片面地看問題。因此會把現象看做本質，並根據自己的主觀判斷猜測他人。而當客觀地擺出事實真相時，嫉妒者也能感到自己的片面、偏激或是誤會。同時，嫉妒對個人、群體和社會均有著耗損作用，是一種對團結、友愛非常不利的情感。嫉妒不僅使精神受到折磨，對身體也是一種摧殘。嫉妒是一顆毒瘤，它無時無刻不在侵蝕本來健康的心靈。

事實上，有了嫉妒心理並不可怕，只要微笑著去戰勝它，就能數好人生的念珠。

- **提升道德修養**：封閉、狹隘意識使人鼠目寸光，因此，應該不斷提升自身道德修養，不斷地開闊自己的視野，與人為善。
- **正確了解嫉妒**：認為嫉妒是對自己的否定，對自己是威脅，損害自己的利益和「面子」，這只是一種主觀臆想。一個人的成功不僅要靠自身的努力，更要靠大家的幫助，嫉妒只會損人害己。
- **客觀評價自己**：當嫉妒心理萌發時，能夠積極主動地調整自己的意識和行為，從而控制自己的動機。這就需要客觀、冷靜地分析自己，找到差距和問題。
- **「見強思齊」**：一個人不可能在任何時候都比別人強，人有所長也有所短。人固然應該喜歡自己、接受自己，但還要客觀看待別人的長處，這樣才能化嫉妒為競爭，才能提升自己。
- **看到自己長處**：聰明人會揚長避短，尋找和開拓有利於充分發揮自身潛能的新領域，這樣在一定程度上補償先前沒有滿足的欲望，縮小與嫉妒對象的差距，從而達到減弱乃至消除嫉妒心理的目的。
- **經常將心比心**：嫉妒，往往給被嫉妒者帶來許多麻煩和苦惱，換位思考就會收斂自己的嫉妒言行。

- **轉移注意力**：積極參與各種有益的活動，嫉妒的毒瘤就不會滋生、蔓延。

- **學會自我宣洩**：最好能找知心朋友、親人痛痛快快地說個夠，他們能幫助你阻止嫉妒朝著更深的程度發展。另外，可借助各種業餘愛好來宣洩和疏導，如唱歌、跳舞、練書法、下棋等。

嫉妒是一顆毒瘤

快樂藏在細節中：

正向心理 × 樂觀心態，生活沒那麼多阻礙

編　　著：洪俐芝，夏華

發 行 人：黃振庭

出 版 者：崧燁文化事業有限公司

發 行 者：崧燁文化事業有限公司

E-mail：sonbookservice@gmail.com

粉 絲 頁：https://www.facebook.com/
　　　　　sonbookss/

網　　址：https://sonbook.net/

地　　址：台北市中正區重慶南路一段六十一號八
　　　　　樓 815 室

Rm. 815, 8F., No.61, Sec. 1, Chongqing S. Rd.,
Zhongzheng Dist., Taipei City 100, Taiwan

電　　話：(02)2370-3310

傳　　真：(02)2388-1990

印　　刷：京峯彩色印刷有限公司（京峰數位）

律師顧問：廣華律師事務所 張珮琦律師

定　　價：375 元

發行日期：2023 年 02 月第一版

◎本書以 POD 印製

國家圖書館出版品預行編目資料

快樂藏在細節中：正向心理 × 樂
觀心態，生活沒那麼多阻礙 / 洪
俐芝，夏華編著 . -- 第一版 . -- 臺
北市：崧燁文化事業有限公司，
2023.02

面；　公分

POD 版

ISBN 978-626-357-030-6(平裝)

1.CST: 成功法 2.CST: 自信 3.CST:
自我實現

177.2　　111021155

電子書購買

臉書

獨家贈品

親愛的讀者歡迎您選購到您喜愛的書，為了感謝您，我們提供了一份禮品，爽讀 app 的電子書無償使用三個月，近萬本書免費提供您享受閱讀的樂趣。

ios 系統　　　　　安卓系統　　　　　讀者贈品

請先依照自己的手機型號掃描安裝 APP 註冊，再掃描「讀者贈品」，複製優惠碼至 APP 內兌換

優惠碼(兌換期限2025/12/30)
READERKUTRA86NWK

爽讀 APP

📖 多元書種、萬卷書籍，電子書飽讀服務引領閱讀新浪潮！

🎧 AI 語音助您閱讀，萬本好書任您挑選

🔍 領取限時優惠碼，三個月沉浸在書海中

🔔 固定月費無限暢讀，輕鬆打造專屬閱讀時光

不用留下個人資料，只需行動電話認證，不會有任何騷擾或詐騙電話。